19,90€
B20KUI11CC

CB029957

COMUNICAÇÃO 2.0

TÍTULO ORIGINAL
Comunicação 2.0. Como o poder da Web influencia decisões e desafia modelos de negócio

AUTOR
David Monteiro

© David Monteiro e Conjuntura Actual Editora, 2014
Prefácio © Francisco Pinto Balsemão

Metade métricas, metade feeling – o suficiente para duplicar vendas
Autor: Filipe Almeida
© Filipe Almeida e Conjuntura Actual Editora, 2014

Branding Digital
Autor: João Campos
© João Campos e Conjuntura Actual Editora, 2014

CONJUNTURA ACTUAL EDITORA
Sede: Rua Fernandes Tomás, 76-80, 3000-167 Coimbra
Delegação: Avenida Fontes Pereira de Melo, 31 – 3º C - 1050-117 Lisboa - Portugal
www.actualeditora.pt

DESIGN DE CAPA
Estúdio João Campos

PAGINAÇÃO
Rosa Baptista

IMPRESSÃO E ACABAMENTO:
Pentaedro, Lda.

Outubro, 2014

DEPÓSITO LEGAL
383158/14

 GRUPOALMEDINA

BIBLIOTECA NACIONAL DE PORTUGAL – CATALOGAÇÃO NA PUBLICAÇÃO
MONTEIRO, David, e outros
Comunicação 2.0 : como o poder da web influência decisões e
desafia modelos de negócio / David Monteiro, Filipe Almeida,
João Campos. – (Extra-colecção)
ISBN 978-989-694-098-0
I – ALMEIDA, Filipe, 1974-
II – CAMPOS, João
CDU   004

COMUNICAÇÃO 2.0

COMO O PODER DA WEB INFLUENCIA DECISÕES E DESAFIA MODELOS DE NEGÓCIO

DAVID MONTEIRO

COM FILIPE ALMEIDA
E JOÃO CAMPOS

PREFÁCIO DE
FRANCISCO PINTO BALSEMÃO

ACTUAL

La Web 2.0 facilita la contribución individual a los objetivos de los integrantes de una organización, sea grande o pequeña, de forma que con un capital humano y una motivación adecuada, las organizaciones de éxito del futuro se comportarán como si todos sus integrantes fuesen directivos.

BOSCO BILBAO-GOYOAGA
in "La Empresa en la Web 2.0" (Celaya, 2008)

*A todos os profissionais que trabalham pelo reconhecimento
da dimensão estratégica da comunicação, desafiando, todos os dias,
a sua criatividade.*

Índice

Prefácio

Como o poder da Web influencia decisões e desafia modelos de negócio

Como o próprio título o indica, este livro está prioritariamente dirigido ao mundo das empresas. Trata-se de explicar como, cada vez mais, as possibilidades concedidas pelas novas tecnologias podem facilitar a chamada Comunicação 2.0. Mais do que isso: trata-se de ensinar a utilizar a *Web* para influenciar decisões e desafiar modelos de negócio.

Tanto na reflexão teórica contida no extenso primeiro capítulo, como nas diversas dimensões de conhecimento aplicado desenvolvidas nos quatro capítulos seguintes, o objetivo, bem conseguido, é valorizar a Comunicação Digital 2.0 e o seu potencial como ativo estratégico ao serviço das empresas. Neste conceito de ativo estratégico, a empresa é entendida, por um lado, como uma entidade social, ou seja, um grupo organizado de pessoas que, porque trabalham em conjunto, necessitam estar informadas e comunicar entre si de modo constante e coerente, e, por outro, como uma instituição com responsabilidade para fora, ou seja, perante o ambiente social onde exerce a sua atividade.

★★★

O livro de David José Monteiro, Filipe Almeida e João Campos não pretende, portanto, ser apenas um manual atualizado e bem construído de boas regras de aplicação prática de comunicação digital. O que o distingue, e nesse pressuposto aceitei com prazer o convite para redigir este prefácio, é ser também, e principalmente, um projeto que encerra e divulga uma profissão de fé.

A mensagem, se bem a interpretei, é de que, no nosso tempo, já não é possível construir um modelo de negócio digital se, na empresa (ou organização, porque o conceito é aplicável, por exemplo, a instituições sem fins lucrativos), não for criada, em simultâneo (ou antes até?) uma cultura que seja vivida, respirada, partilhada por todos os que trabalham no empreendimento. Essa cultura terá de utilizar uma base tecnológica, mas, porque os valores que a definem e distinguem são comuns, porque, dentro da organização, não é feudo privativo de um grupo restrito, terá sempre de assentar numa comunicação plena, em rede, de modo a evitar qualquer possibilidade do entendimento e assunção das tarefas digitais como uma competência separada, compartimentada, autónoma.

Claro que há profissões de fé que podem ser perigosas, porque, alicerçadas em falsas argumentações, conduzem a extremismos religiosos ou políticos indesejáveis. E sabemos também que as capacidades quase infinitas e cada dia maiores que o mundo *Web* nos oferece são, em muitos casos, utilizadas e exploradas da pior maneira, desde a espionagem dos nossos *e-mails*, telefonemas ou SMS, à prática de diversos tipos de banditismo ou ao recrutamento de "voluntários" para atos terroristas.

Mas a profissão de fé que, através deste livro, David José Monteiro, Filipe Almeida e João Campos nos transmitem é, muito pelo contrário, bem positiva. Porque os Autores se preocupam com os valores, com o estabelecimento de relações transparentes, através de canais permanentes. A criação da confiança, no interior da empresa e a transmissão da confiança para o exterior da empresa são uma finalidade mais elevada e, portanto, uma condição essencial para a adequada utilização da Comunicação 2.0 e do poder da *Web* em geral, para influenciar decisões e desafiar modelos de negócio.

★★★

Estão disponíveis, estão ao nosso alcance, os instrumentos, as funcionalidades, que permitem que toda uma organização fale a mesma linguagem, que acabem os compartimentos estanques e, com a sua eliminação, que desapareça a culpabilização de terceiros, a qual, como sabemos, é a forma mais fácil de paralisar a mudança e de eternizar a impunidade.

A questão não é apenas de eficiência operacional ou de coerência comunicacional. A questão, hoje em dia – com a economia de mercado a funcionar mal, com os problemas éticos a readquirirem, felizmente, a importância perdida – é mais vasta. Tem a ver não só com a coerência dentro da empresa, mas também com a empresa como entidade social e com a consequente responsabilidade que assume ou deve assumir perante a comunidade onde se insere, seja qual for a dimensão – regional, nacional, internacional – dessa comunidade.

Este livro obriga-nos a pensar em tudo isto e a reponderar os nosso objetivos estratégicos mais profundos. Além de que, e é relevante sublinhá-lo, nos dá conselhos práticos acerca de como o fazer.

Francisco Pinto Balsemão

8 de agosto de 2014

Aquilo que nos aproxima...

Comunicar

A abordagem aos desafios nas sociedades contemporâneas parece, por vezes, não conviver da melhor forma com aquilo que melhor deveríamos saber fazer: comunicar. A nossa condição social parece subvalorizada pelo progresso tecnológico que determina novos modos de acção dos indivíduos e das organizações, como se este progresso não fosse resultado das nossas próprias interacções. A este quase fatalismo inspirado no *determinismo tecnológico* junta-se um ambiente de crise global. Conviver com este contexto tem gerado alguma ansiedade na forma como gestores e líderes interpretam as oportunidades que advêm do desenvolvimento das novas Tecnologias da Informação e da Comunicação (TIC). A integração de novas ferramentas nos processos de administração do conhecimento, de recursos e do trabalho, nalguns momentos, é encarada como uma condição irrefutável na dinamização de novas ideias produtivas, novos modelos de negócio e na superação dos reptos introduzidos por uma economia global. Todos estes elementos conjugados, aliados ao amadurecimento da *Web* (2.0 e 3.0) enquanto plataforma, fizeram emergir novos protagonistas capazes de influir nos processos de inovação de marcas, produtos e serviços, na gestão de recursos e ainda nos axiomas que moldavam alguns dos clássicos paradigmas da comunicação. O ambiente organizacional dinamizou-se com novos protagonistas.

Um novo perfil de *utilizadores 2.0* reconhece novas oportunidades de participação na realidade que o envolve e assume hoje uma intervenção dinâmica nos circuitos informacionais das organizações. São *produsers*[1] e não se

---

[1] Termo híbrido utilizado para explicar a forma como as distinções convencionais entre *produtores* e *consumidores/utilizadores* deixam de ser estanques no contexto *on-line*. Para Axel Bruns (2008), reconhecido como um dos mentores do conceito, *produsers* refere-se a um utilizador activo e produtivo na forma como encara os conteúdos: cria, edita, promove, influencia e partilha. O mesmo conceito é igualmente utilizado para explicar o modo como o digital, através de redes distribuídas, promove uma cultura de participação aberta e não hierárquica, que permite aos utilizadores interagirem e participarem na construção de comunidades e de uma *inteligência colectiva*.

resignam a um papel passivo na recepção de mensagens controladas em ambiente fechado. No que à dimensão interna diz respeito, estes novos cenários de actuação dos indivíduos comportam desafios acrescidos. Chegam a desafiar a alteração do papel dos gestores e dos responsáveis pela comunicação e a impor uma revisão das suas responsabilidades funcionais que até então eram definidas laboratorialmente. Esta revisão de responsabilidades passa significativamente pelo entendimento do capital humano de colaboradores, clientes e parceiros como activo estratégico na superação de objectivos. Uma realidade que agora pode ser explorada pelo leque de oportunidades que as ferramentas de comunicação digital disponibilizam.

Estes instrumentos 2.0 estão disponíveis. Com maior ou menor investimento, podem designar uma corrente de oportunidades, se bem aplicados, mas também convivem lado a lado com um trilho de riscos, se mal orientados e compreendidos. Migrar para o digital não significa apenas deixar de optar pelo papel e pela caneta. É (ou pode ser) uma nova forma de estabelecer negócios, gerir pessoas e criar resultados. O digital não é uma fatalidade, mas pode ser um mal necessário, porque a sua presença pode não ser impulsionada por uma vontade intrínseca, mas por uma necessidade (ter que ser). Quando falamos em *digital*, corporizado na *Web*, falamos de uma poderosa plataforma que se diluiu na gestão do nosso quotidiano. Por isso, está na hora de encarar o ambiente digital como um espaço importante de gerir informação e conhecimento – pesquisáveis, agregados, analisados e distribuídos – que podem ser orientados para políticas e decisões estratégicas dentro de uma organização. Entenda a comunicação 2.0 como um novo instrumento para definir valores, promover relações, estabelecer novos canais, encontrar novos influenciadores e criar confiança. A forma como actuar hoje pode muito bem ditar o sucesso ou o fracasso no futuro.

Hoje o papel de um gestor da comunicação deve ser repensado numa organização empenhada em correr pela distinção num mundo poluído de (des)informação. Cabe-lhe ganhar um novo posicionamento nas estruturas de liderança e sugerir um novo destaque a formas de comunicar contemporâneas. Queremos que quem lidera olhe para nós com confiança e apoie a definição de novas tácticas para dar resposta a uma realidade que estendeu a acção humana para o domínio virtual. O segredo passa por três regras essenciais: *planear, planear e planear*. Inspire-se pelo sentido de novidade, mas não se descuide com a pressão e a urgência de se tornar *fashionable*. Não queira dominar a rede. Lembre-se que mais do que o *controlo*, hoje falamos no poder da *influência*. A comunicação digital encoraja novos líderes e novos elos relacionais capazes de levar ao estrelato ou destruir a reputação de um indivíduo ou de uma organização apenas em segundos. Comece antes por compreender a *Web* 2.0 pelo seu potencial em gerar uma *inteligência colectiva* enriquecedora, capaz de superar estratégias fechadas de comunicação. Depois faça por esclarecer que com *compromisso* é possível mitigar riscos na adopção de novas formas de comunicação que o levarão a perder o total controlo da sua mensagem. Uma atitude de compreensão, formação, promoção de competências, *networking*, pode dar significado à sua comunicação e estabelecer modos de trabalho entusiásticos.

Os objectivos de uma organização são claros: apresentar resultados. Bons resultados. Neste campo, importa reconhecer as novas regras do jogo da *competitividade digital das organizações*. São regras silenciosas, com implicações práticas sem precedentes. Se falhar na sua integração pode comprometer a viabilidade de qualquer acção organizacional, implicando, quem sabe, milhares de colaboradores e outros tantos *stakeholders*. No entanto, se optar pela manutenção de uma fortaleza em torno da sua organização pode despertar efeitos perniciosos e irreversíveis. E tonar essa entidade numa organização hermética e ausente.

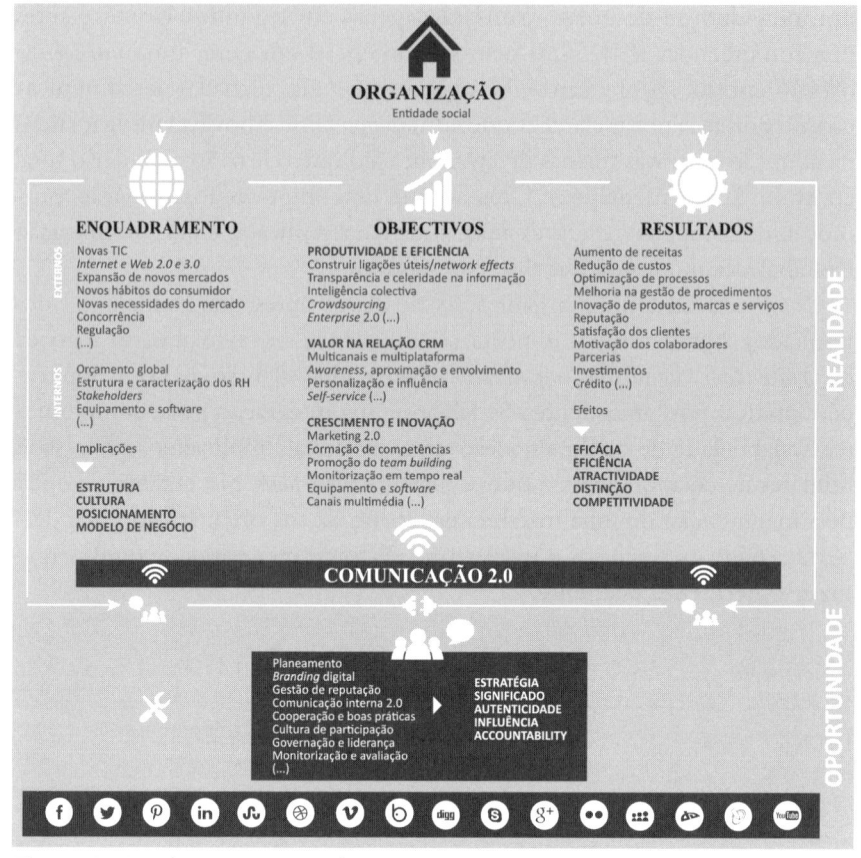

Figura 1. Paradigma contemporâneo da comunicação 2.0 nas organizações.

O que propomos é a compreensão do enquadramento que molda hoje uma organização, que supera o seu carácter meramente operacional, para ser destacada enquanto *entidade social*. E, neste sentido, todo o ambiente externo e interno desafiarão a sua estrutura, a sua cultura, o seu posicionamento e, eventualmente, o seu próprio modelo de negócio. Independentemente destes factores se revelarem mais ou menos permanentes, os objectivos manter-se-ão: produtividade e eficiência, valorização na gestão da relação com os clientes e outros *stakeholders* e ainda promover o crescimento e a inovação, orientando-os sempre para os resultados. A comunicação abandona agora a orientação exclusiva *top-down*, para ser um activo transversal e omnipresente, emergindo numa organização como um elemento orgânico. Exige-se, por isso, a compreensão do enquadramento de aplicação da tecnologia. Não é suficiente introduzi-la *per si*. Importa compreender as suas aplicações, funcionalidades e optimizar a compreensão conceptual envolvente. Uma utilização esclarecida da tecnologia e das aplicações destinadas à comunicação e à informação podem suportar a eficiência operacional, a coerência comunicacional e a boa gestão da identidade e imagem institucionais, convertendo-se num forte contributo para os objectivos de eficiência de custos, aumento de rentabilidade e da competitividade das nossas organizações e dos indivíduos.

Queremos, por tudo isto, contribuir para que possa compreender se na sua organização há lugar para ir ao encontro de novos públicos e dinamizá--los, envolvê-los, integrá-los. Perceber se é possível e viável construir relações com os públicos, de uma maneira estruturada e sem desperdício de recursos em domínios digitais. Para isso, estamos à distância de um clique e apenas separados pela capacidade de não sucumbirmos a ideias pré-concebidas sobre o que é realmente uma presença *on-line* com valor acrescentado. Importa-nos entender então a tecnologia e os novos meios digitais enquanto instrumentos de acção e aperfeiçoamento de estratégias que interpretem a informação, a organizem, a sistematizem e a distribuam, de forma a gerar significado e a convidar à participação dos intervenientes no processo comunicativo. É conveniente que o advento da dinâmica proclamada pela *Web* 2.0 e 3.0 seja canalizado para evitar que a comunicação seja reduzida a um normativo institucional, mas antes aberta à colaboração e à participação. Isto é, uma comunicação estratégica, que comunica valor e traduz a autenticidade de um *player* potencialmente mais influente e comprometido com os resultados, permitindo-se monitorizar, avaliar e redefinir e reinventar, influenciando *as regras do jogo*.

O que esperar deste livro?

Isto é sobre si

Falar em *"social business"* não é falar do número de fãs, no painel de seguidores ou nas tentativas recorrentes de ganhar aprovação social com mais um *post* numa qualquer rede social *on-line*. Falar na optimização das estratégias de comunicação com recurso a instrumentos 2.0 reforça a atenção que procuramos dar antes aos resultados, à atractividade, à competitividade, à notoriedade e à colaboração no processo de crescimento de uma marca, produto, serviço, organização ou mesmo de um indivíduo. E sobre esta matéria importa-lhe antes saber o que já faz bem e compreender onde está a falhar. Se, por outro lado, é um entusiasta por tecnologia, colecciona todas a últimas novidades do mercado, conhece centenas de aplicações e crê que tem o sucesso garantido, atenção! Não desanime! Mas terá de fazer mais que isso!

Neste livro não prometemos soluções milagrosas, fórmulas matemáticas, nem tutoriais de exaustiva programação para o sucesso de uma boa comunicação nas novas plataformas sociais da *Web*. Mas garantimos que não haverá êxito sem planeamento, trabalho, dedicação. Assim, estamos dispostos a partilhar consigo um contributo significativo na capacidade de definição de uma presença *on-line* eficaz, com maior ou menor volume de investimento. Temos algumas regras de ouro para lhe dar. Identificamos erros que não deve cometer. Damos exemplos e ideias práticas para quem procura soluções *low-cost*, mas informamos também sobre as potencialidades efectivas quando existe maior disponibilidade orçamental. Se acredita que para ser bem-sucedido num mundo ligado em rede basta *boa-vontade* e *autodidactismo*, não queremos desapontá-lo. Mas isso é apenas parte do processo.

Ao longo do livro procuramos dar-lhe pistas, sugestões, aplicações concretas e outras dicas caso não tenha disponibilidade para grandes riscos. Vamos demonstrar-lhe que poderá de uma forma simples estabelecer um plano de comunicação estratégica digital sustentado, capaz de se reverter em acções com expressão natural, dirigidas a quem lhe importa chegar, eficazes no que lhe interessa obter. Se é aficionado em *gadgets* e domina as ferramentas básicas e os princípios de navegação na Internet, parabéns! Tem uma generosa vantagem, mas certamente que existirão vícios que terá de rever. Se é daqueles que sempre rejeitaram render-se ao mundo digital, aceite o convite e queira explorar este mar de oportunidades. Convença-se dessas vantagens e dê passos em direcção ao sucesso da sua comunicação. Se é responsável por um departamento de comunicação, provavelmente o seu director ainda poderá revelar algumas resistências. Existirá dificuldade em conceder orçamento para acções experimentais ou exploratórias. Provavelmente os seus colegas no trabalho irão achar que você é um *sortudo* porque será responsável por gerir campanhas nas plataformas onde eles queriam passar o dia. Mas não se convença disso! Venha daí, temos muito para conversar.

No capítulo I

Abordamos o enquadramento conceptual em torno do qual emerge uma nova forma de entender as oportunidades da comunicação contemporânea. Referimo-nos à expressão que é internacionalmente aceite para designar a integração de plataformas sociais na *Web* na gestão dinâmica da comunicação e da informação nas organizações: *empresa 2.0*. Explicamos o ambiente tecnológico (*Web* 2.0), caracterizamo-lo e relacionamo-lo com a definição de novos modos de criação de valor através das relações interpessoais, estimuladas pela definição de um novo perfil de *utilizador 2.0*. Acima de tudo, desmistificamos preconceitos que condicionam a interpretação e compreensão da comunicação na *Web*. Depois definimos o ambiente cultural e tecnológico que permitiu emergir uma comunicação mais dinâmica, cada vez mais influente nos processos de decisão organizacional.

No capítulo II

Seguimos a orientação prática do livro que começou a ganhar forma no capítulo anterior e percebemos como podemos então projectar um plano de comunicação digital estratégico. Propomos um modelo de gestão da comunicação, desenhado em quatro fases essenciais (*análise, abordagem, acção* e *avaliação*). Um instrumento de trabalho que auxilia na definição e orientação dos objectivos, das tácticas e das métricas essenciais para o sucesso de uma acção de comunicação *on-line*. Salientamos algumas considerações prévias que deverá equacionar antes de tomar decisões e começar a desenhar o seu plano de comunicação e desafiamo-lo a verificar se o seu perfil profissional está preparado para investir no domínio da comunicação digital.

No capítulo III

Distinguimos, agrupamos e identificamos plataformas e *media* sociais *on-line* e estabelecemos uma matriz para auxiliar a tomada de decisões. Propomos-lhe uma nova designação para as tecnologias de promoção da comunicação digital que continuam a ser tratadas por *novos media*. Falamos das tácticas que tem ao seu dispor. Iniciamos depois uma incursão pela importância da definição e integração das questões relativas à imagem e identidade institucionais na transição para o digital. É a identidade visual que deve ser bem trabalhada em primeiro lugar. Seguimos com a reflexão crítica sobre o papel central que o conteúdo ocupa numa estratégia de comunicação 2.0 e lembramos-lhe alguns exemplos, ousando desafiar mitos e propor dicas para aumentar os efeitos das suas opções. Concluímos destacando os benefícios de promover a comunicação interna com recurso a instrumentos 2.0 e demonstramos-lhe como o digital permite construir uma sólida *inteligência colectiva* se cultivarmos o pensamento divergente.

No capítulo IV

Sublinhamos a importância determinante da construção de uma cultura de medição do desempenho na comunicação. Percebemos que são as informações resultantes de uma monitorização rigorosa que podem determinar a optimização de recursos e das estratégias definidas para uma acção de comunicação 2.0. Continuamos com a apresentação de conceitos e técnicas de avaliação de desempenho da comunicação digital que permitem concretizar métricas e quantificar dados e resultados. Ficará a saber como melhorar o seu negócio! Apresentamos um *Modelo Teórico de Maturidade em Comunicação Estratégica Digital* para as organizações, assumindo-o como um instrumento de monitorização dos esforços encetados para marcar presença *on-line*.

No capítulo V

Encerramos este guia numa abordagem aos desafios que prevemos que possam, numa primeira fase, condicionar o acolhimento das promessas desta nova forma de comunicação virtual. Identificamos os riscos e alertamos para possíveis – e prováveis – resistências que a integração de novas formas de comunicação e informação comportam pela sua natureza. Mas antecipamos cenários e propomos ideias que o apoiarão na governação do processo de inclusão da comunicação digital no quotidiano. Procuramos apresentar um plano de acção que auxilie a migração para o digital, identificando riscos, mas oferecendo soluções para os mitigar. No final do capítulo, convidamo--lo a reflectir sobre o potencial de auto-regulação que pode existir nas redes informais e lembramos-lhe como é importante "fazer pausas do *on-line*".

No final, o leitor deverá saber identificar oportunidades na comunicação 2.0 e compreender como pode, entre outros:

- Integrar infraestruturas *low-cost* (2.0) nos processos de gestão da comunicação interna e externa (*empresa 2.0*);
- Definir a comunicação como activo estratégico na competitividade digital das organizações;
- Criar valor para a organização valorizando a participação e a colaboração dos diferentes intervenientes no processo comunicacional;
- Planear processos de comunicação em ambiente digital, estabelecendo objectivos de comunicação 2.0 e definindo recursos operacionais;
- Avaliar, categorizar e tomar decisões na definição de tácticas de comunicação digital entre o manancial de plataformas e *media* sociais disponíveis na *Web*;
- Gerir a presença *on-line*, por meio de acções de gestão de mudança, gestão de crise e gestão da reputação;
- Reconhecer tácticas para aumentar o efeito das mensagens da comunicação em ambiente digital (*branding* digital, *web copywriting*, *web marketing*, outros);
- Monitorizar e avaliar resultados da presença *on-line* e do investimento em comunicação *(ROI)*;
- Optimizar e orientar resultados da comunicação, canalizando-os para a superação de objectivos, gerando significado, influência, autenticidade e *accountability*;
- Estabelecer planos de actuação e políticas de governação da migração para o digital, tendo contacto com o enquadramento legal deste novo ambiente, mitigando eventuais riscos da presença *on-line*.

Os contributos que sistematizamos advêm de uma intensa pesquisa bibliográfica e, acima de tudo, do contacto profissional quotidiano que cada um dos autores quis partilhar. Assumimos estes contributos como uma perspectiva que ganhará por ser ampliada e participada com os contributos de todos os leitores e todos os excelentes profissionais de comunicação em Portugal. Para este efeito, desafiamos a proporem novas abordagens, complementos de pontos de vista, recomendações de estilo ou novos desafios temáticos inspirados no domínio amplo da comunicação estratégica digital.

O livro não pretende ser inquestionável, mas antes fornecer uma visão integrada de matérias pouco sistematizadas e trabalhadas em língua portuguesa, apesar de todo o potencial conhecimento que já é colocado em prática em muitas organizações nacionais. Ainda assim, como nos inspirou Alvin Toffler (1970, 453), entendemos que *ter uma vaga ideia daquilo que nos pode esperar, do que existe à nossa frente, é melhor que não ter nenhuma* – prossegue – e, *em muitos casos, a extrema precisão até é desnecessária.*

Expressões e conceitos importados

Ao longo deste livro optámos por manter expressões ou conceitos originais, sem os traduzir para português. Por exemplo, *business intelligence, like, key performance indicators* (KPI), *pins, wisdom of crowds, call-to-action, empresa 2.0, social business*, entre tantos outros. São esses mesmos termos que estarão disponíveis *on-line* caso queiram saber mais, aprofundar o conhecimento e/ou funcionamento de determinada ferramenta, plataforma ou conceito. A tradução de algumas expressões originais pode não reunir a mesma essência e limitar a sua compreensão ou aplicação prática. Colmatamos esta situação com a explicação pragmática das referências que realmente importam entender e trataremos de concretizar em exemplos práticos aquilo a que nos referimos.

Referências a marcas e produtos

Neste livro são várias as vezes que nos reportamos a marcas de expressão mundial que ficaram reconhecidas pelo número de utilizadores ou então por serem disruptivas nos modelos de negócio que vieram apresentar. Falamos do Facebook, do Instagram, do Twitter, da Apple, da Amazon, do eBay, da Google, da Wikipédia, entre outros. Todas elas subverteram a linearidade de amadurecimento de um qualquer negócio. São expoentes da filosofia da *Web 2.0*: melhoram à medida que cada vez mais utilizadores interagem com elas. A sua identidade, o seu nome, são marcas comerciais, mas torna--se incontornável referirmo-nos a estas plataformas sociais *on-line* identificando-as. Não há qualquer relação de favorecimento, mas uma espécie de "fatalidade" que apoia todas as nossas referências e esclarece os nossos exemplos, dado o conhecimento generalizado que os utilizadores e os leitores possam já possuir delas.

Contributos para a competitividade digital das organizações

Inovar significa colaborar com fornecedores, clientes, concorrentes, já que ninguém, por mais poderoso que seja, é capaz de inovar sozinho.

Diogo Vasconcelos
(1968-2011)[2]

Comecemos por um exercício simples: pense, por momentos, que é director de uma companhia de seguros. Não sabemos se por regra, mas frequentemente a nossa relação com a seguradora é ditada periodicamente apenas porque temos que efectuar o pagamento dos prémios do seguro ou então porque temos más notícias e é hora de accionar as protecções que a apólice prevê depois de um inesperado acidente. Durante um ano, a nossa referência relativa à seguradora é enquadrada por valores tendencialmente negativos como: imposição, despesa ou frustração depois de tantas horas à espera que o serviço de apoio ao cliente dê conta de um sinistro e mande o reboque até ao lugar do acidente. No entanto, a boa notícia é que a correspondência entre o cliente e a seguradora não tem necessariamente que estar confinada a encontros esporádicos se esta relação puder gerar novas experiências ao seu cliente.

Ainda por momentos, pense que, enquanto director desta companhia, está preocupado em melhorar o envolvimento e interacção com o seu cliente. Imagine agora que o "cliente A" irá realizar uma viagem, sozinho,

[2] IDC Portugal e APDC (2010).

do Porto ao Algarve. Qual a probabilidade de o "cliente A" interagir com a sua companhia de seguros? Já sabe a resposta. Tentemos então outra abordagem. Como director solicitou ao departamento de comunicação que equacionasse o desenvolvimento de uma aplicação *Web* (*app*) que é gratuita para o cliente porque ele é já um cliente fidelizado. Uma aplicação disponível no *website* institucional para *smartphone* que, por sua vez, dispõe também de sistema GPS. Um vídeo tutorial no YouTube e relatos de boas experiências na página do Facebook ajudam o cliente a tomar a decisão. Descarregou a *app*. E o que faz esta *app*? Indica pontos de referência no trajecto que vai percorrer; dá-lhe informação sobre preços de combustível; alerta-o periodicamente que deverá realizar uma paragem; informa-o sobre parcerias com hotéis e restaurantes ou diz-lhe ainda em qual das estações de serviço a sua companhia de seguros tem desconto especial em lavagens, peças ou pneus que poderá precisar. Na mesma estação de serviço há um balcão de atendimento virtual e uma campanha de sensibilização para os cuidados a ter na estrada à qual a seguradora se associou. E, de repente, chega ao destino com a confiança de uma companhia de seguros presente. Irá agradecer o facto de o cliente não ter de accionar a sua apólice e, ao mesmo tempo, fez com que a marca da sua seguradora fosse o *passageiro do lado*. Uma experiência positiva que o levou, nas primeiras gripes de Inverno, a optar pelos planos de saúde que a mesma companhia também comercializa. E, para concluir, deu a sua companhia de seguros como a melhor referência para um casal de amigos que acabava de comprar a sua primeira casa e precisava de contratar um bom seguro para a casa e o recheio.

Exercício:

Transfira agora este exemplo para outras realidades e dê asas à imaginação. Pense que é responsável por algum destes outros contextos: pela organização de um congresso internacional, por uma feira internacional de exposições, pelas cerimónias dos Jogos Olímpicos, pela recepção oficial da abertura do Campeonato do Mundo de futebol, por uma empresa de gestão de condomínios e tantos mais. Não limite a criatividade! Entusiasme-se com os pés bem assentes no chão. Há muito trabalho a caminho!

É certo que há ainda uma parte considerável de clientes que não recorre com frequência a estas ferramentas, não é viciado em *gadgets* ou não gere as suas acções em função da ligação à Internet. Outros há que não dispõem de conhecimento ou equipamento que lhes permitam participar nestas acções de comunicação. Temos essa realidade presente ao longo deste livro. Mas os exemplos pretendem apenas – e de forma assumidamente simples – traduzir a potencialidade da comunicação digital na optimização do relacionamento integrado entre serviços, produtos, marcas e clientes.

De seguida percebemos algumas motivações e enquadramos os novos contextos de comunicação digital, reflectindo por momentos acerca das virtudes que advêm da construção de uma cultura de participação individual e colectiva. Abordamos ainda o valor da comunicação 2.0 e a promoção de uma economia gerada através da informação em rede e damos uma nova perspectiva, mais optimista, sobre como pode ser trabalhar novas formas de comunicar durante períodos de crise. Entendemo-los como possíveis momentos de criatividade económica e social. Por fim, falamos dos efeitos. O que realmente importa sobre a integração da tecnologia nos modos de aprendizagem e saber fazer: ligar pessoas e ideias.

Motivações e contextos

Por uma cultura de participação individual e colectiva

Na corrente do desenvolvimento tecnológico há ainda tendência para subvalorizar a dimensão humana implicada nesse mesmo progresso. Se sem este as novas formas de comunicação não se amplificavam, também é verdade que sem contributo e participação das pessoas, o seu efeito estaria longe de se concretizar. O entusiasmo proclamado pelo ambiente 2.0 impôs uma nova atitude na forma como gerimos a comunicação, sugerindo-nos que o sucesso passa por saber "ouvir mais", para que saibamos responder e actuar melhor.

Há por isso um novo pressuposto que, por vezes, parecia adormecido: importa comunicar *valor*. Uma comunicação com significado é aquela que cuida de todos os intervenientes e atenta às necessidades dos diferentes protagonistas. É uma comunicação que envolve e solicita contributos, definindo-se em novas formas inovadoras de relacionar emissores, mensagens, veículos e receptores. Há um novo princípio na comunicação sugerido pelas novas formas de inovar: participação.

Por isso mesmo, reconhecemos que *inovar não é um* acto isolado[3]. É o resultado de uma colaboração permanente entre *stakeholders* e um acto de

---

[3] Expressão de Diogo Vasconcelos. Foi uma das personalidades portuguesas que dedicou grande parte da sua vida à promoção da Sociedade do Conhecimento. Os seus contributos marcaram a agenda de inovação, informação e conhecimento nacional. Graças

generosidade de partilha de conhecimento, aceitando que este pode sempre
ser acrescentado e aperfeiçoado colectivamente a fim de servir os objectivos
que nos propomos atingir e superar. A expressão de Diogo Vasconcelos é
também uma alegoria da *inteligência colectiva* impulsionada pelas novas plataformas sociais na *Web* que vieram redefinir paradigmas de comunicação
e participação sociais. É um convite à reunião de esforços e de partilha de
ideias como substância para superar os obstáculos que a crise tem apresentado e transformá-los, muitas vezes, em oportunidades.

Se assim não fosse como justificaríamos estes factos[4]?

- O Facebook tem mais de mil milhões de utilizadores;
- O LinkedIn tem mais de 200 milhões de membros registados e mais
  de 2,8 milhões de perfis empresariais;
- Existem mais de 6 mil milhões de telemóveis em todo o mundo;
- Alguns funcionários têm melhores soluções digitais em casa do que as
  que têm no trabalho (Westerman *et al.*, 2012);
- 28 horas é o tempo que um colaborador do sector terciário investe,
  em média, semanalmente para escrever *e-mails*, pesquisar informação e
  responder a solicitações de colaboração interna (Chui *et al.*, 2012);
- 20% a 25% é a margem de melhoria potencial na produtividade de
  colaboradores por meio de meios digitais *on-line*;
- 90% das empresas que integram tecnologias sociais nos processos de
  gestão e comunicação revelam ter retirado proveitos desse facto;
- Muitos clientes têm mais experiência digital do que aqueles que lhes
  querem vender produtos;

---

ao seu sentido de inovação e à forte capacidade de pensar fora do seu tempo, a ele devemos grandes projectos e iniciativas que perpetuam agora, após a sua morte em 2011,
o seu nome e a sua obra. Foi fundador e presidente da Agência para a Sociedade do
Conhecimento (UMIC); elaborou o Plano de Acção para a Sociedade da Informação,
o Plano de Acção do Governo Electrónico, a Iniciativa Nacional para a Banda Larga;
administrou a Agência para o Conhecimento; promoveu e colaborou na implementação
de iniciativas como os Campos Virtuais; a Biblioteca do Conhecimento *On-line*; o Portal
do Cidadão; as Compras Electrónicas; a Banda Larga nas Escolas; a Rede Solidária; o
Voto Electrónico. www.diogovasconcelos.eu.
[4] Ver também a este propósito o *website* oficial de monitorização da utilização da Internet a nível mundial: www.internetworldstats.com.

- Novas gerações com formas de aprendizagem e retenção de informação mais instantâneas e momentâneas – "geração *Snapchat*"[5];
- A WhatsApp – aplicação de mensagens instantâneas – é protagonista (até ao momento) da maior aquisição de sempre na área de *social media* com um investimento de mais de 19 mil milhões de dólares (13,8 mil milhões de euros) pelo Facebook (Rushe, 2014);
- 4,9 milhões os portugueses acedem ao Facebook pelo menos uma vez por mês, e 3,4 milhões destes fazem-no todos os dias (*Dinheiro Vivo*, 2014).

As novas tecnologias apelam-nos à ideia de uma *linha de montagem humana*. Não pelo seu referencial mecanicista e rotineiro, mas pela ideia de trabalho colectivo, na medida em que o contributo de cada um acrescenta valor ao resultado final. É o que a comunicação digital propõe: colaboração e cooperação. Cada elemento, seja interno ou externo, numa organização servida por novas plataformas sociais na *Web* suportadas por tecnologia, assume-se num activo para o desempenho global. Porque acrescenta algo diferente ou inovador, porque influencia outros ou simplesmente porque implica o desempenho de outros. Há uma cadeia de valor que vai crescendo à medida que se ampliam os ambientes de partilha de informação.

Há novos pressupostos de relacionamento com os clientes ou com os colaboradores, por exemplo, que quebraram a sua linearidade de participação acrítica desenhada em ambientes controlados. Aqueles, hoje também utilizadores de inúmeras plataformas sociais na *Web*, deixam de estar limitados a um número determinado de coisas que podem ver, encontrar ou descarregar. Passou para o lado deles a possibilidade de personalizar, misturar, editar, distribuir e influenciar.

Depois, o sistema de recomendação alargou-se. Se anteriormente à democratização no acesso à Internet a audiência apenas poderia agir consoante

---

[5] É uma aplicação móvel de partilha de mensagens multimédia, entendida por alguns como uma rede social, que permite definir os amigos com os quais queremos partilhar um conteúdo e o tempo de vida dessa mesma publicação. É uma aplicação de sucesso entre perfis etários mais jovens na qual os pais ainda não têm presença. Há quem defenda que esta variável está na origem de grande parte do sucesso desta aplicação, bem como do declínio do número de utilizadores jovens activos no Facebook, facto que o Facebook tem lutado por desmistificar e não concordar. No final de 2013 existiam já cerca de 60 milhões de aplicações instaladas e mais de 30 milhões de utilizadores activos que produziam uma média diária de 400 milhões de mensagens.

aquilo que lhe era transmitido: agir ou ignorar; comprar ou não; dizer a um ou aos amigos mais próximos, agora não! A diferença reside agora no facto de um só cliente poder dizer a mais de 5000 amigos, através de um simples clique. E sobre esta realidade o que nos importa será sabermos tirar proveito disso. A atitude pode continuar a ser adiar. Mas a questão é que decidir migrar estrategicamente para uma presença digital já não é "sobre si" ou sobre "a sua organização", mas sobre "eles"!

Há uma redefinição da importância atribuída a todas as partes que definem o sucesso de uma organização e o bom resultado de uma campanha de comunicação. Será mais bem sucedida aquela que chamar a si os seus clientes, ouvir os seus colaboradores, formar os seus recursos humanos, escutar o que é dito na *Web*, envolver os seus parceiros. E agora a tecnologia facilitou esta tarefa. Mãos à obra!

O valor da comunicação 2.0

A economia da informação em rede

Até ao momento em que a tecnologia passa a definir prioridades nas opções de comunicação interna e externa assistíamos a uma nítida vantagem das organizações sobre os indivíduos. Esta vantagem revelava-se, por exemplo, na quantidade de informação que detinham em relação aos consumidores. Hoje, a situação inverte-se por vezes. E dando como exemplo o processo de decisão de compra há uma liberdade de acesso à informação considerável. Com uma pesquisa *on-line* facilmente conseguimos comparar preços e aceder a blogues com recomendações positivas ou, pelo contrário, a dar conta de uma experiência frustrada sobre determinado produto.

Hoje torna-se evidente que um dos fascínios da integração de ferramentas da *Web 2.0* na gestão da comunicação organizacional reside na sua transversalidade. É um poder partilhado! A amplitude das suas aplicações democratizou o acesso dos indivíduos a um painel de possibilidades que deixam de estar confinadas a um núcleo restrito de profissionais ou a áreas de actividade sectoriais, multinacionais ou grandes empresas, com enormes volumes de investimento disponíveis para comunicação. Esta nova realidade veio, por sua vez, confirmar ainda a omnipresença e integração da comunicação em todas as actividades cujo sucesso ou fracasso resultem de interacção social, da opinião, da experimentação, da partilha, do contacto, das redes e das ligações úteis. Por isso mesmo, entender a comunicação como uma acção estratégica liberta-se, com a sua natureza digital, do preconceito de que esta apenas poderá existir num ambiente controlado, dotada de recursos técnicos, humanos e financeiros, existente apenas em departamento próprio numa organização com uma estrutura já substancial. O aperfeiçoamento da tecnologia e o amadurecimento das novas plataformas sociais na *Web* geraram então um leque de ferramentas 2.0 às quais agora também podem recorrer micro, pequenas e médias empresas, *freelancers* ou negócios individuais, projectos, instituições, associações, negócios locais, entre outros, ajustando-as aos seus modelos de gestão e negócio e aos seus objectivos de comunicação.

Por isso mesmo, neste livro não traçamos o futuro daquilo que será a comunicação mediada por plataformas digitais do mundo *on-line*. Apresentamos processos e sistematizamos contributos que permitirão tranquilizar a ansiedade daqueles que reconhecem valor estratégico às potencialidades de uma realidade inspirada nos princípios da *Web 2.0* e, pelas mais diferentes razões, hesitam em migrar para o digital. Mas, ao mesmo tempo, alerta para muitos que já tiveram contacto com este novo ambiente comunicacional e continuam a reclamar pelos resultados que, apesar do investimento, teimam em não aparecer.

Há novos imperativos instalados que não poderemos ignorar, mesmo que a nossa opção seja não estar presente *on-line*. Os novos contextos de comunicação digital passam a integrar todas as partes interessadas, de forma não linear, aproximando protagonistas e fragilizando o poder do controlo da mensagem.

Os discursos de modernidade incentivados pelo surpreendente desenvolvimento da tecnologia não devem gerar maior pressão na gestão da comunicação numa organização. Mas a única forma de controlar o desempenho bem-sucedido da integração da tecnologia nos processos comunicativos de uma organização depende da capacidade de ampliar o conhecimento e acelerar a sua aplicação aos diversos subsistemas relacionais. A inovação das organizações não está exclusivamente dependente da tecnologia. Esta é parte de um processo macro que abrange outros factores determinantes. Contudo, o desenvolvimento da tecnologia sugere uma atenção especial para o acompanhamento do progresso e do desenvolvimento de uma entidade que queira desafiar o seu próprio posicionamento. O que a tecnologia nos diz sobre os processos de gestão da comunicação é simples. A comunicação passa a percorrer novos ambientes caracterizados por: aprendizagem progressiva; definição de espaços criativos; promoção da eficiência e desmaterialização. Falamos de novos modos de criação de valor que são transferidos para domínios tecnológicos com o intuito de incrementar as potencialidades de novos processos de comunicação em ambiente digital e *on-line*.

No domínio da comunicação importa-nos mais reflectir sobre aquilo que o desenvolvimento da tecnologia sugere no âmbito da gestão de relações entre protagonistas, produtos e/ou serviços. A tecnologia convida a uma nova atitude que crie oportunidades de evolução na forma como encaramos o acto de comunicar, sugerindo, por exemplo, uma passagem para uma cultura 2.0[6]:

Comunicação 1.0	➡	Comunicação 2.0
Padronização		Personalização
Individualização		Integração/colaboração
Previsibilidade		Exploração/partilha
Improvisação		Planeamento
Experimentalismo		Análise/Acção/Avaliação
Comunicação como produto		Comunicação como processo
Hierarquia		Rede
Informação		Diálogo
Difusão		Interacção
Público interno		Colaboradores multidimensionais
O líder é que sabe		O líder rodeia-se de quem sabe
...		...

Partilha. É neste acto de generosidade que reside o valor da informação em rede. Numa nova era de transparência da informação, distribuída por novos canais, não há razões para monopólios de conhecimento ou competências.

A crise como tempo de criatividade económica e social

We are just a click away

O semblante carregado provocado pela persistência da crise que teima em não aliviar rapidamente contrasta com o entusiasmo e com a generosidade com os quais são produzidos, publicados e partilhados milhões conteúdos na

---

[6] Formanchuk (2011), adaptado.

Web. Aqui vivemos numa era de *abundância* onde nos parece, por vezes, que o único recurso escasso é mesmo a *atenção*.

A dinâmica que se inscreve *on-line* inspira novos modelos de negócio, suscita novos serviços dedicados a nichos, e surpreende pela multiplicidade de ferramentas que disponibiliza e que vai aperfeiçoando, com maior ou menor investimento. Neste ambiente digital há espaço para todas as ideias. Há um mundo ligado todos os dias. Há um mar de oportunidades à espera de serem descobertas ou alimentadas. Oportunidades que existem graças a um manancial de ferramentas 2.0 que instigam a novas formas de gerir negócios e pessoas. Este ambiente é habitado por infraestruturas *low-cost* que permitem milhões de pessoas, individualmente ou em pequenos grupos, gerar novos produtos, ter acesso a mercados e surpreender clientes de uma forma tão particular (Tapscott e Williams, 2006) que, ainda hoje, grandes empresas não conseguem. Esta realidade dá azo a novas capacidades colaborativas e novos modelos de negócio que, por um lado, reforçam o poder de determinados indivíduos e organizações e, por outro, destroem aquelas que falham a sua adaptação.

A melhor forma de encarar esta realidade será esclarecer quais são as oportunidades e quais são as ameaças e conhecer os mecanismos que dispõe para que possa ganhar confiança na presença *on-line*. Será uma organização mais aberta, mais próxima, mais atenta, mais útil e mais eficaz. Falamos da construção de uma economia baseada na reputação e no valor da marca e, por conseguinte, dos produtos, serviços, colaboradores e outros. Uma economia que é preciso gerir e não deixar entregue a uma navegação desregrada pela *Web*. Porque aquilo que é dito e feito em *casa* chega em segundos ao mundo. Porque, no final, as organizações que falhem no investimento na compreensão do potencial destas novas tecnologias aplicadas à reorganização de processos comunicacionais podem correr sérios riscos de comprometer modelos de negócio. Afinal, estão à distância de um clique!

As oportunidades da comunicação estratégica digital
Aproximar pessoas, optimizar processos e gerar valor

Depois temos de acreditar no potencial das novas formas de comunicar e entender que a tecnologia e as aplicações que correm na Internet têm que deixar de ser encaradas apenas como "novos *media*". Até quando serão novos *media*? São já instrumentos implementados com maior ou menor grau de permeabilidade atendendo às características particulares de cada organização. Mas são incontornáveis para a afirmação destas numa realidade virtual que já não é só paralela ou complementar, mas antes uma realidade aumentada. São novos imperativos de criação de valor e de afirmação da competitividade das organizações, por meio de novas ferramentas de gestão de pessoas e processos baseadas em novas formas de promoção da comunicação e da informação.

Aproveitando os contributos de Marshall McLuhan, percebemos que as novas plataformas sociais na *Web* se assumem cada vez mais como extensões dos indivíduos. Estes novos espaços de encontro potenciam novas expressões dos rituais que até então tinham apenas expressão *off-line*. Através da Internet o mundo ligou-se e tudo ficou mais perto. Os conceitos de *laços* e as *redes* que estuda a sociologia passaram a ter novas configurações por acontecerem virtualmente, sem, no entanto, perderem as suas motivações. As pessoas confiam nas suas ligações, nos amigos e nos amigos dos amigos. E baseiam, muitas vezes, as suas atitudes no que absorvem destas ligações relacionais. Seja a sugestão para um restaurante ou uma dica para uma dieta: *se o meu amigo diz, eu confio.*

Importa agora perceber como irá transformar o entusiasmo da inovação tecnológica e das novas plataformas de comunicação em activos de promoção dos objectivos da organização e canalizá-lo para os resultados. A configuração estratégica da comunicação digital resulta da operacionalização de uma série de elementos que traduzam de forma inequívoca objectivos, públicos, concorrência, recursos, tácitas, formatos e métricas, aliados a uma pitada generosa de liberdade criativa. O que o rodeia num perímetro mais próximo é aquilo que lhe deve merecer a primeira atenção: o seu ambiente organizacional. E é sobre isso que o desafiamos a reflectir no primeiro capítulo. Importa-lhe interpretar um novo enquadramento da comunicação digital na actualização de novas formas de pensar e trabalhar e, acima de tudo, de informar, comunicar e gerar conhecimento. Muitos dos seus colegas irão dizer-lhe que "já sabem tudo" sobre a nova vida *on-line*. Mas a sua vantagem reside na visão integrada que pretende introduzir na sua organização e levar esse entusiasmo individual para a optimização dos efeitos de motivação, parceria e produtividade. O desafio passa muito além de um simples "*like*", de um "*pin*" ou de um "*retweet*". Prepara-se para afinar o seu novo vocabulário com "*shares*", "posts", "fãs" e "seguidores". Não os tema. Conquiste-os. E aproxime-os da sua direcção. Está na hora de voltar a valorizar a comunicação enquanto activo estratégico, que vá para lá de uma satisfação avulsa de caprichos de assessoria egocêntrica ainda enraizada em muitas organizações que, no meio da azáfama pelo "parecer", teimam em não abrir a janela e olhar para o mundo que as está a "ver".

Referências bibliográficas

BILHIM, João (2008). *Teoria Organizacional: Estruturas e Pessoas*, 6.ª ed.. Lisboa: ISCSP.

BRUNS, Axel (2008). *Blogs, Wikipedia, Second Life, and beyond: from production to produsage*. New York: Peter Lang Publishing, Inc..

Capgemini Consulting e MIT Center for Digital Business (2011). "Digital transformation: a roadmap for billion-dollar organizations". Página consultada a 30 de Abril de 2014, <http://www.capgemini.com/m/en/tl/Digital_ Transformation__A_Road-Map_for_Billion-Dollar_Organizations.pdf>.

CELAYA, Javier (2008). *La empresa en la Web 2.0: El impacto de las redes sociales y las nuevas formas de comunicación on-line en la estrategia empresarial*. Barcelona: Gestión 2000.

CHUI, Michael *et al.* (2012, Julho). "The social economy: Unlocking value and productivity through social technologies". *McKinsey Global Institute*. Página consultada a 30 de Abril de 2014, <http://www.mckinsey.com/insights/high_tech_ telecoms_internet/the_social_economy>.

Comissão Europeia (2010, 17 de Maio). "Europe's Digital Competitiveness Report 2010" (Vols. 1 e 2). Luxemburgo: Publications Office of the European Union. Página consultada a 30 de Abril de 2014, <http://ec.europa.eu/information_ society/newsroom/cf/item-detail-dae.cfm?item_id=6499>.

Dinheiro Vivo (2014). "Quantos portugueses vão ao Facebook todos os dias? Mais que a média mundial". Página consultada a 19 de Junho de 2014, <http://www. dinheirovivo.pt/Buzz/Web/interior.aspx?content_id=3977618>.

FORMANCHUK, Alejandro (2011). *Comunicación interna 2.0: un desafío cultural*. 1.ª ed.. Buenos Aires: *Edición Formanchuk & Asociados*. Página consultada a 30 de Abril de 2014, <http://formanchuk.com.ar/todosignifica/wp-content/uploads /Comunica%C3%A7%C3%A3o-Interna-Um-Desafio-Cultural-Alejandro-Formanchuk.pdf>.

IDC Portugal e APDC (2010). "Directório Global das TIC. Empresas e Profissionais 2010/2011". *IDC Portugal e APDC*. Página consultada a 30 de Abril de 2014, <http://www.portalidc.com/2010/Directorio_TIC_2010.pdf>.

KNOBEL, Michele e LANKSHEAR, Colin (2010). *DIY Media: Creating, Sharing and Learning with New Technologies*. Nova Iorque: Peter Lang Publishing, Inc..

TAPSCOTT, Don e WILLIAMS, Anthony D. (2006). *Wikinomics. How Mass Collaboration Changes Everything*. USA: Penguin Books Ltd..

TOFFLER, Alvin (1970). *Choque do Futuro*. Lisboa: Livros do Brasil.

WESTERMAN, George *et al.* (2012, 5 de Novembro). "The Digital Advantage: How Digital Leaders Outperform their Peers in Every Industry". *Capgemini Con-*

sulting. Página consultada a 30 de Abril de 2014, <http://www.capgemini.com/resources/the-digital-advantage-how-digital-leaders-outperform-their-peers-in-every-industry>.

Capítulo I

Desenho e introdução ao conceito de *empresa 2.0*

Em tempos anteriores, os princípios, as crenças ou convicções de uma empresa — tal como a as suas estratégias e processos — eram geralmente impostas a partir de cima. No entanto, hoje vivemos num mundo de empresas distribuídas, dinâmicas e com uma força de trabalho que vai mudando as suas atitudes e expectativas. Um sistema de gestão baseado em valores permite a uma empresa reagir mais depressa às oportunidades aumentando a delegação e a capacitação, ao mesmo tempo que mantém a coerência da sua marca, das suas relações com clientes, da sua reputação e as operações do dia-a-dia.

Arthur W. Page Society (2007)
The Authentic Enterprise"

Nova cadeia de significado no paradigma da comunicação digital: Obama, Ronaldo, Ellen, Papa Francisco e o valor dos anónimos

O aparecimento e desenvolvimento dos processos de transmissão digital instigam uma nova dinâmica no conceito de *mudança*. Desde então, promoveu-se a migração e integração de contextos digitais com os *media* clássicos, cultivou-se o sentido de actualização e hiperbolizou-se a conquista permanente pelo estado de novidade. A dinâmica das plataformas digitais, as potencialidades e os imperativos ditados pela necessidade de actualidade motivaram a migração para o digital dos serviços, dos produtos, das empresas, das instituições e dos indivíduos, desencadeando a necessidade de habitar uma nova realidade: um *Ecossistema de Media Sociais*[7].

Esta *mudança* opera intensamente nos circuitos de socialização e apreensão da realidade. Uma *mudança* de paradigmas comunicacionais que subverteu lógicas lineares típicas das torres blindadas onde as organizações produziam laboratorialmente a informação que queriam passar. E veja-se a mudança na relação entre canais, protagonistas e mensagens, com alguns dos mais mediáticos e massivos exemplos mundiais que são hoje casos de estudo na utilização dos meios de comunicação digital. Os exemplos são curtos mas impressionam pela dimensão e amplitude e posicionam-se nas mais diversas áreas de actividade: a política, o desporto, a religião e o entretenimento.

OBAMA

Há quem entenda que os segredos da sua vitória residem na personalização da sua campanha e na aposta numa mensagem de confiança que gerou proximidade a milhões de americanos que acreditaram ser possível mudar o rumo político. Obama tornou-se um caso de estudo sobre a relação da comunicação e do marketing políticos com as redes sociais *on-line*. Uma campanha eleitoral concertada com especial destaque ao meio digital gerou a criação de uma comunidade de base popular (*My.BarackObama.com*) que reuniu dezenas de milhares de voluntários, alguns dos quais desistiram dos seus empregos para se dedicarem à campanha. Uma fonte de receita popular sem precedentes, através dos donativos espontâneos, permitiu angariar fundos para cumprir grande parte do seu programa de comunicação. Adoptou e personificou a *mudança* e recorreu à presença *on-line* para se aproximar de milhões de seguidores que lhe deram a vitória, tornando-o o primeiro presidente afro-americano da história dos EUA. Uma história apoiada também por Chris Hughes – co-fundador do Facebook – que se despediu do seu cargo executivo na rede social para se juntar à campanha. Os milhões de conteúdos produzidos e partilhados passaram por todas as principais redes sociais e pela blogosfera, associadas a uma base de *e-mail*

---

[7] Lon Safko e David K. Brake (2009) inspiram-se na analogia à área científica da biologia e propõem designar a multiplicidade de plataformas e aplicações digitais por *Ecossistema de Media Sociais*. Neste *Ecossistema*, os autores reconhecem que reunir as ferramentas 2.0 em categorias facilita o trabalho de falar sobre todas as possibilidades. Elencam para o efeito 15 categorias, às quais associam as ferramentas e/ou aplicações mais representativas desse domínio. Fazemos uma proposta de categorização no capítulo III.

gigantesca. A presença de Obama nas plataformas sociais da *Web* fez com que se aproximasse do seu eleitorado, incutindo-lhes o sentido de missão, e trouxe pessoas de volta à vida política da qual há muito se sentiam afastadas. A eleição de Obama viria a dar-lhe o título de o primeiro "Presidente da Internet" pela imprensa internacional. A verdade é que depois de Obama a relação entre a política e a Internet nunca mais foi a mesma. Hoje o sucesso desta campanha inspira lideranças e dá lições de gestão. E quem achava que depois da eleição toda a relação com o eleitorado acabaria, engana-se. A história continua!

1

2

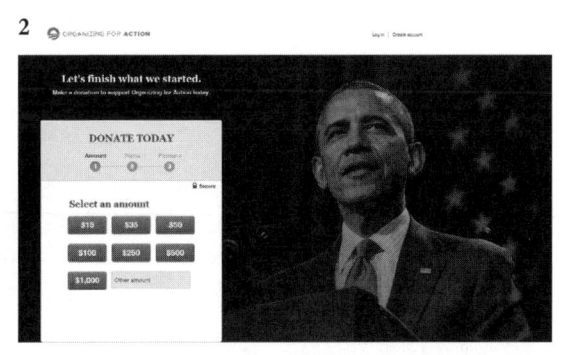

Imagem 1. Aplicativo que traduz 5 das actividades possíveis para participar na campanha eleitoral de Obama. Disponível em My.BarackObama.com no período da campanha.

Imagem 2. Actual do *website* de Barack Obama (*www.barackobama.com*) com a aplicação "Donate Today" disponível para qualquer utilizador contribuir para apoiar as políticas do Presidente dos EUA.

RONALDO

Depois, Cristiano Ronaldo. O português com mais seguidores no Facebook. São quase 80 milhões e na altura em que estiver a ler este livro o número provavelmente já terá sido ultrapassado significativamente. A prova de como o crescimento da marca "CR7" está dependente de uma relação saudável, próxima e permanente entre o ídolo do futebol e os seus fãs. Ronaldo é a personificação da persistência, do trabalho, da fé, de sucesso, de valor. Características que lhe dão hoje o estatuto de uma das mais valiosas marcas mundiais, cobiçada pelas maiores empresas de desporto, moda, *lifestyle* e também serviços financeiros. A sua presença *on-line* tem seguidores fiéis, em número invejável, que lhe permitem lançar-se em aventuras no digital. Ideias excelentes na relação com o seu público, os seus fãs, os seus clientes, a sua estrutura de valorização mediática. Veja-se a criação de uma rede social em nome próprio (*www.vivaronaldo.com*) que tem como objectivo central gerar um ponto de encontro personalizado e interactivo para os seus 80 milhões de fãs, plenamente integrado com as redes sociais *on-line* mundialmente mais utilizadas. A mesma força da marca permitiu-lhe igualmente lançar em 2014 a «CR7 e-Magazine» (*www.cristianoronaldo.com/magazine*). Uma revista exclusivamente digital, que só pode ser adquirida e lida em *smarthones* e *tablets* com o sistema operativo iOS e Android. A equipa de Ronaldo tem o trabalho facilitado pela qualidade do jogador. Mas dialogar com 80 milhões de pessoas requer muita imaginação e trabalho!

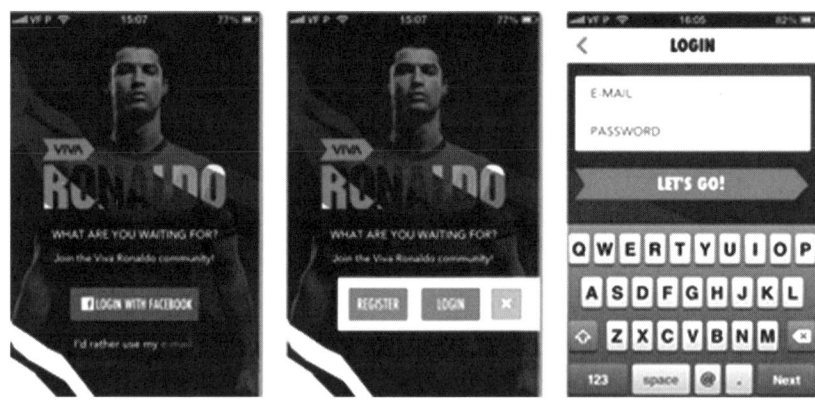

Imagem 3. Entrada na aplicação *mobile* para a rede social *VivaRonaldo*.

ELLEN

Ellen Degeneres era desconhecida para grande parte dos portugueses até ter tido a ideia – alegadamente espontânea – de tirar uma fotografia a si mesma em conjunto com mais umas personalidades de Hollywood que assistiam à 86.ª gala dos Óscares, impulsionando um movimento fotográfico iniciado pelo Papa Francisco que se designou popularmente por *selfie*. Ellen conseguiu a proeza de colocar esta fotografia (imagem 4) na história das redes sociais ao conquistar em pouco mais de duas horas mais de 2 milhões de partilhas no Twitter (*retweets*), tornando-a na mais partilhada de sempre. Truque de marketing da Samsung – marca do *smartphone* do qual foi retirada a fotografia – ou não, o fenómeno elevou ainda mais o alcance da marca *Ellen*, uma das mulheres mais influentes dos EUA. Marcou tendências e certamente que a Samsung e o Twitter legitimamente agradecem. Ellen tem cerca de 15 milhões de seguidores no Facebook e o dobro no Twitter. A apresentadora do *talk-show* matutino na televisão norte-americana sabe perfeitamente que já não pode viver sem esta relação. Os seus patrocinadores retribuem e prova disso é a dinâmica que frequentemente Ellen imprime no programa com recurso a conteúdos partilhados nas redes sociais. Ainda assim, o centro de energias da presença da marca Ellen *on-line* continua a ser o *website* institucional.

Imagem 4. *Selfie* de Ellen Degeneres. Fonte: *twitter.com/theellenshow*.

PAPA FRANCISCO

Autor do "primeiro *selfie* papal", o Papa Francisco dominou as conversas na *Web* em Agosto de 2013. Nesta altura o Papa acedia ao pedido de um grupo de jovens, dentro da Basílica de São Pedro, no Vaticano, e protagonizava um dos mais mediáticos auto-retratos que correu o mundo *on-line* e os meios de comunicação social. Segundo alguns especialistas e fontes próximas do Papa, não existe qualquer acção de marketing nestes actos. Porém, o Papa Francisco veio então revolucionar não apenas a imagem que o mundo tem da Igreja Católica e do Vaticano, como também a relação entre a comunicação e o marketing ao serviço da religião. Prova da transversalidade da comunicação nas diferentes áreas de actividade social e económica. Para retomar a popularidade da Igreja Católica perdida com a morte do Papa João Paulo II (e não reconquistada pelo Papa Bento XVI) não bastava a simpatia, nem a proximidade do Papa franciscano. Os escândalos sobre as finanças e os comportamentos sexuais dentro do Vaticano exigiam muito mais. Ajudou a convicção de que um bom assessor e uma equipa de comunicação podem fazer milagres, aliada a uma dose de humildade da figura máxima da Igreja Católica. A relação do Papa Francisco com as plataformas digitais não podia ser melhor. A prová-lo estão os cerca de 4 milhões de seguidores no Twitter e as suas declarações sobre a importância da Internet, entendendo-a como uma "dádiva de Deus":

"The Internet, in particular, offers immense possibilities for encounter and solidarity. This is something truly good, a gift from God."[8]

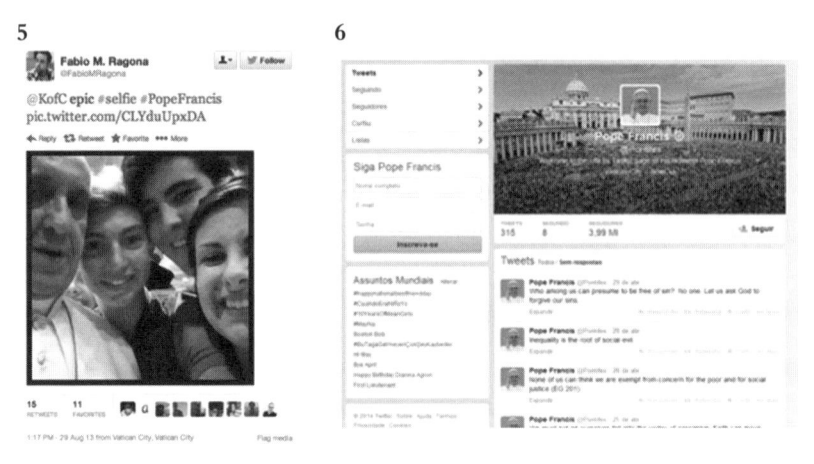

Imagem 5. *Selfie* do Papa Francisco com um grupo de jovens na Basílica de São Pedro, no Vaticano, publicada no Twitter por Fabio M. Ragona. Fonte: https://twitter.com/ FabioMRagona/status/373177674107072512.

Imagem 6. Página do Papa Francisco no Twitter: https://twitter.com/Pontifex.

E porque é que assistimos a um novo paradigma na relação da comunicação entre as organizações, os indivíduos e os seus públicos com recurso ao digital, evidenciando maior disponibilidade e abertura *on-line*? Em grande parte porque estes, mais ou menos VIP – no fundo grandes empresas e marcas –, perceberam que num mundo globalizado e democratizado no acesso e na produção de informação, são eles que mais precisam dos *anónimos* do

---

[8] Discurso intitulado "Communication at the Service of an Authentic Culture of Encounter", a propósito do 48.º *World Communications Day*, proferido a 24 de Janeiro de 2014, no Vaticano.

que os *anónimos* precisam deles. Há, sem dúvida, novos imperativos nas organizações. Foquemo-nos na comunicação. Inspirado?

Mudança e ambientes digitais de comunicação: novos imperativos da (re)organização

Esta migração para o digital tem vindo a obedecer a impulsos e desenvolvimentos constantes das novas plataformas *Web* e dos novos motores e ferramentas de construção de conteúdos. Não obstante, a presença actual na *Web* determina um conhecimento mínimo das propriedades da *Web* 2.0, a qual é baseada: na capacidade de produção colectiva; em *social networking, media sharing sites, blogging utilities, wikis*, em motores de pesquisa, entre outros. Competências que nem sempre acompanham o ritmo da novidade tecnológica.

Por estas e outras razões, a *mudança* apresenta-se hoje como um elemento dominante capaz de integrar a maioria das actividades da sociedade contemporânea. Esta manifesta-se através de transformações permanentes ao nível da tecnologia, da cultura, do conhecimento, das relações sociais e da economia, que impõem uma nova estrutura à sociedade e às suas instituições, obrigando-as a repensarem frequentemente a sua organização e os seus conteúdos. Este sentido de mudança permanente e irreversível impõe um aprofundamento teórico-prático das estratégias de comunicação inerentes às organizações e um esclarecimento inequívoco dos seus protagonistas, directos e indirectos, relativamente ao enquadramento conceptual desta realidade presente.

Fazer emergir uma nova economia fundada no optimismo do desenvolvimento das ligações em rede e na actualização das funcionalidades da Internet e da *Web*, que amadureceu na sua fase *2.0*, deixou rapidamente de assumir-se como um imperativo primário apenas das empresas, circunscritas a uma limitação geográfica e/ou dimensão estrutural, para passar a integrar uma necessidade global das organizações.

A *mudança*, hoje estimulada pela dinâmica digital 2.0, não tem de ser encarada como uma fatalidade desestabilizadora. Deve ser vista antes como o momento para o aperfeiçoamento de técnicas e procedimentos, no sentido de abrir caminho à actualização constante e a uma boa receptividade à novidade, para que a organização e os seus colaboradores promovam factores diferenciadores capazes de incutirem competitividade através de *know-how*.

A comunicação contemporânea nas organizações: motivações e oportunidades

As organizações comunicam ou apenas informam?

Entendendo a organização enquanto *entidade social* encontramos a justificação para declarar que a capacidade de comunicação entre indivíduos merece uma atenção central. Nela reside o factor diferenciador capaz de fazer emergir a organização, estabelecê-la de forma coerente, projectá-la numa imagem única e integrada e diferenciá-la relativamente às demais.

No contexto actual, a comunicação reforçou o seu papel central na definição estratégica das linhas de orientação internas e externas de uma organização. É, acima de tudo, o reconhecimento de que sem comunicação não pode haver organização. Parte desta falhará se a comunicação também falhar[9]!

Além deste posicionamento da comunicação, percebemos que a multiplicidade de intervenientes no processo comunicacional, de canais e de mensagens, dificultam a definição e escolha de um qualquer normativo que permita universalizar as melhores práticas de comunicação organizacional. Para Arménio Rego[10], a multidimensionalidade da comunicação dificulta a *extração de 'normas' de actuação comunicacional adequadas,* o que torna difícil encontrar relações universais específicas entre comunicação e desempenho organizacional. Esta multidimensionalidade revela-se, por exemplo: 1) pela dinâmica e complexidade dos processos comunicacionais; 2) pela codificação e descodificação de mensagens; 3) pelo *feedback*; 4) pela estrutura de conteúdo das mensagens; 5) pelas redes de comunicação; 6) pelos canais formais e informais; 7) pelos filtros no processo comunicacional; 8) ou pelos estilos preferenciais de comunicação.

Apesar do reconhecimento da impossibilidade de universalizar fórmulas matemáticas que garantam o sucesso de políticas de comunicação, a transmissão digital dos processos de comunicação determinou, naturalmente, novos contextos comunicacionais, sejam eles individuais ou corporativos, novas atitudes e novas linhas estratégicas de actuação (Celaya, 2008). Paralelamente, a democratização no acesso à informação amplia o contributo

---

[9] (Wiio citado por Rego, 2010: 25).
[10] Arménio Rego, no seu trabalho *Comunicação Pessoal e Organizacional* (2010), evidencia de forma clara a dificuldade de converter a comunicação a um normativo quase matemático que permita definir tácticas e receitas de sucesso à base de regras universais.

da comunicação às organizações. A comunicação deixa de cumprir apenas propósitos informativos e persuasivos dirigidos ao consumidor/cliente, num sentido unilateral, para passar a desenvolver uma actuação multilateral, dinâmica e multicanal, contemplando novas intenções, como instruir, sensibilizar, inovar, formar e integrar.

A *Web* hoje revela um conjunto vasto de novas ferramentas e aplicações digitais capazes accionar um trabalho coordenado, colaborativo, baseado em permanentes inovações, garantindo a eficiência operacional de qualquer organização. Num estado avançado de organização ideal – utópico, para já – tudo se resumiria então à promoção de uma cultura organizacional de *inteligência colectiva*, fundamentada nos princípios e nos métodos de uma *empresa 2.0*, que adiante apresentamos.

Partimos do pressuposto, pela sua condição social, de que a comunicação está omnipresente em todos os domínios de uma organização. Facto que, por si, determina uma atenção especial por parte das chefias e dos responsáveis máximos, no sentido de redefinir a actuação e o espaço consignado à comunicação dentro da organização, alicerçado na promoção da literacia mediática e digital de todos os colaboradores. Falha uma organização que não se preocupe em estabelecer, alimentar, dinamizar e envolver as partes envolvidas na sua actividade, porque hoje há novas relações que se estabelecem entre os meios de comunicação e informação e as pessoas. Esta é hoje uma relação definida, cada vez mais, numa lógica de liberdade e facilidade, reflectida, por exemplo, no modo ágil com que a *Internet* e a *Web* nos permitem pesquisar, produzir, editar e difundir conteúdos.

Comunicação estratégica digital: um encontro entre *stakeholders*

A comunicação estratégica em contexto de crise

O contexto de crise e recessão está a comprometer padrões de comportamento enraizados nas organizações implicando, particularmente, a tomada de decisões ao nível da comunicação. A ansiedade que este cenário pode provocar aos gestores pode ter efeitos positivos ou contraproducentes no que respeita à política de comunicação. Os efeitos podem ser positivos se a comunicação tiver um lugar estratégico na organização e o apoio determinante e inequívoco do topo. Mas podem também transformar a comunicação num simples normativo, restringindo-a ou desinvestindo-a.

A urgência por manter padrões de desempenho ou optimizar os resultados em tempos difíceis exige forças redobradas por parte de todos. Manter volumes de vendas, assegurar a manutenção da reputação da marca ou simplesmente não agravar prejuízos podem ser, nestas alturas, objectivos já bastante ambiciosos. Mas tal não implica necessariamente um descuido na relevância da comunicação na promoção de uma organização que, eventualmente por forças externas, se vê obrigada a rever objectivos, estratégias ou mesmo ainda modelos de negócio.

Senão vejamos! Podemos identificar duas tendências estruturais para a comunicação nas organizações em contexto de crise e recessão (Zerfass, 2009: 69). Não estão certos ou errados, podendo fazer sentido em função da natureza e da estrutura da organização. Os efeitos, esses é que contam. E em ambos os cenários pode satisfazer os objectivos da sua organização. Depende da abordagem que faz à comunicação, independentemente das ameaças e das orportunidades que cada cenário revela. Mas agora reflicta por momentos e perceba qual dos cenários lhe permitiria trazer bons resultados – inovando, surpreendendo, envolvendo novos públicos, apostando na comunicação interna – e levá-lo a superar objectivos em tempo de baixos orçamentos. Num contexto de crise e recessão as atitudes mais comuns perante a comunicação podem passar por:

CRISE E RECESSÃO	
Cenário A **Comunicação reforçada e integrada**	**Cenário B** **Comunicação "back to basics"**
A comunicação estratégica emergirá reforçada e melhorada da crise. Os orçamentos serão reduzidos, mas esta situação força os profissionais a aliviar rotinas e a promover acções ligadas às estratégias organizacionais. Comunicação unilateral, relações com os *media* e publicações impressas serão reduzidas; passam para um cenário de diálogos travados em canais *on-line, media* sociais, vídeos na *web* e a comunicação interpessoal ganha lugar. Os gestores de topo vão ter uma experiência muito próxima do valor da comunicação estratégica e compreenderão o potencial da comunicação interna. Este cenário permite desenvolver um escudo de protecção da reputação e da marca em tempos de angústia.	A recessão vai reduzir a comunicação estratégica a um conceito normativo; as organizações irão reviver as ideias tradicionais de relações públicas, comunicação empresarial e publicidade. Os esforços para ganhar legitimidade por meio da responsabilidade social organizacional serão reduzidos, mas a publicidade do produto estará em ascensão. Os orçamentos são deslocados para os *media*, porque estes estão abertos para a cooperação e acordos de reciprocidade, quando as vendas de anúncios se encontram em rápido declínio. Gerir relacionamentos e reputação tem agora menos importância no fortalecimento da organização. O sucesso é monitorizado e medido apenas pela contagem *clipping* e avaliação de campanhas ao nível operacional.

Zerfass (2009), adaptado.

A partir do momento em que se encara a comunicação como um activo económico e se compreende o potencial alcance na dinamização da organização interna e externamente percebe-se que a crise pode continuar a ser encarada como oportunidade. Se a comunicação é algo já estruturado perceberá que não terá que desinvestir simplesmente para manter resultados. Supere-se e reinvente-se para novas abordagens que até então não tinha arriscado. Os benefícios podem surpreendê-lo.

Associado a esta ansiedade provocada pela crise, o *mundo digital* surge muitas vezes como uma porta aberta a novas oportunidades e outras tantas enquanto fórmula de salvação de negócios. E será (ou poderá ser), com certeza. Mas cautela. Pode haver resultados inesperados provocados pela *urgência*. Os maus resultados chegam quando se pensa que na tecnologia, nas redes sociais *on-line* e no advento do "qualquer coisa 2.0" reside a solução para todos os males. Nestes residem apenas oportunidades. Migrar para o digital ou estar *on-line* requer investimento. E um plano de acção bem estruturado − estratégico − adaptável e mensurável será mais determinante que nunca em tempo de restrições orçamentais. A ideia passa precisamente por conhecer os desafios e as oportunidades do mundo digital e conseguir tomar as melhores decisões, com recurso a instrumentos *low-cost* e, ainda assim, optimizar os seus resultados num contexto em que poucos poderiam acreditar ser possível.

A comunicação como activo de promoção da competitividade económica

Para que uma organização se mantenha activa e seja um jogador influente na conquista pelo mercado ou pelos seus públicos não podemos dissociar a comunicação estratégica da própria organização. A comunicação não é uma estrutura independente cujo desempenho é alheio ou indiferente ao desempenho individual e colectivo. Por isso, ao abordarmos a acção estratégica na comunicação partimos do princípio de que esta deve estar alinhada com a estratégia geral da organização, com o objectivo de melhorar a sua imagem, o seu posicionamento e os seus resultados. Deve assim existir uma utilização intencional da comunicação por parte das organizações com vista a associarem-na enquanto instrumento de grande potencial de concretização da sua missão. Fica assim explícita a necessidade de a comunicação se tornar um activo de longo prazo, a ser considerado na estrutura e no investimento da organização.

Nesta medida, todas as organizações que continuem a definir políticas de comunicação para atingir objectivos pontuais terão dificuldades em competir com outras que têm abandonado a abordagem de curto-prazo à comunicação. É, por isso, determinante que as organizações desenvolvam antes uma abordagem estratégica, integrada e descentralizada, em linha com os objectivos definidos para a própria organização (Argenti, 2005)[11].

Na promoção da inovação e da produtividade, por exemplo, a comunicação pode corresponder efectivamente a um conjunto de acções estratégicas para combinar e desenvolver o planeamento de processos, meios e critérios, através dos quais a organização alcançará a sua desejada posição de liderança. Outras vezes, o conceito *comunicação* abarca de igual forma um sentido mais intangível. Refere-se a um processo de gestão activa por parte dos responsáveis de topo, particularmente ao nível da comunicação, que orienta a atenção da organização para o sentimento de vitória; motiva os indivíduos através da comunicação do valor dos objectivos; gera espaços de partilha individuais e colectivos; suporta o entusiasmo oferecendo novas orientações operacionais em virtude de circunstâncias dinâmicas; e utiliza a intenção perseverante para orientar a alocação de recursos (Cornelissen, 2008).

As orientações estratégicas são caracterizadas pela sua contribuição nos processos-chave do núcleo de acções que conduzem ao sucesso da organização. Ao mesmo tempo, quando bem integrada e quanto mais naturalmente fluir, a comunicação estratégica forma significados, cria sentimento de confiança, constrói reputação e gere interacções pessoais simbólicas com *stakeholders*, a fim de apoiar o crescimento organizacional e a garantir um espaço livre de actuação. Simultaneamente, uma comunicação integrada estrategicamente prepara as organizações para um futuro incerto, por oposição aos esforços de comunicação esporádicos, que apenas suportam actividades rotineiras e os negócios quotidianos[12]. Esta deve ser uma área valorizada e

---

[11] A natureza estratégica da comunicação advém da sua utilização intencional e planeada, entendida como instrumento de melhoramento do posicionamento da organização. A comunicação estratégica deve, por isso, considerar-se enquanto activo de longo-prazo, dirigida para as pessoas, com vista à promoção de informação e conhecimento capazes de melhorar o desempenho e a superação das diferentes missões que sejam necessárias cumprir. Para Cornelissen (2008: 98), recorrendo à génese da palavra *estratégia*, que deriva do grego *strategos* e significava um conjunto *geral* de manobras realizadas para superar o inimigo, deve a comunicação estratégica envolver uma direção geral e transversal à organização, reprimindo planos simplistas ou tácticas isoladas.

[12] Ideia defendida por Zerfass e Huck (2007: 108) que entendem não se poder falar em comunicação estratégica se esta não demonstrar uma configuração transversal às várias

profissionalizada pela sua transversalidade e ainda por andar de "mãos dadas" com o sucesso ou o fracasso dos objectivos gerais da organização. Deve ser, cada vez mais, uma aposta reforçada num mundo globalizado que exige às organizações e aos indivíduos um posicionamento claro e uma abordagem sólida e actualizada no seu desempenho, capaz de se distinguir dos demais concorrentes. E assim promover a competitividade com qualidade e distinção.

Digital: "it's all about it!"

Falar em novas formas de comunicação é um exercício complexo dada a multiplicidade de características que podemos isolar para nos referirmos a elas: *digitalização, interactividade, virtualidade, dispersão, hipertextualidade, representação numérica, modularidade, automatização, variabilidade, transcodificação, networking, convergência*[13]. Ainda assim, *digital* parece-nos representar a melhor característica para nos referirmos a estas novas formas e processos de comunicação.

As vantagens da transmissão digital são reconhecidas – a redução de ruído; a flexibilidade e a adaptabilidade dos sistemas digitais; a maior simplicidade de processamento da informação; e a facilidade de correcção de erros, que se torna mais efectiva na comunicação digital – e estão na génese das dinâmicas plataformas tecnológicas de comunicação *on-line* (Chitode, 2009: 83).

Digital – entendido como um processo tecnológico que reduz texto, imagem, som, a sinais digitais, que podem ser facilmente fragmentados, manuseados, interligados, distribuídos e corrigidos – pode ser facilmente entendida como a característica principal instigadora desta viragem nos processos comunicacionais, que hoje permitem fenómenos como *networking*, multimédia, colaboração, virtualização e comunicação interactiva.

---

actividades da organização e não se restringir a uma acção rotineira sem margem de reflexão e integração estratégica nos processos e actividades gerais da organização.

[13] Scolari (2009: 946), ao procurar estabelecer um *estado da arte* sobre campo teórico da comunicação digital, enuncia diferentes autores e distintas categorizações para designar uma comunicação processada em *"new media"*. As características a aplicar às novas formas de comunicação contemporânea definem-se numa lógica excessivamente particularizada e segmentada, existindo terminologias que caracterizam a comunicação em contexto digital de forma manifestamente insuficiente, não abrangendo a sua dimensão global. Por isso, defende que é a configuração digital dos novos *media* que determina a natureza dinâmica, acessível e escalável dos novos processos comunicacionais. E entende *digital* como a melhor característica para designar a comunicação mediada pela Internet e pela *Web*.

A diversidade conceptual e os neologismos instintivamente gerados para designar novas realidades, aliados ao desenvolvimento desenfreado da tecnologia aplicada às redes e aos sistemas digitais, impedem tempos de reflexão crítica em torno dos novos problemas apresentados pelas actuais formas de comunicação. Se avaliarmos a importância que os Estados, em geral, e as organizações, em particular, começam a dedicar não apenas à migração para o digital, mas também à estratégica formação dos seus colaboradores e à boa manutenção da sua presença *on-line*, percebemos que a abordagem profissional ao novo ambiente constituído por *media* digitais revela uma necessidade crescente e até urgente.

É esta natureza da comunicação contemporânea que está na origem de novas designações como *utilizador 2.0* e *empresa 2.0*. E justificada que está a razão pela qual designamos e caracterizamos esta comunicação contemporânea por *digital*, importa então conhecer a raíz da sua natureza dinâmica, inspirada nos princípios daquilo que se aceitou universalmente designar por *Web 2.0*.

Web 2.0: uma designação estática para uma plataforma dinâmica

A revelação das capacidades dinâmicas do digital (2.0)

Procurar definir uma vez mais aquilo que designamos por *Web 2.0* quando o trabalho já foi bem feito pelo seu mentor, Tim O'Reilly, pode ser redundante e, para alguns, irrelevante. Contudo, fazemos um esforço para sistematizar algumas características essenciais do conceito que, no fundo, inspiram este livro. São pois os fundamentos da *Web* 2.0 que revelam o potencial daquilo que se designou por *empresa 2.0*, *marketing 2.0*, *relações públicas 2.0*, entre outras áreas de actividade que ganharam uma nova abordagem a partir do momento que a *Web* vai apresentando um novo padrão de desempenho. Mas concordamos que a discussão deve ser recentrada na essência daquilo que a designação pretende congregar e não tanto na terminologia que foi comummente aceite para designar aquilo que são fases naturais da evolução da *Web*. Por este motivo, não lhe propomos uma reflexão aprofundada à transição entre duas fases mais marcantes da *Web*, que passaram a designar-se entre *Web* 1.0 e a *Web* 2.0. Importa contudo reflectir sobre algumas características que distinguem esta fase actual da *Web* (2.0) da anterior, já que é nesta que reside o potencial de aplicação ao desenvolvimento e a optimização das estratégias de comunicação organizacional *on-line*.

A *Web* 2.0 veio revelar a capacidade de acção da *Web* enquanto plataforma digital que, até então, durante a fase 1.0 estava subaproveitada e mal compreendida. Há quem se refira a estas duas fases como uma transição clara; outros entendem-nas como uma evolução natural resultante do amadurecimento da tecnologia e do potencial intelectual dos indivíduos que necessitaram de se adaptar a um novo ambiente, dominar novos conceitos e despertar para uma nova realidade, desta feita, virtual.

A rápida evolução da Internet e da tecnologia, com efeitos cumulativos e irreversíveis, confere uma dinâmica sem precedentes às plataformas digitais, de tal modo que dificilmente se consegue acompanhar este desenvolvimento com a documentação e conceptualização necessárias à sua compreensão. A sua dinâmica e actualização permanentes contribuem para a dificuldade de se delimitar uma definição para *Web* 2.0 capaz de gerar consenso relativamente às suas características. Noutras realidades, menos expressivas – actualmente – em Portugal, fala-se e trabalha-se já a versão 3.0 da *Web*.

Indo à origem do termo, literalmente, foi desta forma que o conceito de *Web* 2.0 foi apresentado e descrito pelo seu autor (2005): "*Web* 2.0" é a rede como plataforma, englobando todos os serviços interligados; aplicações *Web* 2.0 são aquelas que tiram o máximo proveito das vantagens intrínsecas dessa mesma plataforma: disponibilizando software como um serviço continuamente actualizado que se vai aperfeiçoando à medida que as pessoas o vão utilizando, consumindo e misturando dados de várias fontes, incluindo utilizadores individuais, enquanto fornecem os seus dados e serviços de uma forma que os permite interligar com outros, criando efeitos de rede por meio de uma "arquitectura de participação". E vão além da estaticidade da página da *Web* 1.0, para oferecer experiências enriquecedoras para o utilizador.

Tim O'Reilly, depois de apresentar em 2005 o conceito *Web* 2.0 no seu artigo "What is Web 2.0?", sente agora necessidade de esclarecer intenções e de justificar algumas perspectivas, face às dúvidas suscitadas acerca da terminologia. Ao nível da sua vertente tecnológica, não tem visto a *Web* 2.0 como uma nova versão da *Web*, mas sim como a realização do potencial desta, uma segunda via ou uma evolução natural, por assim dizer (Shuen, 2008). Para o mentor do conceito, as mais-valias da *Web* 2.0 não se esgotam na sua aplicação dinâmica a estratégias de marketing, na construção de novos modelos de negócio ou na capitalização de novas aplicações. Isto é, este estado de inspiração que o termo desencadeou para tirar partido das vantagens da *Web* aplicadas aos negócios, não podia continuar a ser entendido, pelos indivíduos e pelas organizações, num sentido unilateral: *de um para muitos*.

O sucesso da *Web* 2.0 passa a residir assim nos seus efeitos e no potencial social humano que encontra condições tecnológicas sem precedentes para se expressar e se focar na construção de novas aplicações, aperfeiçoando-as e tornando-as cada vez mais acessíveis e simplificadas para as pessoas. Quando apresentou o conceito *Web* 2.0, Tim O'Reilly defendia essencialmente que esta era, em última análise, sobre os efeitos do *networking* e sobre o aproveitamento da *inteligência colectiva* dos utilizadores para construírem aplicações que, literalmente, ficariam melhores quanto mais as pessoas as utilizassem[14]. Esta realidade gera um ciclo vicioso capaz de reunir as mais-valias da *inteligência colectiva* e conduz os seus efeitos para bem próprio e para o bem da comunidade em geral, através da partilha de conhecimento.

Por estas razões, com a aceitação deste conceito, que passou a designar um estádio mais dinâmico da *Web*, iniciou-se uma fase de celeridade manifesta num mercado ainda mais competitivo que, a cada dia, vai sucumbindo às desesperadas tendências de atingir a novidade e conseguir manter a exclusividade. Este entusiasmo, benéfico quando bem capitalizado, veio, em parte, contribuir para a desinformação dos indivíduos e das organizações sobre os domínios, as potencialidades e os conceitos que rodeiam as plataformas sociais e as novas ferramentas digitais que concretizam a *Web* 2.0. Tim O'Reilly é o primeiro a defender esta perspectiva ao reconhecer que a aceitação e entusiasmo populares gerou, ao mesmo tempo, uma grande incompreensão, levando produtores, comerciantes, gestores de marketing, entre outros, a envolver os seus produtos sob o manto da expressão "Web 2.0" estabelecendo, ou não, relação com este contexto. Significa isto que a amplificação do conceito e a sua mediatização têm sido, muitas vezes, aproveitados para fins estratégicos de promoção e marketing para nos referirmos a um tipo de produto actual, moderno, dinâmico, e/ou até *cool*, se ao nome do produto associarmos a expressão "2.0". Esta atitude desvirtua, muitas vezes, o verdadeiro significado da *Web* 2.0, contribuindo para uma pobre

---

[14] Amy Shuen (2008), uma das mais bem-sucedidas consultoras da O'Reilly Media, Inc., apresenta no seu livro uma espécie de *esclarecimento* sobre a interpretação clara do conceito "Web 2.0". A obra é igualmente aproveitada por Tim O'Reilly para elucidar o que pretendeu, desde o início, designar com aquele conceito. A desinformação em torno do conceito levou a que o mesmo fosse utilizado sem o devido cuidado e interpretado erradamente por empresas e indivíduos que sucumbiram ao desespero pela "novidade". Shuen, numa abordagem pragmática, revela como para ser bem-sucedido neste novo ambiente 2.0 é necessário planear estrategicamente a presença *on-line*, sublinhando que existe muito trabalho por trás de uma acção de sucesso implementada em contexto digital.

reflexão sobre o seu significado e as suas implicações práticas, individuais e colectivas.

O que procuramos é precisamente contribuir para o entendimento de que o sucesso de qualquer estratégia de comunicação digital *on-line* tem que sugerir a participação efectiva dos indivíduos para que os seus objectivos se concretizem. De igual forma, o sucesso das organizações no meio digital apenas se corporiza com o aprofundamento das capacidades de compreensão deste novo ambiente. Um ambiente complexo pelo enquadramento conceptual, pela natureza tecnológica, pela multiplicidade de linguagens que o compõem, cujo domínio efectivo implica um conhecimento claro por parte do utilizador.

Muitas vezes *Web* 2.0 refere-se a um conjunto de mudanças nos padrões sociais, estruturais e de projectos que resultaram da migração em massa dos serviços e das empresas para a Internet e para *Web* enquanto plataformas. Novos padrões sociais que provêm de modelos de interacção entre pessoas, comunidades, computadores e *software* (Governor *et al.*, 2009). Da relação entre estas variáveis, salienta-se a importância das interacções humanas, que estão na base do desenvolvimento das arquitecturas de *software* inteligente, resultando em *websites* e aplicações *Web* com uma usabilidade manifesta, capaz de fazer esquecer a mistura da experiência humana com a tecnologia.

Podemos ainda procurar compreender *Web* 2.0 como um conjunto de tendências económicas, sociais e tecnológicas que combinadas formam o sustento da próxima geração da Internet: cada vez mais substancial, aperfeiçoada, e entendida como um *medium* caracterizado pela sua abertura, participação e efeitos de rede.

No contexto organizacional, falamos, essencialmente, na transição da antiga e estática *Web* para uma versão dinâmica, o que provocou mudanças em todos os sectores de actividade. Neste contexto, importa-lhe a si e aos demais gestores, independentemente das áreas, decidir como utilizar a *Web* a fim de gerarem formas mais ricas e conexões fortalecidas e duradouras com os seus clientes, colaboradores e outras partes envolvidas. Queremos contribuir para evidenciar como podem as organizações abraçar o poder e a adesão massiva às redes sociais e às diferentes plataformas digitais. Se não o fizerem, um concorrente o fará – com consequências que poderão ser desastrosas[15].

---

[15] William Sahlman, professor de Empreendedorismo na Harvard Business School, num comentário à obra de Amy Shuen (2008).

A *Web 2.0* como factor estratégico
Mitos e realidades

Definir um plano de comunicação digital capaz de dar frutos começa muito antes de chegar ao responsável pela comunicação organizacional. Primeiro é importante que a comunicação ganhe um lugar na própria estratégia organizacional e você não se assuma num mero executante de mensagens que a direcção entendeu querer fazer passar. Até porque devemos evitar a confusão e esclarecer que a *Web social, per si*, não é garantia de sucessos imediatos e que veiculando uma mensagem ela será sempre eficaz. Seria redutor. Mas é importante compreender que está nas nossas mãos, nas mãos de quem decide e operacionaliza, transformar ou não a *Web social* num factor estratégico na projecção daquela mesma mensagem ou na concretização de qualquer outro objectivo. Trata-se pois de reconhecer o poder e a actividade que reside entre os utilizadores – efectivos ou potenciais clientes – que já circulam e definem as suas acções em função da sua ligação e acesso à Internet. Ignorá-los, nalguns casos, pode ser desastroso. Cabe à organização e aos responsáveis, por isso mesmo, influenciá-los positivamente. E é aqui que reside parte do sucesso. Os fenómenos repetidos da *inovação* e da *mudança* não implicam somente uma inversão tecnológica, mas antes uma mudança de atitude da organização para com todos as partes envolvidas. O oposto desta atitude pode inclusive reverter o optimismo em torno da *Web 2.0* em algo pernicioso.

Percebendo agora que falar apenas em *Web* 2.0 é já quase falar de uma versão datada, ultrapassada pela sua versão mais actual, a semântica, no contexto nacional cabe ainda o destaque a esta etapa. Se nos EUA há razões para começar a abandonar as referências à *Web 2.0* em Portugal ainda falta cumprir-se parte desta para que possamos já ignorá-la. No entanto, defendemos a perspectiva de que não lhe importa tanto teorizar sobre as mais diversas modalidades da *Web* que assumiram esta designação como poderiam ter assumido outra qualquer. São evoluções inerentes de qualquer produto que transitou da sua versão original (1.0) e passa por diferentes etapas (2.0; 3.0) à medida que vai sendo aperfeiçoada em consequência de novas técnicas de produção, utilização e acessibilidade. Neste sentido, importa mais estar atento à forma como essas evoluções se manifestam na *Web* e, por conseguinte, nos comportamentos dos utilizadores, de forma a sabermos agir, intervir e reagir.

Para entendermos a *Web 2.0* enquanto recurso estratégico é conveniente esclarecermos alguns preconceitos fundados, por exemplo[16]:

---

[16] Adaptado de Javier Celaya (2008).

MITOS E PRECONCEITOS A *Web 2.0...*	REALIDADE
Gera uma *inteligência colectiva* de fraca qualidade	É certo que a *Web 2.0* potenciou um sentido de hiperindividualização multiplicando as fontes de informação que, muitas vezes, contribuem para a desinformação, revelando efeitos contraditórios. No entanto, a filosofia do *hiperlink* pretende, numa cadeia de ligações, efectivamente acrescentar valor a uma determinada informação, procurando fontes e confronto de perspectivas. O mesmo acontece com a partilha potenciada pelas redes sociais *on-line*, os blogues ou os fóruns que pretendem acrescentar valor reunindo contributos individuais na construção de uma resposta sólida, baseada em experiências e conhecimento efectivo, a alguma questão concreta. E esse valor extraído desta *inteligência colectiva* pode ser valioso se bem interpretado, canalizado e dinamizado.
Promove a democratização das organizações	A *Web 2.0* não pretende dirimir estruturas ou levar-nos a reclamar pelo fim das hierarquias. Simplesmente estabelece canais, circuitos e novos fluxos de comunicação e informação que permitem valorizar contributos que até então não eram considerados como, por exemplo, o *feedback* dos clientes facilmente divulgado *on-line* quando a nossa organização não dispõe de sistema de monitorização e avaliação da qualidade.
É garantia de maior atenção ao cliente	A *Web 2.0* efectivamente aproxima clientes e produtores, caso a organização esteja disponível e atenta. De outra forma, muitas organizações ainda entendem a relação com o cliente como uma obrigação em vez de a encararem como uma oportunidade para criar relações iguais e daí retirar proveito.
É puro marketing	Certamente que quem assim considera sabe pouco de marketing. De facto houve um período que inspirou esta convicção, mas a *Web 2.0* apenas vem agilizar o contacto com os públicos e a recolha de informação de caracterização sociodemográfica sobre os mesmos. Ampliou áreas de actuação do marketing e agilizou o acesso a novas fontes de informação e recolha de dados. O rótulo "2.0" não é garantia para o sucesso, mas oferece um vasto conjunto de oportunidades.
Revela um número diminuto de utilizadores activos	Certamente que existe uma grande percentagem de *espectadores* na *Web*. No entanto, o número utilizadores/produtores é significativamente activo para manter uma dinâmica nos fluxos de informação disponíveis[17].

---

[17] No mais recente relatório da empresa internacional We Are Social (2014, 5 de Fevereiro), Portugal regista 6 900 134 utilizadores com acesso à Internet, o que representa uma taxa de penetração de 64% no total da população (10 799 270). Daqueles

Valoriza o anonimato	Muitas plataformas efectivamente potenciam participações anónimas, como é o caso dos blogues. No entanto, as oportunidades de participação assumidas podem trazer valor acrescentado. A personalização do comentário, da recomendação, da história, da fotografia partilhada, entre outros, está na base da constituição de um leque de referenciais que persuadem a tomada de decisões e a percepção sobre determinado conteúdo.
Garante o sucesso da migração para o digital	A presença ou simples migração para o digital não são garantias, *per si*, de sucesso. Esta decisão exige antes uma vigilância constante, associada a recolhas de informação, a definição de tácticas acertadas, ao envolvimento com os públicos, à monitorização e à avaliação permanentes.
É gratuita	Mesmo quando não existe um pagamento imediato para aceder a qualquer página *on-line* há custos que estão associados, como, por exemplo, a ligação à Internet. Mesmo que esteja a utilizar uma rede *wireless* num qualquer *hotspot*, o tempo que dedica à navegação já por si é um custo associado. A produção de conteúdos também se junta a este investimento. E por mais ferramentas gratuitas que a *Web* lhe ofereça, em algum momento necessitará de fazer *upgrade* ou actualizações para versões *premium* com custos associados.
Baseia-se no autodidactismo	É um facto que os interfaces de muitas plataformas sociais na *Web* permitem uma aprendizagem e compreensão das suas funcionalidades de forma quase espontânea por parte dos utilizadores. No entanto, não se convença que é um gestor de comunidades ou redes sociais *on-line* porque criou o seu perfil no Facebook! Existem diversas componentes e linguagens que requerem uma maior dedicação e aprofundamento, integrando áreas de intervenção diferenciada, desde o *webdesign* à programação, para que tudo se reúna, de forma natural, em resultados concretos.

---

utilizadores da Internet, 5 200 000 são utilizadores do Facebook. E existem mais de 12 milhões de subscrições de aplicações móveis activas. Cerca de 30% da população tem *smartphone* e destes 3,5 milhões têm subscrições de planos de acesso à Internet. Destes 3,2 milhões acedem a website de redes sociais através das suas versões *mobile*. Os dados impressionam ainda mais, no contexto europeu, se analisarmos a realidade da Europa do Norte. A evolução destes dados pode igualmente ser acompanhada através do sítio oficial sobre *Internet World Sats: Usage and Population Statistics:* www.internetworldstats. com/eu/pt.htm.

Dispensa profissionalização de recursos técnicos e humanos	Certamente que se é proprietário de um negócio "lá no bairro" e quer criar o seu perfil empresarial numa rede social *on-line* já terá ouvido dizer que o vizinho, o filho, o sobrinho ou o amigo do amigo "é nota 10" nestes domínios da Internet. É rapaz para "dar um jeito"! Mas se quiser definir uma estratégia sólida em contextos digitais, certifique-se que as competências de quem contrata não se ficam pelo autodidactismo. A profissionalização e a definição concreta de um sector dedicado à comunicação digital fazem a diferença entre uma presença *on-line* sólida e com retorno, de uma presença alheada dos objectivos e deslumbrada com o número de *fãs*!

Utilizador 2.0 e o poder de um clique

O software aumentou a vida social

O sucesso da *empresa 2.0* não se alcança com a simples migração para o digital e a integração das mais avançadas aplicações *Web* nas técnicas de comunicação institucionalizadas. Isto é, a *Web* 2.0 contribui para o alcance dos objectivos que integram a estratégica de comunicação de uma organização. Porém, esta aplicação das ferramentas da *Web* 2.0 à comunicação organizacional será concretizada tanto melhor na medida em que exista uma valorização do capital humano e da sua motivação. Se entendermos que as organizações de sucesso do futuro comportam-se como se todas as partes interessadas fossem directores – motivadas pela democratização da informação e pelo contributo da construção de uma *inteligência colectiva* como factores determinantes de manutenção de uma marca – facilmente percebemos que o velho axioma de que *informação é poder* (contido numa só figura) tem os seus dias contados. No contexto organizacional actual, a informação continua a ser poder, muito embora se distribua (Celaya, 2008: 12), o que torna cada colaborador num activo de participação e promoção para levar a cabo o seu melhor contributo na prossecução dos objectivos gerais da organização.

A migração para o digital e a integração das ferramentas 2.0 na estratégia de comunicação não se trata apenas de uma moda ou uma simples proclamação de modernismo tecnológico momentâneo. A *Web social* é, *per si*, um factor estratégico, cuja dimensão e sucesso deverão ser ponderados aquando da sua integração na estratégia de comunicação organizacional, tendo em conta todos os denominadores envolvidos, sejam eles, financeiros, estruturas de sistemas de informação, equipamento e *software*, recursos humanos, objectivos qualitativos, quantitativos e de posicionamento, entre outros. A mudança de postura relativamente ao digital e à actualização das estratégias de comunicação organizacional não se constroi com a simples manutenção de uma página institucional *on-line*. As mudanças que a tecnologia e as aplicações *Web* introduziram na sociedade provocaram uma mudança estrutural das organizações, dos modelos de negócio, das estratégias de produção e gestão, e mesmo do seu posicionamento estratégico no mercado.

Este cenário de mudança deve ser auxiliado por aquilo que, anteriormente, designámos por *inteligência colectiva* ou *trabalho colaborativo*, através do qual as organizações passam a contar com uma nova geração de recursos humanos formada através da integração de novas tecnologias no processo de aprendizagem e no intercâmbio do conhecimento. A utilização de ferramentas digitais (D-Motions 2.0® [18]) permite agora aos colaboradores desenvolver o seu trabalho em equilíbrio e consonância com as diferentes áreas da organização, atribuindo mobilidade e flexibilidade nas suas responsabilidades funcionais. De igual forma, o conhecimento partilhado cria um incentivo adicional para que cada um dos colaboradores se sinta cada vez mais implicado nos diferentes projectos, criando uma organização mais interactiva e menos hierárquica, na qual cada indivíduo assume um papel de embaixador da estratégia comunicacional definida para os objectivos a alcançar.

O grau de intercomunicação que hoje as aplicações *Web* permite exige uma presença *on-line* constante das organizações, atenta à conversação e ao intercâmbio de opiniões e informação gerada por utilizadores individuais ou corporativos (concorrência, por exemplo). Quanto maior for o número de clientes/utilizadores *on-line* e quanto mais interligados estiverem entre si, mais a organização dependerá da sua presença estratégica na *Web* para compreender como posicionar correctamente os seus serviços na rede. Falar em posicionamento na *Web* é aceitar um novo paradigma comunicacional e informacional do qual poderá depender o sucesso ou o fracasso de uma marca. A migração para o digital evoluiu para uma fase 2.0 e mostrou as potencialidades da *Web* enquanto meio digital: de comunicação, interacção, negócio, intervenção, gestão, modernização, posicionamento, entre outros. Falarmos numa *organização 2.0* é reconhecer uma nova forma de fazer negócios e

---

[18] Designa *Digital Motions 2.0* ®. Uma proposta para abarcar a multiplicidade de plataformas e *media* sociais disponíveis na *Web*. Trata-se de um neologismo que pretende servir de alternativa à designação incompleta ainda em uso: novos *media*. Desenvolvemos este conceito no capítulo III.

gerir serviços, produtos e, essencialmente, pessoas. Reconhecermos que o desenvolvimento do *software*, das aplicações *Web* e a qualidade da ligação e acesso à Internet aumentaram a vida social e permitiram-nos prolongá-la até uma realidade virtual que se assumiu num imperativo de sucesso na democratização dos fluxos de informação e na construção do conhecimento como factor central de sucesso organizacional.

Falar em *organização 2.0* será também falar em canalizar os contributos de uma *inteligência colectiva* resultante das actividades de *social networking* que geram uma rede de influência e alteram a forma como a organização passou a encarar os seus *stakeholders* e a reunir os contributos destes nos seus processos de decisão. Olhar para o significado, para as vantagens e para os inconvenientes da *empresa 2.0* é ainda corroborar a importância do desenvolvimento da tecnologia, do pensamento humano e a sua aplicação à gestão da vida social. É perceber as implicações que a tecnologia e, em particular, as ferramentas digitais, introduziram nos padrões de relacionamento social. Uma participação colectiva, na qual cada colaborador tem um cunho pessoal para o sucesso dos modelos de negócio, de novas estruturas organizacionais, da sua visibilidade, do posicionamento na rede, na estratégia das suas acções de comunicação e marketing, assim como da própria política organizacional e da política de gestão de recursos humanos.

O sucesso da implementação da *empresa 2.0* estará contudo sempre dependente de dois elementos preponderantes: 1) de pessoas – delas dependerá sempre o sucesso de uma rede social, seja *on-line* ou não – 2) dos fluxos de informação, da qualidade e volume para os quais os indivíduos estejam preparados para introduzir no sistema/*Web* e, paralelamente, para consumir destes (Casarez *et al.*, 2009: 90).

Novos modos de inovação e criação de valor

O *Ecossistema de Media Sociais* que apresentamos no III capítulo consubstancia oportunidades para expressão do potencial social humano, que encontra condições tecnológicas, sem precedentes, para gerar novos modos de inovação e criação de valor. Falamos da integração de ferramentas *low-cost* geradas com características e propriedades da *Web dinâmica* (2.0 e 3.0), que permitem aumentar a competitividade digital dos indivíduos e das organizações. As *Digital Motions 2.0* traduzem, desta forma, um conjunto de propulsores de comunicação e técnicas comunicacionais conexas – omnipresentes, acessíveis e escaláveis – que têm introduzindo alterações profundas no processo comunicacional entre organizações, comunidades e indivíduos. São estas ferramentas e aplicações que nos levam a acreditar na viabilidade do potencial que encerra o conceito *empresa 2.0* (McAfee, 2006) por sugerir uma organização baseada na comunicação, economicamente viável, que canaliza os contributos de uma *inteligência colectiva* resultante das actividades de *social networking* para optimizar os objectivos gerais de negócio.

Hoje falamos de uma *economia dirigida por pessoas*[19] que implica uma transformação digital das organizações. São requeridas novas *experiências com os clientes*; novos *processos operacionais* (digitalização, reajustamento de serviços, sentido de comunidade; gestão de *performance*); e novos *modelos de negócios*. Uma economia condicionada por um novo perfil de utilizador/cliente/ /colaborador 2.0 que explora e domina novos ambientes comunicacionais permeáveis à sua intervenção, seja ela mais ou menos positiva; enriquecedora; corrosiva; entusiástica. Mas será sempre influenciadora.

O perfil de um utilizador 2.0

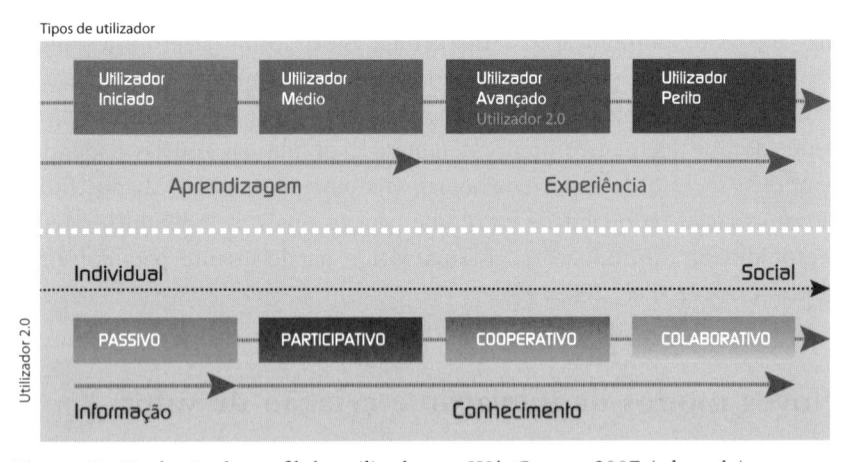

Figura 2. Evolução do perfil do utilizador na *Web*. Ortega, 2007 (adaptado).

---

[19] Esta expressão ficou igualmente conhecida por *Wikinomics*, conceito proposto por Don Tapscott e Anthony D. Williams, (2006). Os autores exploram a ideia de como a colaboração em massa alterou os padrões de produção económica e a forma como a participação individual e colectiva veio desestabilizar positivamente as organizações adormecidas perante novos processos produtivos apoiados por sistemas digitais. Esta influência ganhou expressão tal como no domínio do *on-line* passou a residir nas pessoas o poder de condicionar modelos de negócio ou decisões sobre produtos e serviços até então definidos hermeticamente pelos decisores de empresas e de negócios.

Na figura 2 estabelece-se uma composição visual da evolução do tipo de utilizador em função da sua estrutura de conhecimento em relação ao meio digital, às ferramentas e aplicações, compreensão da linguagem *Web*, navegação, tipo de acesso, e experiência revelada em diferentes contextos de utilização. Eduardo Manchón (2003) definia um *utilizador médio* como aquele que apresenta uma visão instrumental dos computadores, ferramentas que servem meramente para solucionar os problemas quotidianos. Não entramos ainda no domínio do conhecimento que também caracteriza um utilizador avançado (*utilizador 2.0*), que soma a este domínio técnico das ferramentas e aplicações digitais uma predisposição muito concreta em valorizar os conteúdos que esses mesmos instrumentos lhe permitem obter.

A si importa-lhe distinguir um utilizador *avançado* e um utilizador *perito* já que a sua diferenciação se resume essencialmente à prática relativa ao manuseamento de determinadas aplicações e à compreensão de linguagens avançadas de computação, que poderão, muitas vezes, interessar a nichos de indivíduos em função da sua actividade profissional, por exemplo, programadores e/ou engenheiros informáticos. Daí que seja conveniente sublinhar que um *utilizador 2.0* não é tanto um indivíduo que atinge um nível *perito*, no manuseamento tecnológico, mas antes aquele que, conhecendo e manuseando agilmente as ferramentas 2.0, as utiliza com fins diversos permitindo-lhe gerar conhecimento.

Tenha depois presente que ao analisarmos o perfil de um utilizador 2.0 é possível identificar diversas situações/estádios. Varia, uma vez mais, em função do domínio que faz dos instrumentos disponíveis e/ou dos fins para os quais utiliza e integra o contexto digital e da sua interacção com os demais utilizadores. Assim, se tiver uma atitude de consumo passivo em relação àquilo que as ferramentas lhe permitem obter, percebemos que este utilizador, embora domine o contexto onde está estabelecido, apenas recolhe informação (individual). Uma atitude mais pró-activa e dinâmica leva-o a evoluir para um perfil participativo, cooperativo ou mesmo colaborativo e a atingir o significado 2.0 (social).

De acordo com Ortega (2007), os utilizadores 2.0 são indivíduos com uma cultura tecnológica avançada, que adquiriram uma representação mental dos conceitos relacionados com as novas ferramentas que supera o modelo mental intuitivo e que mostram uma forma diferente de organizar e utilizar o conhecimento.

Falamos de utilizadores capazes de ultrapassar as limitações do processo de aceder e gerir informação. Aprenderam com os erros e com a experiência de navegação encontrando soluções por meio da repetição e da falha contínua.

No essencial trata-se de um utilizador que facilmente podemos encontrar com um perfil devidamente estabelecido nas mais diversas plataformas de *media* sociais, as quais domina e integra. Estão presentes no Flickr, no Facebook, no YouTube, no Twitter, no Google, ou outros, de forma única ou colecionam perfis em função das diferenças temáticas que cada uma das plataformas sugere. Este utilizador foi pioneiro no uso de ferramentas e aplicações em contexto digital e entende que são estas que o ajudarão a gerir o seu trabalho (*aprendizagem e informação*), a manter a sua rede de contactos e a estabelecer uma atitude e disponibilidade de colaboração (*experiência e conhecimento*). O ponto distintivo destes novos utilizadores não se centra essencialmente no que desejam saber, mas antes na forma como se comunicam. Um *utilizador 2.0* sabe já o que irá procurar *on-line* e esta particularidade atribui-lhe maior agilidade para quando se vê confrontado pela abundância de conteúdos disponíveis na *Web*. Esta perspicácia e determinação da sua presença *on-line* dá-lhe oportunidade de criar novas possibilidades para definir cada vez melhor a sua identidade virtual, cada vez mais consistente e próxima da sua identidade real e/ou ideal.

O processo de gerir conteúdos, produzindo-os, difundindo-os, partilhando-os ou consumindo-os, a utilização de serviços, a pertença a redes sociais, os debates e reflexões em fóruns, entre outras actividades *on-line*, implicam, inevitavelmente, que os indivíduos revelem uma forte capacidade para comunicar com coerência, conhecer e respeitar um conjunto de normas de conduta *on-line* e dominar o enquadramento legal de determinados contextos. É o domínio que os utilizadores fazem do contexto digital que define um *utilizador 2.0* e não tanto a quantidade das aplicações que utiliza. É um utilizador que mostra uma atitude 2.0 (dinâmica, interactiva, crítica) perante novas aplicações e ferramentas que vão surgindo a cada dia.

Poderá, contudo, ser redutor tornar esta definição de *utilizador 2.0* como universal, na medida em que as experiências do utilizador são cada vez mais dinâmicas e diferenciadas. Divergem em função do seu comportamento de utilização (produz, difunde, partilha, colabora) e na forma como transforma e organiza os seus perfis *on-line*, pessoais e profissionais, em redes com pontos de encontro e espaços de sociabilidade. Afirmar categoricamente o que designa um *utilizador 2.0* parece um desafio inglório em virtude da dinâmica, quer do comportamento individual do próprio (hábitos de consumo, navegação, opiniões, comentários, documentos, serviços e outros), quer da constante actualização das ferramentas e aplicações disponíveis.

No fim de contas, importa-nos reconhecer que a *Web* é protagonizada agora por novos padrões comportamentais que desenham novos perfis de utilizadores, dotados de um manancial de instrumentos de comunicação sem precedentes. Dispõe de um conjunto de informação e de um poder de intervenção que inverte a linearidade de clássicas teorias da comunicação. Passam a ser *produsers* e a influenciar processos de decisão não só na comunicação das organizações, mas também no processo de inovação das mesmas. Recorrem à *Web* por fins diferenciados e, maioritariamente, com objectivos individuais. Cabe-nos canalizar esta disponibilidade participativa para influenciar as nossas actividades.

No fim de contas lembre-se porque é que um utilizador produz e partilha gratuitamente ou seguem as suas marcas preferidas e saiba retirar proveito disso:

- Partilhar experiências, sentimentos e/ou desejos;
- Procurar novas relações e contactos;
- Obter rendimentos;
- Definir-se como influenciador e referência sobre determinado tema;
- Manter-se em contacto com as actividades das marcas;
- Aprender sobre as últimas evoluções de um produto/serviço;
- Aproveitar as melhores promoções;
- Fazer reclamações;
- Concretizar compras;
- Outros.

A cultura de participação

Fundamentos para a construção de uma *inteligência colectiva*

Este perfil de utilizadores funda igualmente a possibilidade de construção de uma cultura de participação. A cultura de participação tem vindo a ser impulsionada por diversas tendências que têm convergido entre si e criam novos contextos mais disponíveis para a interacção e consequente partilha. É uma cultura alimentada essencialmente por três dimensões convergentes, que abrangem as áreas *tecnológica*, *cultural* e *regulamentar*. Estas dimensões relacionam-se com aspectos emergentes da tecnologia e do seu desenvolvimento que, aplicados a ambientes digitais e conjugados com linguagens de programação avançadas, permitem originar plataformas e ambientes distintos e inteligíveis, quer no conteúdo e nas funcionalidades, quer ao nível da usabilidade e orientação gráfica e visual. São complexas plataformas *Web* que revertem para o utilizador em agradáveis páginas sem grandes barreiras de acesso, à semelhança do que caracteriza a tecnologia *Web 2.0*.

A par da tecnologia, tem-se implementado uma nova abordagem legal às questões que emanam da presença na *Web*. Procura regulamentar-se as actividades com a criação de estatutos legais para os ambientes digitais e, simultaneamente, promove-se uma cultura de boas práticas que requer persistência e informação. Uma regulamentação que visa governar a manutenção e convergência das organizações e dos indivíduos na *Web*, no sentido de diminuir riscos, gerar confiança, aumentar a segurança e produzir mais conhecimento.

Consequentemente, resultante da reunião e maturação destes avanços na tecnologia e na regulamentação, assiste-se a uma transformação cultural que advém da evolução da *Web 2.0*, democratizando o acesso à informação, potenciando a gestão e partilha de conteúdos, motivando uma participação híper-individualizada.

Esta ampliação das potencialidades de participação híper-individualizada por meio das ferramentas digitais não se desfaz pela promoção egocêntrica das produções de conteúdos que cada indivíduo gere na *Web*. É, pelo contrário, a premissa que propõe o conceito de *inteligência colectiva*. Isto é, ao sugerirmos que a *Web 2.0* promove um novo enquadramento cultural dos indivíduos, atribuímos à sua participação particularidade e distinção nunca antes levadas a este patamar, de tal forma que são estas características que permitem a cada um dos indivíduos fornecer o seu contributo à geração de uma *inteligência colectiva*. E é este sentido de participação, personalizado e individual, que contribui para o sucesso das redes sociais *on-line*.

Sem pretendermos tecer profundas considerações sobre a importância da programação ou das linguagens utilizadas para gerar uma plataforma baseada em ferramentas digitais 2.0, concordamos em perceber que esta etapa na construção de um projecto apenas tem que responder e adaptar-se às necessidades ou preferências do utilizador e criar o ambiente de participação: a estrutura (dimensão tecnológica). Neste sentido, as actividades de uma rede social *on-line* são actividades humanas que dependem de requisitos técnicos que organizam estruturas baseadas em tecnologia. Como tal, este trabalho é resultado do trabalho de profissionais que, por sua vez, conhecem o lado mais humano do processo. São os *designers* e programadores que depois de superarem a fase da componente visual e dos conteúdos centrados no utilizador, entram agora na fase de desenvolvimento de plataformas e arquiteturas centradas no utilizador[20].

Por esta razão, podemos afirmar que o sucesso de uma rede social *on-line* reside, consequentemente, nos seus utilizadores e na participação activa dos mesmos. São estes, por meio da sua participação personalizada, que vão conferindo um carácter original à estrutura e à plataforma social *on-line*. E em curtos períodos vão-se aproximando dos seus pares e convergindo em diferentes *grupos*, que a seu tempo vão sendo conectados, consumando o conceito de *rede*. O valor de uma rede social reside assim nos seus membros, como sugere Amy Shuen (2008), reconhecendo consequentemente que *websites* e *softwares* de redes sociais são, acima de tudo, ferramentas para encontrar e interligar indivíduos. E, por esta razão, o sucesso de qualquer negócio não reside tanto na relação proporcional do investimento em *software*, mas antes na auscultação e integração nos processos de decisão dos indivíduos dispostos em rede (clientes ou outros).

É no contexto de rede, onde cada membro contribui com a sua participação personalizada e assume um comando diferente, que se gera a oportunidade de consubstanciar e canalizar os efeitos do *networking*. Tomando como exemplo o contexto organizacional, o seu desafio passa por gerar novas perspectivas para influenciar e capitalizar o alcance dos recursos internos e externos através das suas *capacidades dinâmicas*. Ou seja, a organização necessita agora de passar de procedimentos mais lentos e burocráticos para um estado de rápida resposta, através de uma equipa mais dinâmica e inovadora, concentrada na orquestração de um *ecossistema* global de parcerias entre empresas, utilizadores e clientes e as demais partes envolvidas.

---

[20] Sergio Ortega (2007) defende que o processo de maturação do perfil dos utilizadores da Internet e da *Web* tem ganhado uma nova configuração mais dinâmica graças à preocupação que os *designers* e os programadores dedicam à avaliação do comportamento humano na navegação. Esta atitude contribuiu determinantemente para que pudéssemos assistir à evolução da fase 1.0 para a fase 2.0 da *Web*, precisamente por permitir aos indivíduos uma maior interacção com esta, na medida em que se tornou cada vez mais *user friendly* no acesso, na navegação e na interpretação.

Construir ligações úteis

Uma cultura de participação apenas faz sentido se criar valor. Este signifi-cado cresce se o contexto digital permitir uma convivência saudável entre o melhor de dois mundos: o virtual e o *off-line*. Por isso, falarmos em pla-taformas sociais *on-line* ou nas virtudes de uma boa acção de comunicação estratégica digital não significa que se despreze a importância da vivência real, da experimentação e do contacto. O contacto humano, a partilha e a afectividade experienciam-se de uma forma muito mais sensível criando um conjunto de padrões de comportamento social determinantes e com re-flexo no nosso comportamento *on-line*. Não há neste livro, da mesma forma, nenhuma intenção em menosprezar o valor dos suportes clássicos de comu-nicação, mas antes uma valorização da integração de acções. Assim, o mundo real continua a ser a grande inspiração para os mais diversos conceitos que desencadeiam as criações de plataformas e redes sociais/profissionais *on-line*. O carácter digital confere-lhes facilidade e rapidez no acesso, conexão, cria-ção, mapeamento e escalabilidade. Permite-nos explorar previamente, esco-lher, avaliar e conectar. E depois de integrado, criar valor e monitorizar o seu desempenho.

On-line assumimos igualmente diferentes papéis sociais. O que expomos no Instagram é igual ao que publicamos no LinkedIn? O que comentamos num blogue especializado é igual ao comentário que fazemos a um *post* divertido do amigo no Facebook? Somos pais que integramos a rede da es-cola, somos membros do blogue sobre tecnologia, partilhamos experiências com o grupo de *geocaching*, temos um álbum no *website* de fotografia que é o nosso *hobby*. Mas dir-nos-á certamente que provavelmente *on-line* tem ligação com um conjunto de contactos que dificilmente teria na vida real. É certo. Os contextos virtuais têm características estruturais que sugerem a alteração de certos padrões estabelecidos *off-line*:

a) não têm barreiras de contacto inicial e permitem evitar conversas preliminares de conhecimento;

b) por si só, este comportamento implica mudança nas regras de sociabi-lização tornando-as mais ágeis;

c) as relações são menos mediadas e as barreiras mais facilmente transpo-níveis (facilmente estou em contacto com um amigo na China e pos-so falar com ele gratuitamente através de videochamada no Skype);

d) e, por fim, *on-line* não ficamos confinados a uma série de encontros pontuais que determinam com quem nos cruzamos. Neste meio pro-curamos quem queremos conhecer.

Desta forma percebemos que as ligações *on-line* que definem entre os membros de uma rede beneficiam:
a) rapidez e informalidade;
b) carácter multimédia;
c) amplitude e facilidade de acesso;
d) maior frequência e participação;
e) interacção e dinamismo.

O valor de uma plataforma e/ou rede social *on-line* reside nos seus membros. Sendo justo afirmar que reconhecemos a importância inquestionável do *software social* que na verdade garante a estrutura sobre a qual se funda e ergue o primeiro elo de cada rede. Mas a concretização das potencialidades sustentadas por aquele *software* apenas ganha expressão graças aos seus utilizadores. São estes que dispõem de informação, conteúdo e matérias susceptíveis de serem transfiguradas em textos, imagens, sons ou vídeos que passam então a ser disponibilizados *on-line* dando pretexto aos fenómenos da partilha e interacção num processo não linear e numa rede sem fronteiras.

"Empresa 2.0". O que é? Revolução ou evolução?

A integração dos princípios da comunicação digital na gestão de marcas, produtos, serviços e pessoas não deve ser encarada como uma revolução, mas antes como uma evolução inevitável. A *revolução* pressupõe uma disrupção com o "saber fazer" adquirido, tantas vezes por autodidactismo, acumulado em alguns anos de trabalho. Estabelece um princípio de ruptura e mudança que em muitos casos pode provocar resistência, dúvida e incerteza, levando as pessoas a considerarem que não precisam de aprender um novo sistema que, potencialmente, permite "saber fazer mais e melhor". Entenda-a antes como uma *evolução* cujo controlo não está ao nosso alcance, ficando contudo à nossa responsabilidade a possibilidade de a encarar sem ansiedade, levando-nos a assumir uma postura activa na forma como podemos adaptá--la a nosso favor e influenciá-la, orientando-a para os nossos objectivos.

Mas afinal o que é que designa o termo *empresa 2.0*? É indissociável a explicação deste conceito da fase 2.0 da *Web*. Daí a necessidade de abordarmos o valor do seu significado anteriormente. No fundo trata-se tão simplesmente de um conceito que pretendeu assumir-se como designação de referência que representa a integração das potencialidades da *Web 2.0* nos processos de gestão da comunicação em torno dos canais e dos protagonistas de uma organização. O facto de designar uma *empresa* – susceptível de gerar correntes de interpretação mais conceptuais pela diferença evidente que existe entre os conceitos *empresa* e *organização* – traduz apenas a realidade concreta na qual foi apresentado o termo pelo seu autor. A expressão foi apresentada num contexto empresarial da realidade americana. Por essa razão, importa-nos aqui transpor o significado que a expressão contempla para a realidade das *organizações*, por traduzir um sentido mais amplo. Assim, pedimos-lhe que se concentre naquilo que *empresa 2.0* procura designar e perceberá como se ajusta determinantemente ao conceito que igualmente nos importa: *comunicação organizacional 2.0.*

Andrew McAfee[21] designou este novo fenómeno por *empresa 2.0*, conceito que no fundo pretende traduzir a utilização pelas organizações de emergentes plataformas de *software social* com vista a atingir os seus fins. O termo foi apresentado no artigo "Empresa 2.0: The Dawn of Emergent Collaboration" (2006) e, desde então, tem gerado consenso para referenciar uma nova forma de fazer negócios e de gerir procedimentos, extraindo o potencial das ferramentas digitais *on-line* baseadas nos princípios da *Web* 2.0.

Apresentada a breve descrição, fica mais claro?

A verdade é que acreditamos que as novas e potenciais formas de trabalho colaborativo podem transformar radicalmente a natureza das responsabilidades profissionais, os limites da organização, as responsabilidades dos seus líderes e a visão estratégica para a comunicação da missão e dos valores. As novas ferramentas digitais de comunicação e informação podem assumir-se como motores de desenvolvimento de uma nova estrutura de gestão

---

[21] Andrew McAfee é um dos investigadores mais reputados internacionalmente com os seus estudos centrados na compreensão em como as Tecnologias de Informação e da Comunicação (TIC) afectam o desempenho dos negócios e das organizações. Procura entender de que forma as TIC e os processos de digitalização da informação e do conhecimento influem no desempenho das empresas, na sua organização e na sua capacidade competitiva. Publicou em 2009 o livro que funda o conceito *empresa 2.0*. É colunista e autor de centenas de artigos de opinião e científicos em meios como *Harvard Business Review*, *The Economist*, *Forbes*, *The Wall Street Journal* e no *The New York Times*. Em 2008 foi eleito uma das "100 pessoas mais influente em TIC" e em 2009 um dos "100 executivos mais influentes na indústria da tecnologia". É orador frequente em conferências internacionais e promotor de programas de formação executiva em todo o mundo. Foi professor na Harvard Business School e colaborador no Harvard's Berkman Center for Internet and Society. Com sucesso garantido em cada estudo e obra publicados, é actualmente investigador principal no Center for Digital Business, no MIT Sloan School of Management. É doutor pela Harvard Business School. Tem um dos blogues mais influente nesta temática em nome próprio: *http://andrewmcafee.org/*.

da sua organização. Esta será então uma organização que promove um trabalho coordenado e colaborativo, assente em inovações tecnológicas e novos instrumentos de comunicação, com vista à garantia da eficiência operacional, técnica e administrativa.

Factores-chave de sucesso de implementação da filosofia da *empresa 2.0*

O trabalho de Andrew McAfee é esclarecedor e concretiza o advento de uma nova abordagem em dinamizar linhas de orientação estratégica para aumentar a competitividade das organizações. A integração de novas plataformas sociais emergentes na *Web* não pode ser ignorada. E os benefícios que se podem extrair dessa integração, em contextos sociais e financeiros como os actuais, podem marcar a diferença na optimização de recursos, particularmente nos que são afectos à comunicação organizacional que tende a ser, erradamente, esfriada nestes momentos. Na definição do conceito *empresa 2.0* existe um reconhecimento evidente de quatro factores essenciais para a gestão saudável de uma organização, enfatizando a mais-valia de uma comunicação clara:

Conhecimento	Formação de competências	Relações sociais	Motivação
No essencial, para uma organização ser bem-sucedida deverá basear a sua actuação no desenvolvimento estratégico da procura e da partilha de conhecimento. O conhecimento aparece como elemento basilar para a construção de uma cultura organizacional esclarecida.	De igual forma, ganha importância a formação e a valorização técnica dos colaboradores, bem como, a tarefa de agilizar os canais de contacto e relacionamento entre os indivíduos.	Desenvolver e aperfeiçoar competências, estabelecer oportunidades de relacionamento interpessoal e fortalecer uma cultura organizacional permitirão dar às pessoas um acesso mais fácil, mais rápido e com melhor qualidade à informação.	O resultado será positivo e fará, desta forma, com que cada elemento da organização se torne um activo na estratégia de comunicação organizacional.

Nenhuma destas variáveis teria qualquer elemento de inovação na gestão organizacional se não fosse a aplicação das ferramentas e da filosofia que sugere a *Web* 2.0, enquanto facilitadora da criação de uma *inteligência colectiva*, por meio da construção de plataformas *Web* e ferramentas digitais, que oferecem novas técnicas de produção e partilha de conteúdos. Andrew McAfee funda, desta forma, o conceito de *empresa 2.0*, com base nas premissas que havia definido Tim O'Reilly aquando da apresentação do conceito *Web* 2.0. Este domínio comunicacional contemporâneo revela três tendências fulcrais que legitimaram a filosofia da *Web* 2.0 e contribuem para o aperfeiçoamento de diversas ferramentas de comunicação digital. Porque atribui a esta rigor e eficiência, condições necessárias para poderem ser integradas nos processos de gestão de qualquer organização.

Afinal o que é que na *Web* 2.0 nos permitiu avançar para uma acção de gestão da comunicação estratégica e integrada?

---

1. Plataformas de comunicação e interacção gratuitas e intuitivas

A distinção entre *canais* e *plataformas*. O primeiro termo designa um circuito fechado que pretende essencialmente estabelecer uma comunicação privada e servir fins específicos (*e-mail*; SMS; mensagens instantâneas). Enquanto *plataforma* assume-se como um conceito alternativo a canal para representar a reunião de conteúdos digitais onde as contribuições são globalmente visíveis (quem tem acesso à plataforma poderá vê-las) e persistentes (podem ser consultadas e procuradas). Ao falarmos de plataforma, subentende-se então que o propósito será conferir visibilidade à informação partilhada e criar padrões de colaboração. As plataformas poderão, naturalmente, ter naturezas diferentes e níveis de acesso limitados. O exemplo mais simples é o *website*. Estas plataformas são caracterizadas pela acessibilidade e gratuitidade, na óptica do utilizador. *Gratuitas*, porque numa primeira fase estão livres de qualquer custo directo ou pagamento para manutenção; *acessíveis*, por serem de fácil utilização e gestão.

---

2. Ausência de uma estrutura imposta

O processo de construção de uma plataforma *on-line* 2.0 implica que gestores e técnicos reconsiderem os seus próprios papéis. No desenho do projecto – desenvolvimento conceptual – exige-se uma abertura para a manutenção de uma estrutura flexível. Ou seja, *estrutura* significa apenas: **plano** (contempla guia de necessidades, sequências, recursos e afins do projecto); **decisores** (para questões centrais como aquisições e orçamentos); **interdependências** (relações funcionais entre os intervenientes); e **informação** (os dados que vão ser incluídos). Existe assim uma estrutura inicial que dá corpo ao projecto, muito embora fique uma porta aberta para contemplar as reacções e participações dos utilizadores. Uma plataforma *on-line* não é um resultado rígido decidido isoladamente num gabinete, mas passa a considerar o *feedback* que os utilizadores vão transmitindo para que possa evoluir e aperfeiçoar-se. O exemplo paradigmático desta situação é a *Wikipédia*.

---

3. Mecanismos que permitem a estrutura emergir

Andrew McAfee clarifica que a *Web* não é um sistema que avoluma conteúdos completamente desestruturados. Antes pelo contrário. É altamente organizada e resulta das diferentes hiperligações que nos guiam de uma página para outra. A estrutura pode ser alcançada quer pela navegação (hiperligações), quer por pesquisa (motores de pesquisa). Isto é, quando procuramos obter informação, ambos os mecanismos fazem-nos compreender como a *Web* está efectivamente organizada. A estrutura torna-se visível após o circuito que a nossa navegação trilhou. E se, por um lado, o sistema de hiperligações nos permite ir aperfeiçoando a informação anterior com dados adicionais em cada *link* seguinte, os motores de pesquisa, por sua vez, indicam-nos igualmente pontos de partida para emergir essa estrutura.

Se pensarmos numa *televisão* no sentido mais clássico, percebemos que existe uma estrutura rígida e definida. A grelha de programação e o painel de canais acessíveis estão devidamente estabelecidos. Numa determinada hora, num canal concreto, assiste-se a um programa em particular. A estrutura está definida e não permite à partida intervenções por parte do telespectador. Na *Web* isto não acontece. A informação está devidamente categorizada e organizada, mas não há uma estrutura inflexível que nos dita de início o que podemos encontrar e como vamos encontrar. A estrutura resulta no final do nosso processo de utilização/navegação e fica definida de acordo com o trilho que deixámos com as nossas passagens de ligação em ligação.

Elementos das *Emergent Social Software Platforms*

O conceito *empresa 2.0* designa assim a forma como as organizações fazem uso das *emergent social software platforms* (ESSP) (McAfee, 2009: 69) para optimizar o seu trabalho. Dividimos cada termo do conceito para uma melhor compreensão. Ao desdobrar a definição de ESSP o autor pretende resumir aspectos centrais que caracterizam os novos ambientes digitais e as novas plataformas.

Emergent	Social software	Plataforms
significa que o *software* é gratuito e dispõe de mecanismos (*links*, motores de pesquisa e *tags*) que tornam visíveis os conteúdos e, simultaneamente, permitem emergir padrões e estruturas inerentes à interacção das pessoas.	reflecte a comunicação mediada por ferramentas e aplicações *Web* capazes de gerar comunidades *on-line* através da aproximação, encontro, ligação e colaboração entre utilizadores.	designa ambientes digitais onde se realizam e reúnem contribuições e interacções globalmente visíveis e permanentes.

As ESSP sustentam-se na reunião dos seguintes componentes:

Motores de pesquisa	Reduzem tempo e aceleram o encontro dos resultados que pretendemos obter.
Hiperligações	A interconexão entre pessoas e conteúdos confere à *Web* um espaço de informação e optimização dos resultados de pesquisa, tendo em conta o número de dados que se pode obter.
Autoria	A ideia não é incitar o desejo de criação de um indivíduo que produz para muitos. É antes a oportunidade que cada um de nós tem para se desinibir e poder contribuir para a construção do conhecimento, seja com experiência, com factos, com ideias, com ligações, entre outros. Uma plataforma deverá deixar de ser um projecto de alguns para passar a reflectir o trabalho de todos.
Categorização	Melhor agrupamento e definição de conteúdos (*tags*, *bookmarks*, *folksonomies*).
Extensões	São sistemas de recomendação. "Se gosta/utiliza/procura/compra/, por extensão, vai estar interessado naquilo".
Sinais	Sistemas de alerta.

Falamos então da componente tecnológica inerente à *empresa 2.0*. Esta é tão determinante quanto a importância da dimensão humana que a implementação da mesma implica. Colocar em prática a filosofia da *empresa 2.0* não se limita à dimensão tecnológica por si só, nem à proclamação de resultados imediatos que a tecnologia promete. Isto é, muito embora o que está sugerido neste trabalho seja salientar as potencialidades das ESSP ou ferramentas digitais e novas plataformas capazes de estabelecer redes sociais *on-line*, a garantia de sucesso de uma *organização 2.0* subsiste nas pessoas, na capacidade de recepção de novas tecnologias e técnicas de comunicação. Esse sucesso reside ainda no grau de abertura dos responsáveis para promoverem a actualização dos colaboradores e das estruturas organizacionais e para providenciarem as condições necessárias para gerar redes de contacto e intercomunicação internas e externas. Estas ESSP não trazem valor acrescentado por simplesmente ligarem pessoas com informação, mas antes por permitirem a interacção e a colaboração entre pessoas que detêm informação e são capazes de gerar novos dados e um conhecimento cada vez mais aprofundado.

Propriedades relevantes da comunicação 2.0 para uma organização

A integração de plataformas e *media* sociais *on-line* no quotidiano da sua organização incide de forma particular sobre os processos comunicativos. Vai perceber que é na promoção da conversação, da partilha e da colaboração que sobressaem algumas das principais vantagens da comunicação 2.0: potenciar as ligações sociais, envolver pessoas, gerar conhecimento e orientar o desempenho para bons resultados. Mas no fim de contas o que diferencia esta nova abordagem à comunicação organizacional? O que a distingue? A sua natureza tecnológica, a sua acessibilidade, e o seu carácter social e multidireccional. Sistematizando:

Flexível	A comunicação processa-se com uma profunda dependência do contexto digital e do acesso à Internet. Encontra o seu expoente de realização na *Web*. Esta, por sua vez, manifesta uma apresentação inicial quase minimalista, com padrões de usabilidade muito intuitivos, com *links*, *tags* e motores de pesquisa que permitem evoluir para um estado mais estruturado se necessário. A *Web 2.0* está categorizada, mas a estrutura resulta do comportamento de navegação do utilizador. É flexível e não dita o circuito de informação rigidamente, trazendo novas e adaptáveis configurações à comunicação.
Intuitiva	O processo comunicativo é espontaneamente incitado em ambiente 2.0. As plataformas e aplicações *Web* são resultado de profunda actividade de programação, que combina linguagens diferentes, mas resulta em interfaces instintivos e de fácil utilização. Estas não devem criar barreiras ao utilizador, mas antes dispor de mecanismos, textuais ou visuais, que guiem o utilizador à informação que procura.
Baseada em *Software as a Service (SaaS)*	As barreiras técnicas determinadas pela actualização e/ou acessibilidade a *software* deixam de estar confinada ao departamento de informática. A comunicação deixa de ter limitações técnicas por ter o *software* disponível *on-line*, tornando-o mais produtivo e de grande utilidade. Ganha vantagem relativamente a qualquer *software* instalado, sem possibilidade de actualização e acesso permanente.

Versátil e adaptável	Pretende inverter-se o paradigma actual da dependência do departamento de Sistemas de Informação para realizar as mudanças necessárias, de acordo com as necessidades específicas, pontuais e, muitas vezes, urgentes. Através da composição da *Web* por módulos e pela integração de *feeds*, *widgets*, RSS, e outras aplicações, pretende-se, a médio prazo, transferir tarefas convencionais dos técnicos de redes e sistemas de informação para o utilizador comum.
Aberta	Os indivíduos deixam progressivamente de pautar a sua actuação na *Web* por noções preconcebidas ou hábitos de consumo clássicos. Isto é, passa a estar receptivo a novas aplicações que emergem organicamente na estrutura e no comportamento das novas tecnologias aplicadas ao domínio digital. Deve haver uma conjugação de aplicações de forma a facilitar a presença e a gestão do utilizador quando está *on-line* em contacto com novas formas de comunicação. Privilegiar a pesquisa, os RSS e os *widgets*, por exemplo, e não se limitar a esperar que lhe chegue mais um *e-mail* ou uma cópia do último despacho da direcção.
Social	Com sistemas em tempo real e gratuitos, a comunicação 2.0 deve providenciar espaços de livre colaboração, de forma a gerar e a partilhar dados e informações que serão aproveitadas e remisturadas por outros, e assim sucessivamente, gerando novos fluxos de informação. Integrar a *Web 2.0* numa organização significa permitir que as pessoas se reúnam e colaborem para que seja aproveitado todo o resultado deste intercâmbio. Esta colaboração não tem de ser permanente e, por essa razão, a qualquer momento qualquer indivíduo poderá deixar de estar presente em determinada actividade. No entanto, o seu contributo tem agora sempre lugar para ser apresentado e discutido.

Vantagens organizacionais

A referência e a importância que lhe transmitimos aquando da operacionalização do conceito *empresa 2.0* revela-se igualmente pelo valor que este reconhece à comunicação interna numa organização enquanto trabalho basilar de qualquer procedimento de comunicação subsequente. A imagem de "arrumar a casa" e só depois abrir a porta continua muito actual, na medida em que se não for a organização a fazê-lo alguém o pode fazer por esta. Quando encorajar a inovação ou o sentido de colaboração tem que procurar passar além de bandeiras ou clichés de comunicação da organização.

Qual é a organização que não quer inovar, fluir nos procedimentos, motivar para o sucesso ou agilizar mecanismos de abordagem aos públicos de forma a garantir maior eficácia na sua comunicação e, por acréscimo, aumentar os bons resultados daquilo que se procura promover?

Integrar os princípios de uma *comunicação 2.0* traz-lhe certamente vantagens evidentes para a sua organização. Para isso é essencial criar espaços de partilha e incutir, da forma que se ajustar à natureza do seu caso particular, uma cultura de participação e transparência necessárias na informação. Ser-lhe-á por isso necessário reconhecer as capacidades dos colaboradores em darem sólidos contributos para os objectivos globais da organização e, ao mesmo tempo, capitalizar as relações informais, quem sabe atenuando a rigidez das hierarquias.

Conhecidas as propriedades da *Web* 2.0 que incorporam e garantem o sucesso de uma *empresa 2.0*, procuramos identificar algumas vantagens organizacionais.

Edição em grupo (produção colectiva)

Falamos-lhe da possibilidade de colaboração e participação colectiva na elaboração e execução de qualquer projecto, documento ou actividade, por exemplo. Esta abordagem não prevê, necessariamente, um envolvimento da totalidade dos colaboradores. Através da utilização das aplicações e ferramentas *Web* pretende-se antes ampliar a participação de um maior número de intervenientes em actos que até então estavam vedados a um núcleo muito restrito. Demasiada restrição nos espaços de colaboração torna difícil a pesquisa, a partilha e consequente reflexão sobre determinado assunto. Dificulta não apenas o acesso a quem está fora da actividade, como também impede quem está a desenvolver o trabalho de receber conributos. Por esta razão, o grau de abertura da esfera de participação colectiva deve ser gerado em função da substância dos conteúdos a produzir.

Autoria e criação

No contexto da *empresa 2.0*, a autoria significa produzir e disponibilizar conteúdos para uma ampla audiência. Trata-se de uma actividade mais abrangente do que uma mensagem de *e-mail* ou uma conversação num sistema de mensagens instantâneas. A autoria revê o seu expoente na oportunidade de publicação, edição e actualização constantes – como é o caso do blogue e das *wikis* – de experiências, conhecimentos, aptidões, por exemplo. São produções de conteúdos persistentes inseridos em sistemas que permitem serem pesquisados a qualquer momento. Existe nestas plataformas um sentido de repositório de conhecimento que pode ser consumido e ampliado. Autoria traduz-se ainda em: 1) poucas barreiras à partilha de conhecimento; 2) sem distorções na transferência de informação; 3) sentido de compromisso e envolvimento dos colaboradores; 4) revisão permanente dos conteúdos; 5) sem grandes pressões por parte dos administradores.

Acesso à informação

O seu desafio passa por gerar oportunidades de publicar não o conhecimento que se tem sobre determinado assunto, mas antes de expor eventuais dúvidas que são colocadas num fórum a fim de obter esclarecimentos e contributos para a resolução de determinada situação.

Formação em rede e manutenção

As novas plataformas sociais *on-line* são evidentemente agregadoras de informação resultante da actividade que se gera entre os diversos grupos e contributos. Este espaço – veja-se o exemplo paradigmático da *Wikipédia* – assume cada vez mais um lugar de topo na preferência dos utilizadores da *Web* para encontrarem referências sobre o assunto que procuram conhecer. A mais-valia da pesquisa de informação em plataformas sociais *on-line* revela-se na personalização da informação, contrariamente a muita informação disponível na *Web* que surge como anónima. Esta personalização auxilia os utilizadores a reconhecerem padrões estruturais na sua rede de interesses e auxilia os indivíduos a construírem redes sociais mais valorizadas ao longo do tempo.

Inteligência colectiva

Também conhecida por *wisdom of crowds*[22] num sentido ligado ao marketing poderá designar uma técnica utilizada para a previsão de mercados, a fim de gerar respostas de um grupo disperso. Por outro lado, designa ainda

---

[22] Ou "Sabedoria das Multidões" – é um conceito apresentado por James Surowiecki (2004) em que defende que a reunião de informação de diferentes contributos permite tomar melhores decisões do que aquelas que cada elemento de um grupo, individualmente, poderia tomar por si só. Os resultados da integração de contributos pode configurar-se em: conhecimento; coordenação e cooperação. Todavia, existem critérios exigidos para que o conhecimento produzido colectivamente tenha significado: diversidade; independência; descentralização e agregação. Logo a inteligência colectiva não pressupõe muita imitação de pensamento.

o conhecimento resultante do *brainstorming*, comportamento, acções e outros, gerado entre um grupo amplo de intervenientes, com diferentes elos de ligação entre si, com contributos distintos e com diferentes níveis de participação, com vista à produção de um determinado efeito: informação; entretenimento; intervenção; solidariedade; entre outros.

Auto-organização e regulação

Irá perceber que uma das vantagens das plataformas sociais digitais e do *networking* social é precisamente a capacidade de auto-organização, atenuando a necessidade de orientação superior ou nuclear. Ou seja, a construção de uma rede social *on-line* é muitas vezes espontânea, pouco coordenada, e guia-se por interesses pessoais, ganhando forma ao longo do tempo. A determinada altura, tecemos uma estrutura relacional com os nossos pares e desenvolvemos padrões de comportamento, que fazem com que aquela estrutura inicial surja com uma orientação planeada, predefinida e coordenada, como se existisse alguma autoridade a comandar a nossa actividade.

Tenha atenção porque esta variável da implementação da *empresa 2.0* numa organização poderá ser a mais controversa. Pode ser entendida como uma ameaça à existência de hierarquias ou o fim de qualquer outra forma de manifestação de autoridade e supervisão/coordenação. Não obstante, cabe precisamente a si, em conjunto com os demais dirigentes, conhecer os seus colaboradores, definir perfis, atribuir papéis e criar ambientes favoráveis à interacção, para que cada um consiga perceber qual a sua melhor posição.

Outras vantagens e oportunidades:

- Partilha de ideias e criação de laços;
- Maior facilidade de acesso a peritos/opiniões para desempenho de tarefas e fontes de decisão;
- Redução dos custos operacionais: comunicação, viagens, procedimentos, outros;
- Redução do tempo para comercialização (*e-commerce* e *e-CRM*);
- Aumentar a satisfação dos clientes e dos colaboradores.

A exposição destas vantagens não determina, contudo, qualquer padrão de sucesso num plano de implementação das ferramentas e plataformas digitais e da filosofia da *Web* 2.0 na organização ou na sua estratégia de comunicação, em particular. Pretendemos distinguir vantagens e separar benefícios, alcançáveis sob diferentes perspectivas e com investimentos diferenciados, para deixar cada organização compreender que objectivos quer alcançar, de que forma o pretende fazer e até que ponto está preparada para acolher esta mudança.

Ainda assim as *vantagens* descritas não passarão de *oportunidades* se a integração dos princípios da comunicação 2.0 não for concretizada. E a melhor forma de realizar estas oportunidades será planear e estabelecer as etapas necessárias à materialização das suas ideias. Por isso, acreditar que teremos melhores resultados entendendo o planeamento da comunicação enquanto processo estático e circunscrito, inflexível e sem possibilidade de revisão poderá estar a um passo de comprometer ideias, recursos e a não vislumbrar qualquer das vantagens que acabámos de identificar. Para tal, importa entender o planeamento enquanto processo contínuo na missão de trabalhar a dimensão estratégica da comunicação. E é esta reflexão que se segue no próximo capítulo.

Questões de auto-avaliação

- Reconhece impulsos de mudança nos novos ambientes digitais de comunicação?
- Reconhece a importância da cultura organizacional no processo de gestão da mudança? De que forma a comunicação pode ajudar a ambos os processos?
- Distingue com facilidade *informação* de *comunicação*?
- Qual a frequência com que comunica com diferentes actores que se relacionam com a sua organização?
- Que factores identifica como principais impulsionadores da migração para o digital?
- Que oportunidades reconhece à comunicação contemporânea baseada em plataformas digitais?
- De que forma a sua organização está a responder aos clientes, utilizadores e simpatizantes que falam sobre ela na Internet?
- Em que medida o desempenho da organização está dependente do acesso à informação?
- Em que medida a organização está dependente de novas ideias, de novos processos, de criatividade, de novos produtos, de colaboração para cumprir os objectivos de negócio?
- O seu director crê que inovar significa apenas comunicar no Facebook?

- Qual o volume de investimento que foi destinado a formação nas áreas inerentes à comunicação?
- Que reacções espera às suas primeiras propostas/opções para a sua presença *on-line*?
- O digital ainda é factor de resistência junto da liderança da sua organização?
- Qual pensa ser o seu ponto de partida para propor uma acção de comunicação digital?
- Quão à-vontade está com a dimensão digital da comunicação?
- Consegue definir uma abordagem de comunicação 2.0 ideal para a sua organização?
- Como caracteriza a relação que a sua marca/organização tem com os seus clientes/*stakeholders*?
- Pensa que um líder comunica melhor quando envia um maior número de *e-mails* ou se reúne mais frequentemente com os seus colaboradores?
- No que respeita à presença *on-line*, o que é que nos seus concorrentes o inspira e o que é que rejeita?
- Quanto tempo estimado consomem os colaboradores em processos administrativos, no acesso à informação ou na resolução de problemas?

Referências bibliográficas

ABREU DE FARO, M. (1995). *A Peregrinação de um Sinal*. Lisboa: Gradiva.

ANDREJEVIC, Mark (2009). "Critical Media Studies 2.0: an interactive upgrade". *Interactions: Studies in Communication and Culture*, 1 (1), 35-51.

ARGENTI, Paul A. e BARNES, Courtney M. (2009). *Digital Strategies for Powerful Corporate Communications*. USA: McGraw Hill.

ARGENTI, Paul A. *et al.* (2005). "The Strategic Communication Imperative". *MIT Sloan Management Review (Spring)*, 83-89. Página consultada a 30 de Abril de 2014, <https://www.dartmouth.edu/~opa/communicators/fall08/reading/Sloan_MIT_Strat_Comm_Imp.pdf>.

Arthur W. Page Society (2007). "The Authentic Enterprise". *Arthur W. Page Society*. Página consultada a 30 de Abril de 2014, <http://www.awpagesociety.com/images/uploads/2007AuthenticEnterprise.pdf>.

CARDOSO, Gustavo e MENDONÇA, Sandro (coord.) (2014, Janeiro). "A Internet em Portugal – Sociedade em Rede 2014". *Publicações OberCom*. Página consultada a 30 de Abril de 2014, <http://www.obercom.pt/client/?newsId=548&fileNam e=internet_portugal_2014.pdf>.

CASAREZ, Vince et al. (2009). *Reshaping Your Business with Web 2.0: Using New Social Technologies to Lead Business Transformation*. USA: McGraw Hill.

CELAYA, Javier (2008). *La empresa en la Web 2.0: El impacto de la redes sociales y las nuevas formas de comunicación on-line en la estrategia empresarial*. Barcelona: Gestión 2000.

CHEN, Peter (1976). "The Entity-Relationship Model-Toward a Unified View of Data". *ACM Transactions on Database Systems*, March, 1 (1), 9-36. Página consultada a 30 de Abril de 2014, <http://csc.lsu.edu/news/erd.pdf>.

CHITODE, J. S. (2009). *Analog and Digital Communication*, 1.ª ed. Pune: Tecnical Publications Pune.

Comissão Europeia (2010, 3 de Março). "EUROPE 2020: A strategy for smart, sustainable and inclusive growth". Luxemburgo: Publications Office of the European Union. Página consultada a 30 de Abril de 2014, <http://eur-lex.europa. eu/LexUriServ/LexUriServ.do?uri=COM:2010:2020:FIN:EN:PDF>.

CORNELISSEN, Joep (2008). *Corporate Communication: A guide to theory and practice*. 2.ª ed.. London: SAGE Publications.

DAWSON, Ross (2009). *Implementing empresa 2.0: A Practical Guide to Creating Business Value Inside Organizations With Web Technologies*. Sydney: Advanced Human Technologies.

GOVERNOR, James et al. (2009). *Web 2.0 Architectures: What entrepreneurs and information architects need to know*. Sebastopol: O'Reilly Media.

HALLAHAN, K. et al. (2007). "Defining strategic Communication". *International Journal of Strategic Communication*, 1 (1), 3-35.

HARRIS, Thomas E. e NELSON, Mark D. (2008). *Applied Organizational Communication*. 3.ª ed.. New York: Lawrence Erlbaum Associates.

KINICKI, Angelo e KREITNER, Robert (2006). *Comportamento Organizacional*, 2.ª ed.. São Paulo: McGraw-Hill.

LIBERT, Barry e FAULK, Rick (2009). *OBAMA: Os Segredos de uma Vitória*. V. N. Famalicão: Centro Atlântico, Lda..

MANCHÓN, Eduardo (2003, 11 de Fevereiro). "La evolución del perfil del usuario medio". *Alzado.org*. Página consultada a 30 de Abril de 2014, <http://www. alzado.org/articulo.php?id_art=114>.

MCAFEE, Andrew (2006). "Empresa 2.0: *The Dawn* of Emergent Collaboration". *MIT Sloan. Management Review*, 47 (3), 20-29. Página consultada a 30 de Abril de 2014, <http://www.wikiservice.at/upload/ChristopheDucamp/McAfee EntrepriseDeux.pdf>.

MCAFEE, Andrew (2009). *Empresa 2.0: New Collaborative Tools for Your Organization's Toughest Challenges*. Boston: Harvard Business Press.

O'REILLY, T. (2005, 30 de Setembro). "What is Web 2.0. Design Patterns and Bussiness Models for the Next Generation of Software". *O'Reilly*. Página consultada a 30 de Abril de 2014, <http://oreilly.com/web2/archive/what-is-web-20. html>.

O'Reilly, Tim (2006, 23 de Fevereiro). "Qué es Web 2.0. Patrones del diseño y modelos del negocio para la siguiente generación del software". *Fundación Telefónica*. Página consultada a 30 de Abril de 2014, <http://sociedad informacion.fundacion.telefonica.com/DYC/SHI/seccion=1188&idioma=es_ ES&id=2009100116300061&activo=4.do?elem=214>.

Ortega, Sergio (2007, 28 de Maio). "Evolución del perfil del usuario: Usuarios 2.0". *No Solo Usabilidad. Nosolousabilidad*. Página consultada a 30 de Abril de 2014, <http://www.nosolousabilidad.com/articulos/usuario20.htm>.

Papa Francisco (2014, 24 de Janeiro). "Message of Pope Francis for the 48th World Communications Day: Communication at the Service of an Authentic Culture of Encounter". *Libreria Editrice Vaticana*. Página consultada a 30 de Abril de 2014, <http://w2.vatican.va/content/francesco/en/messages/communications/ documents/papa-francesco_20140124_messaggio-comunicazioni-sociali. html>.

Qualman, Erik (2010). *Socialnomics: How Social Media Transforms the Way We Live and Do Business*. Editorial Presença: Lisboa.

Rego, Arménio (2010). *Comunicação Pessoal e Organizacional*. 2.ª ed.. Lisboa: Edições Sílabo.

Safko, Lon e Brake, David K. (2009). *The Social Media Bible: Tactics, Tools, and Strategies for Business Success*. New Jersey: John Wiley & Sons.

Saukar, Krishna e Bouchard, Susan A. (2009). *Enterprise Web 2.0 Fundamentals*. Indianapolis: Cisco Press.

Scolari, Carlos Alberto (2009). "Mapping conversations about new media: the theoretical field of digital communication". *New Media Society,* 11 (6), 943-964.

Shuen, Amy (2008). *Web 2.0: A Strategy Guide: Business thinking and strategies behind successful Web 2.0 implementations*. Sebastopol: O'Reilly Media.

Surowiecki, James (2004). *The Wisdom of Crowds: Why the Many Are Smarter Than the Few and How Collective Wisdom Shapes Business. Economies, Societies and Nations Little*. USA: Doubleday.

We Are Social (2014, 5 de Fevereiro). "Social, Digital & Mobile in Europe in 2014". *We Are Social*. Página consultada a 30 de Abril de 2014, <http://wearesocial.net/ blog/2014/02/social-digital-mobile-europe-2014/>.

Zerfass, Ansgar (2009). "Institutionalizing Strategic Communication: Theoretical Analysis and Empirical Evidence". *International Journal of Strategic Communication*, 3 (2), 69-71.

Zerfass, Ansgar e Huck, Simone (2007). "Innovation, Communication, and Leadership: New Developments in Strategic Communication". *International Journal of Strategic Communication*, 1 (2), 107-122. Página consultada a 30 de Abril de 2014, <http://www.innovationskommunikation.de/fileadmin/_innovate/ downloads/ZerfassHuck-IJoSC-2007.pdf>.

Capítulo II

Planeamento e implementação da comunicação 2.0

É encorajador o facto de possuirmos agora o potencial necessário para conseguirmos progressos tremendos no capítulo de democratização da tomada de decisões, desde que saibamos utilizar com imaginação e inteligência as novas tecnologias relacionadas com o problema.

Alvin Tofler (1970: 471)
Choque do Futuro

O desafio no domínio da comunicação passa pela definição de regras quase matemáticas que garantam à direcção de uma organização um resultado efectivo, atendendo ao investimento que está prestes a solicitar para acções de comunicação digital. Mas repare-se na vantagem que os novos instrumentos nos disponibilizam para conseguirmos sustentar cada vez mais o nosso trabalho. As possibilidades de contabilizar e obter valores concretos para as acções de campanha que nos propomos desenvolver são agora inúmeras. Há uma relação mais directa entre o investimento e o retorno nos casos em que o plano de acção esteja efectivamente bem delineado. Os números que precisa para justificar o seu trabalho estão agora mais fáceis de conseguir, mas não fique à espera que apenas o número de fãs ou os *likes* que angariou ditem um crescimento exponencial das receitas daquilo que está a comunicar. E no final o que importa é obter resultados, positivos! Hoje, o desafio passa por tomar opções óptimas e evitar a dispersão entre tudo o que a *Web* oferece.

O final do século XX e o arranque do novo milénio veio interromper a cadência espaçada no aparecimento de meios de comunicação. O desenvolvimento da Internet e da sua dinamização resultantes da sua crescente utilização inaugurou uma nova etapa no registo das patentes das inovações tecnológicas comunicacionais. A confusão que ainda persiste entre a Internet como meio de comunicação e as redes sociais como única razão da existência de canais de comunicação *on-line* não bastava por si só. Assistimos então à criação e ao amadurecimento de construções globais nas redes sociais *on-line* cuja participação, em grande parte e do ponto de vista das organizações e dos negócios, não manifestava, salvo algumas excepções, estratégias relevantes para a optimização de resultados. A multiplicidade de novas plataformas sociais que repetidamente nos deleitam, quer pela novidade, quer pela utilização massificada, levou muitas organizações a tomarem decisões precipitadas no que respeita à sua presença e à sua manutenção nos novos contextos digitais. Estes novos ambientes, por mais intuitivos que possam ser, como vimos, não produzem resultados espontaneamente. Revelam, acima de tudo, uma necessidade de ajustamento da estratégia para a comunicação digital a diferentes contextos e a distintas necessidades.

As propostas que fazemos a seguir podem ajudar a tomar decisões. Convidamos a reflectir e a considerar um vasto conjunto de elementos que podem determinar o sucesso ou o fracasso das suas tentativas por ser bem-sucedido neste domínio. Se ainda está a dar os primeiros passos, tentamos ainda dar algumas dicas de como *evangelizar* os benefícios de acções de comunicação dentro e fora da sua organização. Se é trabalhador independente ou pretende promover os trabalhos que faz como *part-time* saiba que não deve querer parecer uma empresa multinacional. Por estar *on-line* não tem de comunicar com o mundo todo, mas tenha presente que ao estar *on-line* qualquer pessoa, em qualquer parte do mundo, o pode conhecer e comunicar consigo. Não damos regras universais ou fórmulas científicas inabaláveis. Reunimos contributos e sistematizamos conhecimentos que resultam das experiências partilhadas que vivemos e dos casos concretos com os quais lidamos no dia-a-dia. Tentamos dar pistas que possa ajustar à sua realidade concreta e alertamos para que considere efectivamente se reúne condições para investir neste novo desafio. Conheça-se, conheça a sua equipa, saiba o que pretende a sua organização, estabeleça diálogos e prepare-se para trabalhar muito até que o seu próximo vídeo se torne viral e o tráfego do seu *website* ou do seu blogue seja cobiçado por poderosos anunciantes.

Se chegou até aqui e considera que há demasiados elementos a considerar num plano de comunicação digital, quando a criação de um perfil no Facebook não demora mais de 5 minutos, então concentre-se ou está prestes a condenar a sua próxima estratégia. Acha que planear, escrever, fazer trabalho de campo e conhecer a concorrência é desnecessário, para não dizer inútil? Estabelecer planos de acção, definir tácticas ou avaliar o desempenho da campanha parece-lhe desperdício de tempo, o qual não tem muito? Então arrisque avançar ignorando a maioria destes pressupostos e faça contas no fim. Não se esqueça que mesmo não tendo muito dinheiro disponível há recursos de que necessitará sempre, como *conteúdos* e *tempo*. Se, por outro lado, tem um orçamento generoso, recorde-se que no final terá de prestar contas e avaliar o retorno de todo o trabalho. Por isso, se está convencido que podemos ajudar a estruturar o seu trabalho, veja com atenção as páginas que se seguem.

Considerações prévias a observar na arquitectura de uma estratégia de comunicação 2.0

A presença *on-line* ganha expressão quando à partida a visão estratégica sobre a comunicação revela o seu cuidado em planear. É no planeamento que se encontram os fundamentos da natureza estratégica da comunicação 2.0. Vai perceber que parece que lhe levantamos mais questões do que apresentamos soluções. Mas no final vai agradecer por lhe anteciparmos pormenores que no decurso da sua campanha de comunicação podem fazer a diferença entre o sucesso ou o fracasso, a receita ou o desperdício, a reputação reforçada ou a destruição da sua marca.

Pronto? As questões vão começar:

- Está esclarecido quanto ao seu papel na sua organização?
- A sua direcção apoia-o nas suas propostas?
- É daqueles responsáveis pelo departamento de comunicação que passa o tempo a tratar de eventos, notícias ou a tratar de processos administrativos de última hora?
- E a sua equipa é ampla ou praticamente inexistente?
- Qual o seu grau de interacção com os seus colaboradores e colegas?
- Conhece e já experimentou utilizar plataformas sociais na *Web*?
- Conhece o orçamento que tem disponível para o digital ou "logo lhe dizem" em cima da hora?
- Está convencido que vai trabalhar comunicação digital das 9h às 5h, com direito a fins-de-semana?
- Sabe o que quer comunicar, para quem, quando, onde e como?

Já vamos ajudar a saber as respostas!

Factores potenciais de sucesso na implementação de uma acção de comunicação digital

Se procura ser bem-sucedido na migração para o digital ou então dinamizar *on-line* a sua organização ou os serviços que presta, deve dispensar alguma atenção aos seguintes aspectos, porque neles reside algum potencial de sucesso na sua estratégia de comunicação 2.0:

a) Baseie a sua marca, produto ou serviço na criação colectiva de valor (inteligência colectiva). Esteja atento ao que é dito sobre o seu negócio e conheça a concorrência. Depois esforce-se por envolver todas as partes intervenientes na avaliação do seu serviço. Escute e reúna todos os contributos, os comentários ou as histórias partilhadas em *websites* especializados ou mais informais. Ouça os seus colaboradores. Reflicta e faça-lhes saber que tomou decisões considerando as suas opiniões.

b) Estimule a construção de efeitos de *networking*. Envolva os seus clientes, os seus colaboradores ou os seus fornecedores. Se eles trabalham em volta dos mesmos objectivos e para o sucesso da sua organização, ligue-os. Crie oportunidades para que se conheçam e se aproximem, mesmo que, numa primeira fase, ainda seja *off-line*. Tente dirimir as barreiras de comunicação e procure atenuar as diferenças de posicionamento que existem em função dos diferentes cargos que cada um ocupa.

c) Active opções de trabalho através de redes sociais *on-line* ou outras plataformas sociais na *Web*. Ofereça novos canais de comunicação, dinamize-os e dê o exemplo. Incentive os colaboradores e defina, progressivamente, processos e acções que contribuam para desmaterializar os serviços e os procedimentos.

d) Crie espaços para troca dinâmica de competências e experiências. Permita que os colaboradores se contactem com facilidade e possam reunir-se, virtualmente, para esclarecer dúvidas, conhecer opções ou até obter ajuda para a concretização de algum trabalho. Dê espaço para que se envolvam e possam propor as suas próprias ideias que contribuirão para aumentar a sua motivação.

e) Combine inovação com tradição. Não proceda a rupturas drásticas com processos enraizados. Se o pretender fazer, dê algum tempo e explique porquê. Não negligencie a integração entre acções *off-line* e as novas acções digitais. Conheça o seu público, interno e externo, e perceba qual é a predisposição de ambos para a mudança. Ajuste tempos de acção e respeite-os.

f) A *Web 2.0* tem de fazer parte dos seus planos. Não basta acreditar na magia da Internet. Não existe. Existe planeamento, definição de tácticas, envolvimento e muito trabalho. Perceba que é uma área de investimento, se bem estruturada, ou então de despesismo, se for mal trabalhada.

Envolver a sua administração e garantir recursos

Sabe como cativar a sua administração ou garantir uma fatia do orçamento para comunicação digital? Se fez o *trabalho de casa* e acredita que tem tudo controlado para poder desenvolver um plano de comunicação bem-sucedido e mesmo assim a sua administração continua a não levar o assunto a sério, então tem de apelar à sua criatividade, à sua proximidade ou fazer valer-se de provas dadas em acções positivas que tenha desenvolvido anteriormente. Lembre-se que no domínio da comunicação *on-line* todos os seus colegas que estiverem presentes em plataformas sociais na *Web* vão ter alguma coisa a dizer. Não queira ouvir do seu director o seguinte: "Se o senhor António da portaria tem um perfil no Facebook porque é que terei que reforçar os recursos humanos do serviço de comunicação?" Ou então, "Porque é que temos 15 000 fãs e não realizámos qualquer venda na nossa loja *on-line*?".

Tem de perceber que é este o papel do seu director: exigir resultados. Mas ganhar a sua confiança é indispensável para o sucesso das suas próximas acções. Tenha presente que precisa de estar informado dos objectivos gerais e específicos da sua organização ou do negócio que está prestes a levar para o ambiente digital. Por isso, se a sua administração continua a pensar que lhe está reservado o direito de atribuir meras indicações de comunicação para satisfazer caprichos que embarcam em tendências e modas, accione o alerta vermelho. Se o seu papel não está bem definido, aja sempre com precaução ou nunca sabe quando haverá mudança de planos. Jogue a curto prazo e previna-se para, de repente, ter de abandonar o orçamento que inicialmente dispunha e transferi-lo para acções não planeadas.

Neste sentido, é importante que a sua administração encare com naturalidade a presença de um responsável pela política de comunicação nos processos gerais de decisão. A participação e o contributo deste pode chegar a ser tão determinante quanto a presença do responsável financeiro. Numa primeira fase eles poderão olhar para si como o rosto do departamento que "apenas dá despesa e não apresenta receitas"! Mas faça o seu trabalho e garanta-lhes que não é bem assim.

Não ceda, contudo, a demasiado entusiasmo. Se a ideia de apostar no digital partiu da sua administração e/ou de algum departamento alheio à comunicação ou ao marketing, perceba concretamente, as motivações. Não ceda a picos de entusiasmo e coloque os pés bem assentes no chão. Não se descuide nem reaja impulsivamente a uma acção desencadeada num concorrente que já tem uma presença *on-line* forte e estabelecida. Se for necessário, "seja do contra" e explique o que está em causa: investimento, recursos, reputação.

Agora que está empenhado em brilhar na sua imersão nas plataformas sociais na *Web*, mais do que nunca precisa de envolver e garantir o apoio da sua administração neste processo, para o bem e para o mal. E o que pode fazer para isso?

a) Valorize a presença *on-line*. Reconheça-lhe a importância que efectivamente poderá ter para o seu negócio. Seja realista nas mais-valias e nos cuidados a ter.

b) Faça experiências com baixo investimento. Surpreenda com bons resultados obtidos apenas com um baixo orçamento que conseguiu reunir depois de desistirem de concretizar um *outdoor* numa rua onde passa pouca gente. Convença os seus superiores de que poderá fazer mais e melhor se os recursos disponíveis duplicarem. Fixe-se em optimizá-los.

c) Fale-lhes de reputação. Não estar presente *on-line* não significa que o seu produto não esteja a ser procurado ou simplesmente que o seu negócio não está a ser criticado depois de uma experiência mal vivida por um grupo de amigos. Mostre-lhes como pode gerir essas situações e quais as vantagens de poder influenciar o que se passa na *rede*.

d) Lembre-se da estratégia na presença. Esclareça que não basta "estar". A manutenção estratégica da presença *on-line* deve ser profissionalizada, cuidada e regrada. Deixe claro que não poderá exigir mais do que aquilo que dispõe. Ceder ao entusiasmo de bons resultados pode querer levá-lo a expandir redes e plataformas. Atenção à manutenção e à monitorização desta presença. Se está bem, assegure-se que a sua estratégia se mantém estável quando quiser abrir o seu perfil no Pinterest onde o número de utilizadores para o seu mercado ainda não é significativo.

e) Sobre os valores da modernidade. Alinhe estratégias e informe-os das potencialidades de finalmente poderem traduzir valores da marca que até então estavam a ser difíceis de alcançar. Esteja "in" ou pareça "cool", mas não esqueça os seus objectivos reais e os seus valores distintivos. Evite efeitos contraditórios de estar presente em plataformas sociais *on-line* divergentes. Seja coerente.

f) Dê exemplos. Fale de bons e maus exemplos que os seus concorrentes já experimentaram. Diga-lhes se é ou não capaz de fazer melhor e de obter melhores proveitos. Explique a desvantagem de ter concorrentes com uma sólida presença *on-line* em vez de uma ausência completa ou de uma presença mal estruturada. Se não tiver concorrentes no meio digital, alimente essa ideia como um passo diferenciador e disruptivo.

g) Partilhe, ganhe confiança e proximidade. Conte as suas ambições e revele a sua preocupação e empenho em levar a bom porto o *objectivo A* que se estabeleceu para a nova linha de produtos. Dê *feedback* com a frequência que entender que seja pertinente. E não omita a gestão de crises.

h) Participe. Assuma o compromisso de que coordenará o trabalho a desenvolver para o *on-line*. Participará na elaboração de materiais e conteúdos. Tomará o controlo das acções e está em contacto permanente com os colaboradores que intervêm no processo.

Sobre os objectivos...

Naturalmente que organizações com modelos de negócio diferentes, exigem respostas diferentes. A concretização de um plano estratégico para uma acção de *comunicação 2.0* bem estruturada exige uma avaliação particular às diversas dimensões influentes nos processos de decisão e na definição dos objectivos a estabelecer.

Internos	Externos	Conjunturais
– Objectivos de negócio; – Objectivos de comunicação; – Recursos humanos; – Cultura organizacional; – Orçamento; ...	– Concorrência; – Públicos: caracterização e distribuição geográfica; – Acessibilidade à Internet; – Globalização; ...	– Alfabetização; – Literacia para os meios digitais; – Taxas de juro; – Inflação; ...

Depois concentre-se nos valores que devem pautar a sua comunicação e tenha presente que os que elencamos de seguida, por norma, são valorizados:

Uma comunicação terá maior potencial de sucesso se garantir:

Confiança	Conversação	Significado
Personalização, proximi-dade, afectividade, solida-riedade, (…); – Partilhe fotos reais; imagens dos colaboradores;	Diálogo, entendimento, apoio, (…); – Apure as necessidades reais;	Interligação da imagem, dos valores, dos princípios, das regras, (…); – Garanta coerência nos conteúdos e no posicionamento;

Por fim, queira que falem bem de si, sempre! E surpreenda os seus pares.

Características de um gestor da comunicação 2.0

Uma comunicação estratégica deve pressupor também uma gestão estratégica profissionalizada. Falamos-lhe de competências. Neste sentido, qualquer que seja a realidade dentro de cada uma das organizações, os desafios suscitados pelas mudanças económicas e sociais implicam também, e sobretudo, amplas capacidades dos gestores de comunicação. As suas capacidades! O alcance do envolvimento da comunicação estratégica como uma função de gestão efectiva apenas começa a ter mais significado quando vai para além de um mero conjunto de metas funcionais e simples tácticas de cada uma das unidades administrativas da organização. É importante que os responsáveis de topo na comunicação não assumam como actividade central a execução operacional de tarefas e solicitações avulsas. A nova realidade permite, entre outras coisas, que estes assumam uma função crítica da gestão e que se libertem para o desenvolvimento de acções integradas de comunicação estratégica, que respondam a desafios concretos e a preocupações globais da organização (Cornelissen, 2008: 99).

A literacia sobre *media* sociais *on-line* no contexto organizacional está a afirmar-se numa vantagem competitiva, capaz de deixar para trás aquelas que teimam em não se actualizar ou profissionalizar no sector da comunicação. Concentre-se agora naquilo que convém saber… sobre si!

1. Reconhecer capacidades individuais e aferir objectivos

Antes de propor ao seu director uma ideia para uma grande campanha *on-line* deve reconhecer quais as suas capacidades no que respeita às plataformas digitais, bem como saber qual o nível de conhecimento sobre estes novos contextos de trabalho. Ouça ou leia peritos e utilizadores avançados. Explore e interaja com as últimas actualizações e tendências digitais *on-line*. Feita esta introspecção, reflicta bem se necessita de estar *on-line*, onde, quando, como e porquê! Estude bem as plataformas e as redes sociais *on-line* que dispõe. Aprenda alguma coisa sobre cada uma delas para saber pôr de parte as que não se ajustam aos seus objectivos. Saiba de igual forma que informação já disponibilizam os concorrentes ou os *websites* especializados onde os seus potenciais clientes navegam. Que tipos de dados lhe podem ser úteis? Podem ajudar? Sim. Depois perceba bem quais são as suas expectactivas. Esforce-se por tornar os seus objectivos reais e não queira ter "100 000 fãs" de um dia para o outro! Perca tempo para definir bem o que pretende atingir com a sua exposição na *Web*. Lembre-se que nem todas as ferramentas *on-line* são ideais para diferentes necessidades: aumentar a interactividade; gerir sistemas de apoio ao cliente; *team building* e efeitos de *networking*; promover produtos, entre outros. Igualmente importante é a dedicação que terá de dar aos seus concorrentes. Não seja impulsivo, nem queira agir sem conhecer o que já está a ser feito. Faça uma análise à concorrência, conheça oportunidades e riscos e identifique o que gosta e o que não gosta na estratégia alheia. Por fim, estabeleça objectivos de retorno do que irá investir nesta inserção pelo mundo digital. Nunca se esqueça de que esta é a parte que mais importa a qualquer director. Este é um ponto fulcral para o sucesso da sua acção. Seja realista, concretize metas, monitorize sempre e surpreenda com bons resultados. Brilhe perante a sua direcção e os demais colaboradores.

2. Não se esqueça do trabalho de casa

Não se esqueça de conhecer o mercado e identificar claramente os seus públicos. Caracterize-os e procure informação sobre a sua dimensão ou ainda sobre quais as plataformas sociais *on-line* que mais utilizam e em quais são mais activos. Paralelamente, analise e compreenda "estudos de caso" antes de partir para qualquer planificação. Separe os que têm boas referências para o seu negócio daqueles que definitivamente revelam erros que não quer repetir. Não se prenda a clichés ou a imitar estratégias bem-sucedidas. Inspire-se e trabalhe por apresentar uma campanha diferente e melhor. Opte sempre por inovar e surpreender.

3. Concentre-se nas oportunidades

Se a sua organização for recente poderá ter vantagens em focar-se no reconhecimento, estabelecendo primeiramente determinadas regiões e testando a abordagem num público mais restrito. Se puder investir em acções de publicidade complementares retire proveito da possibilidade de segmentação e chegue ao seu alvo de forma mais eficaz. Se, por outro lado, a sua organização estiver já estabelecida, poderá ser importante orientar os seus esforços para impulsionar a cultura da marca ou então apostar numa acção de personalização onde dá a conhecer o rosto dos seus colaboradores que todos os dias atendem os seus clientes. Todos gostam de ver. E reforça noções de proximidade e fidelidade que não estavam a ser bem trabalhados até então. Intervenha e esteja atento. Influencie conversas e, de alguma forma, tome o controlo do que as pessoas estão a dizer. Retire daí grandes proveitos e mesmo inspiração para novas acções ou melhorias de serviço/produto.

4. Não esconda os riscos

Pode estar entusiasmado porque, pela primeira vez, está a preparar uma acção de comunicação digital e está prestes a dar a conhecer ao mundo as suas capacidades enquanto responsável pela comunicação de uma grande organização. Contenha-se e seja honesto. Deve focar-se nas oportunidades, mas não esconda os riscos da presença *on-line*. Eles existem e podem facilmente fugir-lhe ao controlo. Por isso estabeleça um plano de gestão de crise onde concretize regras de actuação dos seus colaboradores ou simplesmente transmita como lidar com potenciais comentários negativos. Ao seu director e aos seus colaboradores explique como a transparência na informação pode ser útil para todos, revelando-se numa iniciativa capaz de inspirar lealdade e entreajuda. Diga-lhes ainda que há um manual de normas e de conduta sobre a presença individual *on-line* durante horários de expediente e leve-os a compreender como é importante eles conhecerem as regras. Não confunda liberdade de expressão individual com gestão da comunicação organizacional, que é da sua responsabilidade. Inspire-os e não os ignore. Envolva-os, aproxime-os e sensibilize-os. Assuma fragilidades inerentes à presença *on-line* e anteveja situações de superação dos riscos.

5. Estime os custos e monitorize

Tenha sempre presente que a *Web* não é gratuita. Por isso, antes de prometer milhares de fãs no seu perfil do Facebook ou um aumento de 50% no número de visitas ao *website* institucional assegure-se que no seu plano está contemplado uma rubrica no orçamento para criação de conteúdos, acções publicitárias ou angariação de contactos. Se não dispuser de orçamento para investir saiba que há uma frequência de publicação de conteúdos que tem de assegurar, há mensagens que têm de ser respondidas e há muitas horas gastas a gerir esta presença *on-line*. Também são recursos. Pense bem se pode contratar serviços em regime de *outsourcing* ou formar competências de recursos internos. Saiba se vai ter um gestor de redes sociais ou uma equipa de programação e *webdesign* ou será você mesmo a gerir todas as acções de comunicação digital, somando-as a todo o trabalho que já está a desenvolver. Conte com muitas horas de dedicação exclusiva.

6. Apresente uma acção limitada a um período experimental

No caso de existir muita resistência à exploração das oportunidades que as novas plataformas sociais na *Web* lhe podem dar tenha um *plano B* para conquistar a confiança do seu director. Estabeleça um período experimental com um projecto-piloto. Já conhece 90% dos colaboradores da sua organização que são amigos entre si no Facebook, mas no local de trabalho dificilmente se cruzam? Crie um grupo privado e lance tópicos de interesse comum. Suscite a troca de impressões entre os membros e faça-os compreender que estar numa rede social *on-line* em horário de trabalho pode ser produtivo. Partilhe fotografias dos funcionários que estão a preparar a árvore de natal ou então do último jantar da organização que ninguém lhes fez chegar. Proponha novas iniciativas lúdicas e perceba a reacção predominante. Neste microplano seja igualmente realista. Saiba se tem alguém com quem contar para dinamizar estes encontros *on-line*. Concretize um guia de estilo para conteúdos. Apoie a integração de colaboradores que não lidam autonomamente com novas tecnologias.

7. Apresente resultados

Saiba que é isto que o seu director vai querer saber quando lhe perguntar *como correm as coisas*. Mesmo que os resultados fiquem aquém das suas expectativas retire ilações desse facto. Não ignore os resultados negativos. Eles são indicadores preciosos que lhe poderão dar pistas para resolver problemas que terá que solucionar imediatamente para que o seu negócio/ /organização sobreviva. Por exemplo: imagine que o seu negócio assenta num modelo de venda directa de produtos, por catálogo, dirigido a um público maioritariamente feminino, em Portugal. Depois de atingir milhares de fãs no Facebook, decidiu convencer o seu director de que uma *app* sofisticada para *smartphone* e um perfil no Twitter tratam de gerir de forma mais dinâmica e imediata uma reclamação sobre um defeito no produto que o actual serviço de apoio ao cliente. A empresa mesmo assim não dispõe de sistema de vendas *on-line* e demora mais tempo a responder *on-line* do que se o cliente contactar directamente o revendedor que é seu vizinho. E, por fim, quando recebe uma resposta através do Twitter, é dada a informação ao cliente que terá de contactar a linha telefónica de apoio ao cliente. Junta-se a este facto a constatação de que afinal o número de clientes efectivos e potenciais, bem como, os seguidores no Twitter, é residual, quando esta acção custa pelo menos duas pessoas para gestão e manutenção. Dando outro exemplo, perceba agora que lançou um blogue corporativo e, passado um mês da sua apresentação, 80% dos seus colaboradores continuam sem perceber que aquele blogue é parte da acção de comunicação digital da organização à qual pertence e nunca comentou qualquer *post* porque nem sequer reconheceu o logótipo institucional. Alguma coisa está errada. Se isto acontecer, não desanime. Certamente que há erros que poderá evitar antes de partir para uma acção de comunicação em plataformas sociais *on-line*. Mas se isso aconteceu, perceba que existem aspectos primários que terá que resolver primeiro *off-line*, muito antes de querer ousar uma investida pelo mundo digital. Será muito difícil controlar situações de crise nestas condições.

Se, por outro lado, as primeiras experiências lhe dão inspiração e superaram tudo o que estava à espera, parabéns. Certifique-se de que está no caminho certo e que os bons resultados da comunicação se convertem em saldo positivo para a superação dos seus objectivos iniciais.

Em qualquer circunstância sumarize sempre as experiências e concretize relatórios com os principais aspectos a considerar na avaliação das suas acções de comunicação digital. Seja breve e claro na exposição ao seu director. Identifique as oportunidades e procure avançar com justificações para os pontos fracos. Elenque sugestões para as próximas acções. Avalie a reacção dos seus superiores e perceba se existe espaço para apresentar de imediato opções adicionais às suas primeiras tentativas de ganhar uma nova dinâmica na *Web*.

Um modelo de gestão estratégica da presença *on-line*

O que deve um plano de acção questionar?

1. A comunicação está alinhada com a direcção?

Certifique-se de que mantém diálogo com o seu director e que as decisões estruturantes da comunicação são tomadas de forma ágil e esclarecida. Perceba bem os objectivos gerais e específicos da sua organização de forma a traduzi-los claramente nos objectivos definidos para a comunicação. Saiba se o seu director está disponível para ajustes na estratégia de comunicação em curto espaço de tempo e qual o seu grau de compreensão dos domínios da comunicação digital. Concretize o seu papel enquanto responsável pela comunicação e clarifique quem faz o quê. Se estiver a trabalhar apenas para executar acções que o seu director lhe indica tenha atenção nos passos que pretende dar.

2. Conhece as suas capacidades e/ou as capacidades da sua equipa?

Esteja atento às questões culturais da sua organização e perceba qual a permeabilidade dos colaboradores à aprendizagem e relacionamento com as plataformas sociais na *Web*. Saiba quais são os seus pontos fortes e as suas fraquezas pessoais neste domínio da comunicação. Estabeleça diálogos e vá formando pequenos *clusters* para acções exploratórias. Ouça todos os intervenientes e concretize tendências: aspectos positivos com os quais poderá contar ou fragilidades que deverá ter em consideração. Evite ter que tomar decisões isoladamente.

3. Sabe qual é o seu orçamento?

Sim, é inexistente. Não desespere! Faça uma pesquisa pelas ferramentas de acesso livre que tem ao seu dispor. Perceba que materiais já tem disponíveis e que pode trabalhar para contextos *on-line*. Defina objectivos realistas. Não seja ambicioso porque a comunicação na *Web* não é gratuita!

Não. O orçamento não é definido por períodos concretos e resulta da gestão corrente da organização. Então pode tentar estabelecer acções pontuais e delimitadas no tempo para obter resultados exploratórios. Se for bem-sucedido, dê força a esses resultados e procure definir, dentro do possível, recursos para optimizar esses resultados. Concretize de forma sintética relatórios com os resultados e certifique-se de que o seu director entende as oportunidades.

Sim, é delimitado, mas conhecido ou então é generoso. Então tem mais sorte, mas não se livra de planear bem as suas acções, ser criterioso nas tácticas que estabelece e monitorizar os seus passos. Tem apenas uma ou duas pessoas a colaborarem com esta dimensão da comunicação? Sinta-se um afortunado. Acompanhe-as e motive-as. Peça-lhes informações regulares e pontos de situação. Tem equipas definidas para este trabalho? Nem sabe quantas pessoas gostariam de estar no seu lugar. Mas atenção. O desafio é igualmente crescente. Não disperse ou caia no erro de querer dominar em todas as plataformas sociais *on-line* porque pode estar a dispersar recursos. Faça antes o trabalho de casa.

4. Já tem presença institucional ou opta por recurso a plataformas sociais *on-line*?

Centre-se agora na sua presença na *Web*. Já tem *website* institucional? *Sim.* Então comece por avaliar três domínios essenciais: a estrutura, a imagem e a visibilidade. Perceba qual o desempenho da sua página institucional, monitorize e avalie o seu investimento. Perceba se quer torná-lo no ponto de afluência da sua presença *on-line* ou, por outro lado, é meramente informativo e o objectivo passará por expandir a sua acção no digital às plataformas sociais na *Web*.

Não. Se acha que a natureza da sua organização ou da sua marca não ganha vantagem em investir na produção de um avançado *website* institucional, pense que tem ao seu dispor um leque enorme de oportunidades, muitas delas gratuitas. Opte eventualmente por reforçar a publicidade que lhe garanta maior visibilidade e dinamize a sua presença com recurso a blogues ou redes sociais *on-line*.

Se puder ainda, invista nas duas situações. Integre-as coerentemente e dê atenção ao desempenho das suas opções estratégicas. Se o seu negócio é de natureza *e-commerce*, pense sobre a viabilidade de ter apenas um perfil no Flickr ou no Pinterest. De igual forma, se o seu negócio se estabelece numa relação B2B, pergunte-se se será viável ter apenas presença no Twitter ou no Facebook.

Lembre-se: não há opções certas nem erradas.

5. Já definiu as métricas e as plataformas de monitorização do seu desempenho no digital?

Se não tinha equacionado esta etapa, recomendamos-lhe muita prudência. E o melhor, para já, será ler atentamente o capítulo IV.

Após ponderar as implicações gerais de estar presente *on-line*, "mãos à obra"! O trabalho começa agora.

Quatro etapas para a definição de um plano estratégico de comunicação digital

Procurar sistematizar num modelo processos de acção que garantam o sucesso de um plano de comunicação digital é ambicioso. O risco de interpretações erradas é grande. São vários os elementos que determinarão o sucesso e/ou o fracasso de uma estratégia de comunicação que, à partida, até parecia sólida e bem-estruturada. Dar fórmulas matemáticas e criar regras universais no domínio da comunicação é quase tão errado quanto pensar que a comunicação é uma actividade exclusiva de uma qualquer organização de média ou grande dimensão. Há um jogo permanente com a relatividade das coisas que, na definição de uma estratégia de comunicação *on-line*, balança consoante os diferentes factores que influenciam aquilo que nos estamos a propor comunicar na rede. Isto pode significar que no planeamento daquilo que podemos, na teoria, designar por uma boa estratégia, a meio do jogo, pode revelar-se errado. Mas, por outro lado, também pode revelar-se insuficiente e inesperadamente um sucesso superior ao inicialmente previsto. A definição de um plano de acção permite assim acautelar um conjunto de factores que determinam o caminho que as suas opções de comunicação vão tomar. Da mesma forma antecipa elementos decisivos da definição de cada uma das etapas que vai seguir e ajudará ainda a tomar opções optimizadas na selecção dos seus recursos. Paralelamente, planear leva-nos a concretizar todas as ideias e objectivos, apoiando a monitorização do desempenho de uma qualquer acção, garantindo, por conseguinte, um maior controlo quando sejam verificadas necessidades de ajustamento nas actividades em que investiu.

Plano E

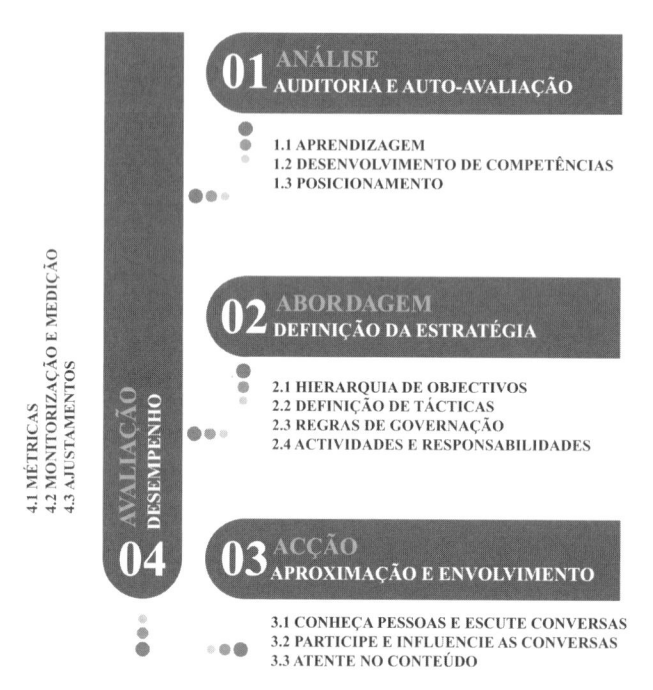

Figura 3. "Plano E", modelo sequencial das fases do planeamento da comunicação digital.

Para nós afigura-se importante atender a quatro fases essenciais na definição de um plano de comunicação digital, não descurando as particularidades de cada uma das situações concretas. É um plano que estabelecemos com uma configuração de "E", alusivo à sua característica fundamental: estratégico. Revela um circuito condicionado na transição entre fases para que o cumprimento de uma das fases apoie as decisões das fases subsequentes. Apesar de poder existir um percurso circular na transição entre fases, entendemos quebrar essa circularidade, atendendo ao facto de que a 4.ª fase pode ditar a reavaliação de uma estratégia de comunicação que implique ajustes numa das fases que não a primeira, por exemplo. Ao mesmo tempo, a 4.ª fase, após a primeira análise dos resultados da acção de comunicação expressa no plano, passa a ser um denominador comum a todas as fases, exigindo monitorizações permanentes em todas elas, ao longo do tempo que a acção de comunicação durar.

4 Fases para o Plano de Comunicação Estratégica Digital

1.ª fase	**2.ª fase**	**3.ª fase**	**4.ª fase**
ANÁLISE	**ABORDAGEM**	**ACÇÃO**	**AVALIAÇÃO**

1.ª fase — ANÁLISE

1. AUDITORIA E AUTO-AVALIAÇÃO

1.1 APRENDIZAGEM

- Utilize você mesmo as plataformas de *social media*;
- Analise e compreenda estudos de caso;
- Ouça peritos e utilizadores avançados;
- Explore e interaja com as últimas actualizações e tendências digitais *on-line*;
- Sensibilize os seus gestores seniores e os colaboradores mais resistentes;
- (...);

1.2 DESENVOLVIMENTO DE COMPETÊNCIAS

- Concretize uma auditoria interna;
- Conheça os seus recursos técnicos e humanos;
- Identifique os "campeões" de utilização das plataformas de *social media* e aplicações digitais;
- Apoie os seus RH mais competentes;
- Forme e motive novos intervenientes;
- Mantenha-se actualizado;
- Desenvolva uma cultura de transparência responsável;
- Estabeleça um projecto piloto;
- (...);

1.3 BENCHMARKING E POSICIONAMENTO

- Saiba o que a concorrência já faz e como se posiciona;
- Informe-se sobre eventuais resultados;
- Aposte em acções alternativas ao(s) seu(s) concorrente(s);
- Perceba o que o pode diferenciar numa campanha digital e *on-line*;
- Defina conceitos-chave que representem o seu posicionamento;
- Evite investir onde outros já falharam;
- (...);

2.ª fase — ABORDAGEM

2. DEFINIÇÃO DA ESTRATÉGIA

2.1 OBJECTIVOS: PRIORIDADES E HIERARQUIA

- Defina e caracterize o seu público-alvo;
- Aumentar relacionamento com o cliente?;
- Melhorar a gestão da reputação da marca?;
- Acelerar *inputs* dos clientes para inovação de produto?;
- Atrair funcionários com "talento"?;
- Optimizar canais de comunicação interna?;
- Concretize claramente os KPI's (*Key Performance Indicators*);
- (...);

2.1 DEFINIÇÃO DE TÁCTICAS

- Conheça as características de cada plataforma;
- Avalie as funcionalidades e o carácter multimédia;
- Saiba quais os públicos que serve;
- Defina a(s) plataforma(s) à(s) qual(ais) deve prestar mais atenção;
- Defina igualmente as plataformas secundárias e aquelas em que apenas estará presente se vier a ter recursos;
- Não disperse. Atente nas plataformas que decidiu serem prioritárias e distinga daquelas que utilizará apenas como suporte;
- (...);

2.3 REGRAS DE GOVERNAÇÃO

- Perceba as perdas de não estar *on-line*;
- Identifique oportunidades;
- Conheça os riscos;
- Concretize políticas de actuação e um manual de normas e procedimentos;
- Comunique internamente, em primeiro lugar;
- (...);

2.4 ACTIVIDADES E RESPONSABILIDADES

- Defina as fases de actuação da campanha;
- Organize equipas e dê confiança aos coordenadores;
- Estabeleça prazos e defina responsabilidades;
- Identifique os recursos imediatos e os recursos para manutenção ou reforço da presença *on-line*;
- Ligue as acções digitais *on-line* às estratégias *off-line*;
- (...);

3.ª fase — ACÇÃO

3. APROXIMAÇÃO E ENVOLVIMENTO

3.1 CONHEÇA PESSOAS E ESCUTE CONVERSAS

- Mapeie fontes de informação e dados;
- Descubra o que estão a dizer sobre a sua marca, produto, serviço...;
- Encontre comunidades e conversas relevantes;
- Acompanhe *opinion-makers* e influenciadores mais considerados;
- (...);

3.2 PARTICIPE E INFLUENCIE AS CONVERSAS

- Integre-se nas conversas;
- Providencie conteúdos relevantes e coerentes;
- Invista em formatos clássicos (melhores resultados);
- Optimização de pesquisas;
- Acrescente valor às comunidades;
- Integre-se com os influenciadores;
- Relações públicas – garanta vigilantes da sua reputação;
- Dê *feedback* e responda positivamente;
- (...);

3.3 ATENTE NO CONTEÚDO

- Planeie e calendarize – calendário editorial;
- Prima pela diferenciação, novidade, surpresa e clareza;
- Não seja vulgar;
- Garanta a frequência, actualização e diversidade dos formatos;
- Consiga uma mensagem impactante. Verifique o *feedback* e vá fazendo ajustes considerando as reacções;
- O sucesso de um conteúdo pode não residir no facto de ter sido viral: lembre-se dos seus objectivos;
- Tenha paciência e aprenda com os erros;
- (...);

4.ª fase — AVALIAÇÃO

4. DESEMPENHO

4.1 MÉTRICAS

- Revisite os objectivos iniciais;
- O que medir? Cobertura, interacção, acção cu influência...;
- Rende-se aos números ou pretende apurar a qualidade dos comentários e das referências que são feitas;
- Conheça o valor das suas acções sabendo a frequência, as taxas de participação, as conversas, a lealdade dos seus seguidores...;
- Defina o que quer apurar das plataformas "owned", "paid" e "earned";
- (...);

4.2 MONITORIZAÇÃO E MEDIÇÃO

- Escolha ferramentas relevantes para os seus objectivos;
- Monitorize resultados;
- Evidencie e comunique acções de sucesso;
- Comunique os resultados às equipas e aos seus superiores;
- Mantenha-se atento à gestão da reputação corporativa;
- Defina planos de gestão de crise;
- Avalie o desempenho;
- (...);

4.3 AJUSTAMENTOS

- Ajuste as suas acções e opções;
- Avalie as reacções ao que está a partilhar;
- Optimize e reforce posições ou simplesmente abdique de estar presente em plataformas que lhe estão a esgotar recursos e a dispersar atenções;
- Volte ao início se necessário e repense a sua estratégia;
- (...);

Ainda de forma a simplificar o entendimento de cada uma das fases a considerar no desenvolvimento de um plano de comunicação digital, entendemos atribuir uma palavra-chave de actuação que define o pressuposto de cada uma das etapas. Reduzimos então um sistema de acções fundamentais que designámos por *Plano de Acção a4*, que no fundo elucida sobre os pressupostos essenciais em cada etapa: **análise, abordagem, acção** e **avaliação**.

ANÁLISE
1.ª fase – auditoria e auto-avaliação

Um dos maiores e mais comuns erros de uma má estratégia de comunicação *on-line* pode, essencialmente, originar-se pela falta de informação ou pela urgência e a ansiedade que os imperativos da "moda" ou da "modernidade" podem incutir numa organização. Isto porque não adianta "estar *on-line*" sem perceber verdadeiramente porquê! Assim como certamente ponderou as suas opções quando fez o planeamento de meios para uma campanha publicitária na imprensa nacional, gerindo recursos, avaliando perfis dos leitores e calendarizando as suas investidas, o mesmo terá de fazer *on-line*. Embora seja importante, já deixámos claro que não basta confiar apenas na sua intuição ou na sua disponibilidade natural para as novidades que a *Web* lhe vai apresentando. O experimentalismo pode ser um estímulo, mas não avance com ensaios sem regras ou planos de contingência. Pode estar a gerar uma crise de reputação incontrolável. Na primeira fase terá de fazer uma reflexão sobre o seu domínio deste ambiente digital e do seu próprio conhecimento sobre as novas plataformas sociais na *Web*. Tudo começa por um momento de análise ao que o rodeia. Não esqueça essencialmente aqueles que lhe são mais próximos, os quais provavelmente irão trabalhar consigo nesta aventura de comunicar *on-line*. Desenvolva competências.

Depois, sabe que não está sozinho. A concorrência hoje assume diversas configurações e obriga-nos a considerar uma série de factores com maior ou menor grau de previsibilidade. Esteja atento. Faça uma análise do mercado. Conheça as boas práticas, invista nelas e saiba o que por de lado. Aprenda com os erros de quem já iniciou esta nova atitude de comunicação dinâmica na rede e não lhe siga os passos.

Não esqueça que se está à procura de lançar uma nova marca, um novo produto, ou uma simples campanha de solidariedade, muito provavelmente o seu público está (ou também está) *on-line*. Ainda assim, no final, também poderá eventualmente questionar-se: "Porque é que terei que desenvolver uma campanha de comunicação digital *on-line?*". Nesta altura a resposta pode surpreendê-lo: "Porque tem que ser!". E neste caso é melhor estar preparado.

1.1 APRENDIZAGEM

– Utilize você mesmo as plataformas de *social media*;
– Analise e compreenda estudos de caso;
– Ouça peritos e utilizadores avançados;
– Explore e interaja com as últimas actualizações e tendências digitais *on-line*;
– Sensibilize os seus gestores seniores e os colaboradores mais resistentes.

Para planear ou propor uma acção de comunicação digital *on-line* não precisa de ser *geek*[23]! Não pense que tem de ser mais um *especialista*. Isso dar-lhe-ia muito trabalho. Mas não seja arrogante ao ponto de pensar que pode ser bem-sucedido se for o responsável pela comunicação da sua organização e não estiver, no mínimo, familiarizado com estes novos contextos e ferramentas. Por isso utilize você mesmo as plataformas sociais na *Web*. Inscreva-se em redes sociais e experimente. Leia o menu "about"! Não receie que seja quase como ler o manual de instruções de um electrodoméstico! Vai ajudá-lo a integrá-lo e a compreender melhor as funcionalidades do *website* onde se encontra. Ao mesmo tempo procure eventuais conhecidos que já estejam registados e entre em contacto. Depois procure conhecer "estudos de caso" que sejam reflexo das potencialidades e/ou dos riscos da presença nessa plataforma. Siga "influenciadores" na *Web* e veja o que eles escrevem ou comentam sobre os tópicos que lhe possam interessar. Pesquise por palavras-chave nos motores de pesquisa e leia o que está a ser dito.

Acima de tudo, envolva-se e não pretenda ser um vencedor na comunicação digital ficando *off-line*, a dar orientações que mais não passam de palpites. Entusiasme-se, mas mantenha-se consciente das suas capacidades. E agora que já entrou neste dinâmico mundo da comunicação tem que fazer o trabalho de casa. Sensibilize, se necessário, os seus superiores e expli-

---

[23] É um anglicismo, entendido muitas vezes como expressão de gíria para designar um perfil de pessoas com interesses e comportamentos particulares, por vezes exagerados, tendencialmente por electrónica e tecnologia. É muitas vezes utilizado para designar alguém que é um "perito autodidacta", apaixonado pelo que faz e pelo que compreende bem. O significado não é consensual, mas é frequentemente aplicado a indivíduos fervorosos com o domínio de novos *gadgets* e novos ambientes digitais da comunicação e da tecnologia.

que-lhes de que forma poderá a comunicação digital *on-line* poderá fazer a diferença se até então apenas comunica *off-line*. Se a aceitação foi positiva e ainda assim continua a não ser considerado para aquelas reuniões decisivas no presente e futuro da sua organização, accione o alerta. Avançar para uma acção de comunicação desta natureza sem apoio claro e o mais alargado possível dos principais decisores pode ser arriscado.

Se estiver a trabalhar sozinho, com várias tarefas já atribuídas e dedica a maioria do seu tempo a gerir processos quotidianos, tenha muitas dúvidas sobre a viabilidade de poder estar presente *on-line* de forma expressiva. No entanto, tudo dependerá sempre dos seus objectivos. Se, por outro lado, dispõe de mais recursos humanos e até coordena uma equipa quantitativamente razoável, certifique-se de que conhece os seus parceiros, apure e desenvolva competências.

1.2 DESENVOLVIMENTO DE COMPETÊNCIAS

- Concretize uma auditoria interna;
- Conheça os seus recursos técnicos e humanos;
- Identifique os "campeões" de utilização das plataformas de *social media* e aplicações digitais;
- Apoie os seus RH mais competentes;
- Forme e motive novos intervenientes;
- Mantenha-se actualizado;
- Desenvolva uma cultura de transparência responsável;
- Estabeleça projectos-piloto.

Para esta etapa, se tiver disponibilidade de recursos pode optar por fazer uma auditoria interna e apurar os pontos fortes e os pontos fracos dos seus colaboradores no que respeita ao domínio e à proximidade das ferramentas digitais e das novas linguagens de comunicação *on-line*. Não arrisque avançar para uma campanha de comunicação *on-line* se tiver de andar a formar recursos no decorrer da acção. Vai precisar de estar disponível para outras tarefas de coordenação, monitorização e avaliação. Aproveite e esclareça com todos os intervenientes quais são efectivamente os recursos financeiros, técnicos e humanos de que vai dispor, por quanto tempo e/ou em que circunstâncias. Perceba, desde já, quais as tarefas que pode contratar em regime de *outsourcing* e informe-se sobre tempos de produção e de aprovação de conteúdos e requisitos técnicos. Se tiver de desenvolver tudo com recursos internos, não desespere! Damos-lhe umas dicas mais à frente.

Assim, é importante que consiga avaliar e identificar quem são os "campeões" na utilização de plataformas sociais na *Web*, bem como, no domínio de ferramentas e aplicações digitais. Aproxime-se, envolva e apoie os seus recursos humanos mais competentes, mas não despreze os mais resistentes ou com menor apetência para os novos impulsos do *on-line*. Forme e motive novos intervenientes. Dê pequenos passos e concretize as vantagens que pretende trazer para as suas novas tarefas. Explique. Dialogue. Esclareça. Questione. Volte a explicar.

Fale naquilo que pode ser a construção de uma cultura de maior transparência no acesso à informação, no conhecimento sobre decisões superiores, na informação sobre novos processos de apoio à gestão de procedimentos ou simplesmente naquilo que a direcção pretende efectivamente para a organização e/ou o que espera concretamente de si e da sua equipa. Crie uma cultura de transparência responsável envolvendo todos os protagonistas e clarificando o contributo indispensável de cada um deles neste processo. Faça-os sentirem-se embaixadores da organização que servem.

Se ainda tem motivos para resistir à migração para o digital, estabeleça um projecto-piloto. Crie, por exemplo, uma intranet e lance desafios de participação. Convide todos os que já conhece a participarem num grupo de debate no *LinkedIn* e leve-os a envolverem-se num assunto comum. Ou então, partilhe momentos mais descontraídos e desenvolva relações mais afectivas por meio de imagens ou vídeos amadores. Avalie os resultados e vá expandindo as áreas de actuação colmatando as falhas que identificar nas áreas operacionais.

Depois de sentir o pulso internamente está na hora de conhecer o que o rodeia.

1.3 BENCHMARKING E POSICIONAMENTO

- Saiba o que a concorrência já faz e como se posiciona;
- Informe-se sobre eventuais resultados;
- Aposte em acções alternativas ao(s) seu(s) concorrente(s);
- Perceba o que o pode diferenciar numa campanha digital e *on-line*;
- Defina conceitos-chave que representem o seu posicionamento;
- Evite investir onde outros já falharam.

Se a sua organização pretende iniciar ou reforçar a sua presença *on-line* com a comunicação de algo que a concorrência também oferece, preocupe-se em dedicar algum tempo a aprender com aqueles que vai querer superar. Importa por isso perceber o que é que os concorrentes já fazem e como se posicionam na comunicação do produto, da marca ou do serviço. Tente perceber quais são as linhas-força pelas quais está traçada a sua presença *on-line*. Anote toda a informação relevante. Seja, ao mesmo tempo, um seguidor discreto dos seus concorrentes nos contextos digitais. Participe nas conversas e perceba como está a ser gerida e regrada essa presença na *rede*. Agora que já sabe o que é que os concorrentes potenciais e efectivos estão a utilizar para dinamizar a presença na *Web*, sustente-se nessa vantagem. Preocupe-se então em reflectir sobre que maneiras se pode diferenciar numa campanha digital *on-line*. E evite investir onde os outros já falharam.

Ao entrar no dinâmico mundo digital vai defrontar-se imediatamente com o problema da multiplicidade de conteúdos, fontes de informação, marcas, acções de comunicação, entre outros. Por isso concentre-se em conseguir definir conceitos-chave pelos quais vai querer que a sua organização seja reconhecida e reflicta-os na produção de conteúdos.

Não tem concorrentes? Não pense que tem o trabalho facilitado! Vai ter de saber o que dizem sobre o que o motiva a lançar uma campanha de comunicação *on-line*. Podem não conhecer ainda o seu produto ou estar familiarizados com a sua marca, mas não deixe de ler a blogosfera ou, por exemplo, de conhecer iniciativas próximas àquelas que começa a esboçar na sua cabeça. Acima de tudo não se deslumbre pelo facto de ter quase 5000 amigos no Facebook. Certamente que não fala com 80% ou então apenas 5% estariam interessados naquilo que realmente vai querer comunicar. O sucesso não está garantido sem trabalho! Mas mantenha-se confiante.

ABORDAGEM
2.ª fase – definição da estratégia

Um plano de comunicação 2.0 bem-sucedido não pode resumir-se a uma boa definição da estratégia a aplicar à acção que estamos a elaborar. A admitir que assim pudesse ser, demitíamos a relação condicionada que consideramos indispensável no plano que apresentámos: "Plano E". Há um princípio de contribuição solidária entre as fases. Ou seja, cada uma delas estabelece informações cumulativas essenciais para a tomada de decisões esclarecidas em cada uma das fases subsequentes. Em última análise, de que servirá definir os objectivos da sua comunicação sem conhecer as competências dos gestores dessa mesma campanha ou simplesmente reconhecer os passos que o concorrente da sua organização já deu foram mal calculados e não vai querer repetir? A informação que recolheu na fase anterior é determinante para que agora consiga definir claramente os objectivos que tem para o seu plano de comunicação digital. Seja claro a este nível.

Um objectivo mal definido e toda a estratégia subsequente é irrelevante ou até nociva para a sua imagem e reputação.

Por isso, cumpra as suas obrigações se está a dar os primeiros passos no investimento criterioso nos novos domínios digitais da comunicação. Ou mesmo que já tenha trabalhado com as mais diversas plataformas sociais na *Web* e agora tenha almejado um novo desafio saberá que é necessário ser cauteloso. Defina as tácticas. Seja sensato e não queira dominar toda a atmosfera comunicacional impondo-se, da noite para o dia, como líder na conquista desenfreada por *likes* e *seguidores*!

Depois de definir o que quer atingir e que plataformas e instrumentos vai utilizar, volte a olhar para dentro: estabeleça regras de governação da presença e gestão dos conteúdos *on-line*. E, por fim, defina quem faz o quê e a quem presta informações.

2.1 OBJECTIVOS: PRIORIDADES E HIERARQUIA

– Defina e caracterize o seu público-alvo;
– Aumentar relacionamento com o cliente?;
– Melhorar a gestão da reputação da marca?;
– Acelerar *inputs* dos clientes para inovação de produto?;
– Atrair funcionários com "talento"?;
– Optimizar canais de comunicação interna?;
– Concretize claramente os KPI (*Key Performance Indicators*).

Se nesta fase ainda não sabe porque é que está a pensar em desenvolver uma campanha de comunicação digital *on-line*, aconselhamos a esquecer a ideia por momentos e a retomá-la noutra altura! De outra forma, agora tem de concretizar muito bem aquilo que o motiva a marcar presença estruturada na rede. Das reuniões com os responsáveis das diferentes áreas técnicas e operacionais que lhe importam, incluindo a direcção, tem de saber quais os seus objectivos de comunicação.

Antes de mais vai ter de definir para quem vai querer comunicar *on-line*. É determinante que conheça perfeitamente o seu público. Caracterize-o e extraia os principais indicadores sociodemográficos que lhe permitirão tomar decisões mais acertadas na definição das tácticas. Depois procure conhecer os seus interesses e as prioridades da sua presença na *Web*. Considere ainda aqueles que serão influenciadores, compradores, seguidores ou utilizadores e reconheça a validade de todos os papéis que cada um deles representa na construção de um sistema dinâmico de partilha de opiniões, críticas e recomendações.

E agora sim, defina os objectivos. Mantenha o seu raciocínio simples e conciso. Estabeleça os objectivos concretos e hierarquize-os. Atribua-lhes prioridades. Torne os seus objectivos mensuráveis e alcançáveis. É determinante para poder obter valores que expressem o desempenho da sua campanha. Esta atitude pode ser-lhe útil se, mais à frente, perceber que poderá, eventualmente, ter de desistir de estar presente em alguma plataforma ou simplesmente tiver de acautelar, sem danos maiores, uma redução imprevista de recursos. Esta hierarquia dos seus objectivos será igualmente determinante para definir o passo seguinte: as tácticas.

Alguns exemplos de objectivos de comunicação:

a) Aumentar a exposição: colocar a marca ou produto em contacto com o maior número de pessoas;

b) Reforçar o conhecimento (*awareness*): recordação da marca, outros;

c) Angariar seguidores/fãs activos;

d) Aumentar tráfego: número de visitantes ao *website* institucional, ao blogue corporativo, à Intranet, outros;

e) Gerar *leads*: obter informações sobre interessados;

f) Crescer nos *rankings* dos motores de pesquisa: optimização de palavras-chave;

g) Aumentar parcerias;

h) Aumentar satisfação na gestão das relações com clientes;

i) …

2.2 DEFINIÇÃO DE TÁCTICAS

– Conheça as características de cada plataforma;

– Avalie as funcionalidades e o carácter multimédia;

– Saiba quais os públicos que serve;

– Defina a(s) plataforma(s) à(s) qual(ais) deve prestar mais atenção;

– Defina igualmente as plataformas secundárias e aquelas em que apenas estará presente se vier a ter recursos;

– Não disperse. Atente nas plataformas que decidiu serem prioritárias e distinga daquelas que utilizará apenas como suporte.

Esta pode ser a etapa com mais rasteiras. Não se deixe entusiasmar descontroladamente pela magia que lhe provoca ver uma super marca nacional e/ou internacional presente em quase todas as principais redes sociais que estão na *moda*. Principalmente se a sua equipa apenas tiver dois elementos e um orçamento de 1500 euros. Muitas vezes a presença *on-line* de uma organização perde por pecar por excesso. "Criei um perfil em todas as principais redes sociais *on-line* e garanti, numa delas, mais fãs que o meu concorrente. Ainda assim a taxa de interacção ou o número de subscrições que pretendia não foi sequer atingido.". Antes de partir para qualquer plataforma social na *Web* deve esforçar-se por conhecer bem as suas características e as suas funcionalidades. Ao mesmo tempo deve procurar relatórios ou dados fornecidos pela própria empresa gestora que concretizem o perfil sociodemográfico dos seus utilizadores.

A partir daqui, perceba então em quais plataformas faz mais sentido apostar. E uma vez mais, hierarquize-as. Defina a qual ou a quais deve prestar maior atenção e concretize logo quais serão secundárias ou ainda aquelas em que marcará presença na eventualidade de vir a ter recursos. É muito importante não dispersar a sua atenção. E, por essa razão, atente nas plataformas que concluiu serem determinantes para o sucesso da sua investida pela comunicação *on-line* e separe daquelas que apenas utilizará enquanto suportes para conteúdos. Nesta altura não precisamos de nos dispersar. Analise a nossa proposta mais à frente e junte-lhe outras plataformas sociais *on-line* com interesse que eventualmente não contemplámos.

Ainda assim, não cristalize no tempo. Se no seu plano estabeleceu uma acção de comunicação prevista para decorrer no prazo de seis meses, lembre-se que estas plataformas sociais *on-line* são dinâmicas. As actualizações de programação e *webdesign*, ainda que por vezes pouco expressivas para o utilizador, podem determinar revisões na definição técnica de conteúdos, como por exemplo, a dimensão das imagens partilhadas, os filtros para os vídeos, as questões de privacidade e partilha de informações, entre outros.

Depois de saber onde vai marcar presença, importa então definir as regras que marcam a sua gestão e dinamização estratégicas.

2.3 REGRAS DE GOVERNAÇÃO

– Perceba as perdas de não estar *on-line*;
– Identifique oportunidades;
– Conheça os riscos;
– Concretize políticas de actuação e um manual de normas e procedimentos;
– Comunique internamente, em primeiro lugar.

Perca algum tempo a sistematizar modos de operação. Concretize as ideias centrais num documento que reúna as regras de governação da gestão das plataformas sociais na *Web*. Esclareça os seus colaboradores sobre as oportunidades do mundo digital, mas essencialmente determine os riscos. Antecipe cenários de crise e proponha a discussão sobre regras de actuação no caso de se concretizarem. Um manual de normas e procedimentos, acompanhado com uma versão resumida, facilitará este trabalho. Partilhe aquilo que lhe vai na cabeça e debata com todos os intervenientes tópicos que devem integrar esse documento. Se tiver a ajuda de um *criativo* desafie-o a conceber uma forma descontraída de passar a mensagem.

Evidencie os limites e aquilo que não deve ser feito em situação alguma. Diga como se deve responder às solicitações, qual o tom a utilizar, qual o tempo que deve dedicar a determinada plataforma ou simplesmente cuidados a ter relativamente aos dados de acesso de administrador dessa mesma plataforma. Vinque qual a posição da organização em relação à utilização dessas mesmas plataformas para fins individuais. Esclareça todas as dúvidas e evite ser apanhado desprevenido. Reveja o capítulo sobre riscos e governação da presença *on-line*!

Antes de avançar para uma campanha de comunicação pública *on-line* comunique internamente. É imperativo. Não deixe que os seus colaboradores sejam surpreendidos por uma campanha que eles próprios desconheciam. É provável que alguém os questione informalmente sobre o assunto. Ou então é possível que alguém ligue para o departamento ao lado a pedir mais informações sobre a promoção que acabaram de ver no Facebook… e que o seu colega desconhece por completo! Preocupe-se com a partilha interna dos objectivos de comunicação. Lembre-se que cada um dos colaboradores é um activo de promoção e ampliação da campanha que se esqueceu de lhe comunicar previamente.

Para que não dê lugar a mal-entendidos e probabilidades de descoordenação, concentre-se em definir actividades e atribuir responsabilidades.

2.4 ACTIVIDADES E RESPONSABILIDADES

– Defina as fases de actuação da campanha;

– Organize equipas e dê confiança aos coordenadores: defina líderes, produtores de conteúdos, gestores de redes sociais, analistas e outros;

– Estabeleça prazos e defina responsabilidades;

– Identifique os recursos imediatos e os recursos para manutenção ou reforço da presença *on-line*;

– Ligue as acções digitais *on-line* às estratégias *off-line*.

Fundamental no processo de planeamento na gestão de qualquer actividade é calendarizar. A ansiedade chega quando não sabe se conseguirá cumprir a meta ou se terá tempo suficiente para desenvolver o anúncio que vai querer mostrar ao mundo no pré-lançamento do seu próximo produto. Mas não se preocupe. Para isso mesmo existe a última fase: monitorização. Seja realista e, uma vez mais, revisite os seus objectivos definidos. A calendarização, mesmo que susceptível de ser actualizada, é crucial na afectação de recursos e na redistribuição de tarefas fundamentais para cumprir determinado marco. Se o seu objectivo é lançar um novo produto, que até tem concorrente directo, e está direcionado para um público de dimensão reduzida, não pretenda obter numa semana um número irreal de referências ao mesmo, quase superior ao número de potenciais clientes interessados *on-line*. A calendarização ajudará a antecipar necessidades reais indispensáveis, confrontando-as com os recursos disponíveis, para a garantia do cumprimento de um objectivo concreto.

A partir daqui, e agora que já conhece os seus recursos, identifique aqueles que são imediatos, quais serão para manutenção e outros ainda que servirão para reforçar a sua campanha. Organize equipas e dê confiança aos seus coordenadores. Apresente objectivos intermédios e fomente um espírito de competição interna saudável. Ao mesmo tempo estabeleça prazos e defina responsabilidades. Aqui é importante estar em contacto permanente com os seus colaboradores que estão a desenvolver as acções de comunicação *off-line*. Sempre que possível integre-as. Seja coerente e aproveite as sinergias deste encontro entre realidades convergentes.

Se nesta fase nada disto se ajusta ao seu caso e o seu orçamento é praticamente nulo, não despreze esta etapa. Lembre-se que ao falarmos de recursos falamos também de pessoas e de tempo. Se quer investir nalgum destes recursos, há-de certamente querer obter algum retorno.

A próxima fase dita a resistência da sua presença *on-line*. É bom que saiba que pode estar a perder tempo e dinheiro se não alimentar o encontro entre a sua organização e os potenciais públicos no novo mundo para o qual acaba de migrar.

ACÇÃO
3.ª fase – aproximação e envolvimento

Agora que já tem as tácticas definidas resista por instantes a encher as plataformas pelas quais optou com conteúdos avulsos na ânsia de conquistar uma legião de fãs em poucos segundos. Esta fase do plano vai colocá-lo em contacto com o público a quem decidiu dirigir a sua campanha. Há uma exposição das suas intenções de comunicação e começará a receber *inputs* de outros intervenientes que já não depende de si controlar.Vai ter de deixar o conforto de conseguir controlar todos os passos para começar a reagir ao *feedback* que os seus seguidores vão gerar. Antes de imergir na *Web* que se multiplica a cada hora que passa e avançar com a sua acção que já ganhou corpo, perceba o que já está a ser dito sobre produtos semelhantes, necessidades identificadas, quem segue o quê e quem, descubra pessoas e influenciadores e escute as conversas.

Mas não se limite a ficar "à porta"! O desafio passa por se envolver nas comunidades, participar e dar início à sua acção. Agora que vai aprender algumas dicas para optimizar os conteúdos que darão rosto à sua campanha *on-line* procure influenciar as conversas e torne cada um dos seus seguidores num *evangelista* do sucesso da sua organização.

3.1 CONHEÇA PESSOAS E ESCUTE CONVERSAS

– Mapeie fontes de informação e dados;
– Descubra o que estão a dizer sobre a sua marca, produto, serviço…;
– Encontre comunidades e conversas relevantes;
– Acompanhe *opinion-makers* e influenciadores mais considerados.

Mesmo que seja a sua primeira tentativa de ser bem-sucedido *on-line* e ainda não possui uma carteira de seguidores leais, saiba que tem de trabalhar muito. Por isso, é importante conhecer quem está *on-line*. Saber o que procuram, o que desejam, como pensam, como reagem e onde se encontram. Hoje há comunidades que se criam pela partilha de interesses comuns da forma mais diversificada. Ao mesmo tempo, diferentes comunidades, revelam apetência por diferentes tipos de conteúdos. Apresentam um perfil sociodemográfico mais ou menos consistente, mas pode nem sempre assim ser. O Facebook revelou este desafio. O que inicialmente se apresentava como uma rede social dedicada a um público jovem, ambiente académico, com um perfil comportamental bem estabelecido, rapidamente se revelou numa rede cada vez menos segmentada para passar a servir *massas*. Uma vez mais, é importante ter presente o que definiu anteriormente para a sua campanha: *porquê?; para quem?; onde?; quando?; e como?* Se possível crie breves mapas com dados e informações relevantes sobre os públicos que lhe interessam. Ajudará a segmentar a sua actuação. Não caia no erro de comunicar um produto de nicho apenas numa plataforma onde toda a gente está presente ou então simplesmente não sature uma rede social temática com informação sobre um produto que pretende massificar. Atente nos efeitos negativos que pode despertar.

Mas esteja atento. Descubra o que estão a dizer sobre a sua organização ou sobre o objecto da sua campanha digital *on-line*. Perca algum tempo a encontrar comunidades relevantes e selecione conversas que podem inspirar a sua intervenção. Depois aproxime-se dos influenciadores e dos líderes de opinião no mundo digital. Certamente que vai ganhar com isso se for uma aproximação estratégica. De outra forma, pode inverter esse objectivo.

3.2 PARTICIPE E INFLUENCIE AS CONVERSAS

- Integre-se nas conversas;
- Providencie conteúdos relevantes e coerentes;
- Invista em formatos clássicos (melhores resultados);
- Optimize pesquisas;
- Acrescente valor às comunidades;
- Integre-se com os influenciadores;
- Relações públicas – garanta vigilantes da sua reputação;
- Dê *feedback* e responda positivamente.

Agora que já está integrado é hora de participar e dar início ao processo de influenciar as conversas. Mas inicialmente seja cauteloso com a abordagem. Não entre a *matar*. Providencie conteúdos relevantes e distintos. Seja coerente com as suas intenções, mas essencialmente com a orientação da plataforma social aonde está a comunicar. Se está a comunicar a inauguração do *Restaurante Gourmet* lá no bairro e já criou um perfil no FourSquare evite partilhar informações alusivas ao debate da subida do IVA na restauração, por exemplo. Seja tendencialmente positivo e procure acrescentar valor nos contextos onde quer marcar presença. Se o seu objectivo é reforçar a relação de compromisso com os novos clientes (*engagement*) e a interacção com eventuais influenciadores, não ganhará nada em estimular conversas que apelem à noção de crise económica que, certamente, afectará a atitude dos seus seguidores que talvez ponderem afinal não ir à inauguração do "espaço gastronómico sustentável" que procura dinamizar na rede.

Se já começa a receber *feedback* das suas investidas *on-line* inerentes à execução da sua campanha, não pense que o objectivo está a ser alcançado e não precisa de fazer mais nada porque a sua estratégia está a funcionar. Se os comentários são negativos não cometa o erro de se esconder e fazer crer que afinal não está ninguém para responder ao utilizador, na plataforma onde há 5 minutos colocaram um *post* relativo à presença da actriz e modelo que será embaixadora do *Restaurante Gourmet*. O tempo de resposta será um indicador determinante caso tenha definido como objectivo "melhorar o atendimento ao cliente". Não se esqueça de que a interacção na rede é praticamente imediata. Não se atreva a dizer a um potencial cliente que terá de seguir o regulamento e preencher um extenso formulário caso pretenda fazer uma reclamação do tempo de espera que levou o serviço aquando da sua primeira visita ao *Restaurante Gourmet*.

Ao mesmo tempo dinamize conversas e debates e procure levá-los ao encontro daquilo que, em boa verdade, quer vender ou à mensagem que a sua organização quer passar. Se considera precipitado estar já a avançar com conteúdos de elevada produção e custos exponenciais sem ter garantias do seu retorno, mantenha a sua aposta de investir em formatos clássicos. Acha que será determinante para o sucesso da acção planeada para a comunicação da inauguração do *Restaurante Gourmet* criar um seu perfil de *gifs* na rede social Tumblr? Parece mais viável apostar na definição de um agradável *website* ou num blogue institucionais onde são narradas as presenças de figuras públicas no espaço recentemente inaugurado com as suas receitas eleitas ou ainda um perfil no Facebook onde colocará fotos e vídeos para os quais recorreu ao Instagram e agora ilustram o último *workshop* de cozinha biológica que teve a parceria do *Restaurante Gourmet*.

Paralelamente, faça com que cada um dos seus seguidores e os seus colaboradores assuma o papel de relações públicas daquilo que está comunicar e mantenha a reputação em alta. Estabeleça regras, processos de gestão de crise e permaneça em alerta constante. Tenha presente conceitos como *planos de contingência* e antecipe cenários. Expanda o número de vigilantes voluntários da sua reputação. Esqueça o horário das 9 às 5. Dê resposta, quase sempre. Marque pela diferença no cuidado e dedicação com os quais gere a sua presença *on-line*. E envolva os utilizadores da *Web* com conteúdos inesquecíveis.

3.3 ATENTE NO CONTEÚDO

– Planeie e calendarize – calendário editorial;

– Prima pela diferenciação, novidade, surpresa e clareza;

– Não seja vulgar;

– Garanta a frequência e actualização;

– Consiga uma mensagem impactante. Verifique o *feedback* e vá fazendo ajustes considerando as reacções;

– O sucesso de um conteúdo pode não residir no facto de ter sido viral: lembre-se dos seus objectivos;

– Tenha paciência e aprenda com os erros.

Um erro comum pode passar por gastar as suas forças a tentar desenvolver um conteúdo que venha a ser o próximo sucesso viral da *Web*. Relativize esta ambição. Na maioria das vezes acontece quando nada o fazia prever: para o bem e para o mal! Não é esta premissa que garante o cumprimento ou a superação dos seus objectivos. Esforce-se primeiro por definir marcos importantes para lançar conteúdos relevantes de acordo com as metas que pretende atingir. Planeie-os e calendarize-os para não ter surpresas com atrasos de produção ou sofrer de ansiedade pela incerteza de conseguir cumprir a publicação *daquele post*, no dia e na hora que tanto queria. Uma sugestão: crie um calendário editorial.

Lembre-se da multiplicidade de fontes de informação e de ferramentas para produção de conteúdos disponíveis gratuitamente na rede. Não esqueça o carácter multimédia da *Web* e a nova atitude de cada utilizador nas diferentes plataformas sociais *on-line* existentes: *produsers*. Preocupe-se em garantir a diferenciação na forma como aborda a mensagem que quer transmitir. Surpreenda com novidade de uma forma distinta, mas garanta a clareza da mensagem. Evite ambiguidades ou incoerências no comportamento da sua organização nos diferentes contextos. Se um programa de rádio, na emissão FM, trata os ouvintes por "você", porque é que no perfil do YouTube ou do Twitter os desafia por "tu"? Ao mesmo tempo, diversifique nos formatos e perceba quais os que têm maior aceitação nas redes onde está presente.

Não seja vulgar ou negativamente óbvio. Evite redundâncias ou clichés que nada acrescentam ao seu processo de aproximação ou angariação de novos seguidores ou públicos *on-line*. Consiga uma mensagem com impacto. Verifique com frequência o *feedback* e as referências que já circulam entre plataformas *on-line* e vá fazendo ajustes que considere relevantes.

Conheça o tempo de vida de uma história e perceba quando deve suscitar um novo debate ou simplesmente chamar a atenção para outro pormenor que a sua comunicação pretende salientar e que afinal parece não estar a ser reconhecido. Saiba que deve ter estabelecido regras de gestão da sua presença *on-line*. É determinante garantir frequência e actualização, monitorizando e realizando ajustes necessários em função do retorno que for apurando. Por isso preocupe-se com a definição de regras na publicação e na dinamização de conteúdos nos seus perfis digitais. E procure transmiti-las aos seus seguidores, depois de as ter comunicado aos seus colaboradores em primeiro lugar. Perceba que não adianta estar *on-line* com uma atitude semelhante ao que define a *Web* na sua versão 1.0: estática ou simples montra do que acontece *off-line*.

Regresse à primeira fase, na etapa de avaliação do seu posicionamento, e retome os conceitos-chave. Desenvolva os conteúdos em torno dos mesmos e optimize campanhas de pesquisa. Por fim, tenha paciência e aprenda com os erros. Está prestes a avaliar o seu desempenho.

AVALIAÇÃO
4.ª fase – desempenho

A última fase é igualmente determinante no sucesso de todo o seu investimento até aqui. Nesta fase o segredo passa por não se render apenas à "quantidade", nem deixar deslumbrar pela leitura de uma métrica isolada. É importante focar-se nos seus objectivos iniciais e trabalhar nesse sentido. Depois estabeleça os instrumentos que lhe permitirão monitorizar e avaliar o seu desempenho na comunicação digital. Apure os resultados, interprete--os, comunique-os e, acima de tudo, tome decisões esclarecidas. Se necessário faça justes. É o momento certo para não comprometer nenhuma das etapas anteriores. Desenvolvemos este tema no capítulo VI.

4.1 MÉTRICAS

– Revisite os objectivos iniciais;
– O que medir? Cobertura, interacção, acção ou influência…;
– Rende-se aos números ou pretende apurar a qualidade dos comentários e das referências que são feitas?;
– Conheça o valor das suas acções sabendo a frequência, as taxas de participação, as conversas, a lealdade dos seus seguidores, entre outros;
– Defina o que quer apurar das plataformas "owned", "paid" e "earned".

4.2 MONITORIZAÇÃO E MEDIÇÃO

– Escolha ferramentas relevantes para os seus objectivos;
– Monitorize resultados;
– Evidencie e comunique acções de sucesso;
– Comunique os resultados às equipas e aos seus superiores;
– Mantenha-se atento à gestão da reputação corporativa;
– Defina planos de gestão de crise;
– Avalie o desempenho.

4.3 AJUSTAMENTOS

- Ajuste as suas acções e opções;
- Avalie as reacções ao que está a partilhar;
- Optimize e reforce posições ou simplesmente abdique de estar presente em plataformas que lhe estão a esgotar recursos e a dispersar atenções;
- Volte ao início se necessário e repense a sua estratégia.

Perceba então em que etapas já foi bem-sucedido e, se necessário e possível, reforce o investimento. Ou então perceba onde está a falhar e repense a sua estratégia. Optimize conteúdos, circunscreva públicos-alvo e, se necessário, reveja acções de publicidade ou simplesmente reorganize a sua presença *on-line*. Se não descurar esta etapa, os dados vão confirmar-lhe o sucesso do seu trabalho ou alertá-lo a tempo para reconsiderar algumas decisões. De outra forma, ignorá-la, poderá ditar o desperdício de investimento sem retorno, e em última instância, comprometer seriamente a reputação da sua organização.

Nas próximas páginas detemo-nos um pouco na abordagem a algumas considerações basilares para a estruturação de uma campanha *on-line*. Será guiado numa visita ao *Ecossistema de Media Sociais* para ficar a par das tácticas que tem ao dispor das suas estratégias. Igual reflexão merecem as questões fundamentais sobre a gestão de marcas agora que se prepara para dinamizar a sua imagem institucional *off* e *on-line*. Este é um passo essencial para apoiar as decisões na definição de *conteúdos*: o cerne da sua comunicação. E nesta aventura pelo entusiasmo que o digital lhe desperta, ficará a perceber que importa mesmo "arrumar a casa" e considerar a comunicação interna, de forma a aliar os seus pares nesta missão colectiva que acabou de ganhar forma.

Questões de auto-avaliação

- Está preparado para interagir com os seus públicos?
- Qual o grau de dependência dos seus superiores para tomar decisões sobre acções de comunicação digital?
- Sabe quem é quem na sua organização? Sente-se preparado para atribuir papéis e responsabilidades?
- Sente que tem apoio inequívoco dos seus superiores? E das suas equipas e colegas?

- Certificou-se de que tem recursos para manter a sua presença *on-line*?
- Sente-se preparado para ouvir os clientes dizerem-lhe o que está mal na sua organização?
- Tem claros os objectivos que pretende atingir com a presença *on-line*?
- Quais as iniciativas que carecem de autoridade e controlo formal?
- Que palavras-chave definem a sua marca na *Web*?
- Investir no *mobile* será opção? Porquê?
- Se o questionarem sobre as opções de comunicação dispõe de documentos que apresentem a sua visão estratégica e sustentem as suas propostas?
- Em quantas plataformas criou um perfil ou actualiza informação? E qual a frequência?
- Conhece o orçamento disponível para investir em comunicação digital?
- Quem gere a presença *on-line* "fora de horas de expediente"?
- Os seus pares conhecem a missão e os valores da organização?
- Identifica grupos ou indivíduos deslumbrados por aprovação social?
- Quem faz a gestão de comunidades *on-line* e a produção de conteúdos internos?
- Quem dá respostas às solicitações *on-line*? Que regras deve cumprir?
- Qual o investimento que dispõe para "*paid media*"/publicidade *on-line*?
- Reporta a mais do que um chefe as suas opções para a comunicação?
- Que serviços espera contratar em *outsourcing* e quais as tarefas que serão garantidas internamente?

Referências bibliográficas

BARGER, Christopher (2013). *The Social Media Strategist: Build a Successful Program from the Inside Out.* USA: McGraw-Hill.

BELOSIC, Jim (2013, 5 de Junho). "How to Convince Your Skeptical Boss That Facebook Marketing Works". *Social Media Examiner.* Página consultada a 30 de Abril de 2014, <http://www.socialmediaexaminer.com/how-to-convince-your-skeptical-boss-that-facebook-marketing-works/>.

BREDL, Klaus, HÜNNIGER, Julia e JENSEN, Jakob Linaa (2013). *Methods for Analyzing Social Media.* New York: Routledge.

BROWN, Dan M. (2011). *Communicating Design: Developing Web Site Documentation for Design and Planning*, 2.ª ed.. Berkeley: New Riders.

COHEN, Heidi (2013, 26 de Junho). "How to Setup a Social Media Business Strategy". *Social Media Examiner.* Página consultada a 30 de Abril de 2014, <http://

www.socialmediaexaminer.com/how-to-setup-a-social-media-business -strategy/>.

CORNELISSEN, Joep (2008). *Corporate Communication: A guide to theory and practice*, 2.ª ed.. London: SAGE Publications.

DEISER, Roland e NEWTON, Sylvain (2013, Fevereiro). "Six social-media skills every leader needs". *McKinsey Quarterly*. Página consultada a 30 de Abril de 2014, <http://www.mckinsey.com/insights/high_tech_telecoms_internet/six_ social-media_skills_every_leader_needs>.

FERGUSON, Sherry Devereaux (1999). *Communication Planning: An Integrated Approach*. Thousand Oaks: SAGE Publications, Inc.

HARRYSSON, Martin, METAYER, Estelle e SARRAZIN, Hugo (2012, Novembro). "How 'social intelligence' can guide decisions". *McKinsey Quarterly*. Página consultada a 30 de Abril de 2014, <http://www.mckinsey.com/insights/high_tech _telecoms_internet/how_social_intelligence_can_guide_decisions>.

HAY, Deltina (2009). *A Survival Guide to Social Media and Web 2.0 Optimization: Strategies, Tactics, and Tools for Succeeding in the Social Web*. Austin: Dalton Publishing.

JARSKI, Veronica Maria (2013). "Marketing Kit: Social Media". *MarketingProfs*. Página consultada a 30 de Abril de 2014, <http://members.marketingprofs. com/socialkitdft>.

LEMKE, Jay (1999). "Discourse and organizational dynamics: website communication and institutional change". *Discourse & Society*, 10 (1), 21-47.

NIELSEN, Jakob (2000). *Designing Web Usability: The Practice of Simplicity*. Indianapolis: New Riders.

ROSE, Gillian (2007). *Visual Methodologies: An Introduction to the Interpretation of Visual Materials*, 2.ª ed.. London: SAGE Publications.

SMITH, Tineka (2012, 23 de Outubro). "Top 10 social enterprise tools". *Computer Business Review On-line*. Página consultada a 30 de Abril de 2014, <http:// www.cbronline.com/blogs/cbr-rolling-blog/top-10-social-enterprise -tools-231012>.

STOCKS, Elliot Jay (2009). *Sexy Web Design*. Victoria: SitePoint.

YOUNG, Antony (2010). *Brand Media Strategy: Integrated Communications Planning in the Digital Era*. New York: Palgrave Macmillan.

ZARELL, Dan (2010). *The Social Media Marketing Book*. Sebastopol: O'Reilly Media.

Capítulo III

Tácticas 2.0

Os que decidem juntar a táctica à estratégia terão êxito, certamente. Primeiro, a táctica tem de ser considerada parte do processo estratégico se quisermos ter resultado com uma campanha. Como escreveu o general e filósofo chinês Sun Tzu em 500 a.C., «estratégia sem táctica é o caminho mais lento para a vitória. Táctica sem estratégia é o ruído antes da derrota».

Mark Weiner
Digital Strategies for Powerful Corporate Communications
Argenti e Barnes (2009: 27)

Determinante para o sucesso da concretização de uma estratégia de comunicação digital *on-line* será definir as tácticas certas. E o desafio seria fácil se não tivéssemos de reconhecer um número quase indeterminado de aplicações, plataformas e *media* sociais que se superam a si mesmos e nos surpreendem a cada dia que passa. A reflexão que lhe propomos no arranque deste capítulo passa por saber diferenciar a dimensão tecnológica e instrumental da Internet e da *Web* (as plataformas e os *media* sociais), dos resultados que advêm das interacções e da participação que aquelas permitem na rede (os efeitos). A clara compreensão desta distinção é fundamental para não cair na tentação de dispersar a sua energia em plataformas onde não há ninguém interessado em ouvir aquilo que tem para dizer. Por isso, para começar não deixe sucumbir a sua estratégia de comunicação à tendência de querer marcar presença no maior número de redes sociais possível e coleccionar o maior número de fãs e "likes" sem critério. Tome consciência dos seus objectivos e dos seus recursos e então saiba como decidir melhor. Há, por isso, uma relação interdependente entre a *estratégia* que se pretende traduzir com o planeamento da comunicação 2.0 e as *tácticas* que irão suportar as suas opções. Tome contacto com a dimensão deste manancial de instrumentos 2.0 que tem ao seu alcance e estabeleça regras e princípios de utilização esclarecidos.

E, de seguida, demore-se nas considerações sobre a gestão da sua marca, da sua imagem e da sua identidade. Falamos de *branding* em contexto digital. O que muda? Ficará surpreendido ao perceber que pouco se altera em relação aos pressupostos clássicos da gestão de uma marca. O desafio poderá ser conseguir resistir às tentações daquilo que apelidamos de *branding self--service* ou *fast branding* que a *Web* hoje nos permite. Resista e retire proveito das oportunidades que este encontro entre marcas, Internet e redes sociais hoje oferece.

Ter uma marca sólida, reconhecida e credível é pois o ponto de partida para a tarefa que se aproxima: dar vida às suas histórias. São os *conteúdos* que corporizam todo o seu empenho em planear e operacionalizar uma estratégia de comunicação digital. Através deles transmitirá todo o trabalho que desenhou anteriormente. A ansiedade está ao rubro e a inquietude por conquistar notoriedade, legiões de seguidores, fãs incondicionais e fantásticas taxas de conversão podem levá-lo a tropeçar em princípios básicos na hora de elaborar a próxima mensagem e envolver os seus públicos. Atente no conteúdo ou deitará por terra o que conquistou até esta etapa.

Por fim, lembre-se que a comunicação é, por definição, um processo colectivo e contínuo que implica tornar comum uma qualquer mensagem, uma ideia, uma opção, uma estratégia. Por isso mesmo, não queira encontrar "dentro de casa" o primeiro obstáculo ou o pretexto para o início de um total falhanço da sua presença *on-line*. Envolva os seus colaboradores, a sua direcção e trabalhe por salientar as vantagens de investirem em novas abordagens à comunicação. Tire proveito e vantagem disso e ganhe parceiros indispensáveis nesta aventura pelo digital. Provavelmente estará a pensar que já sabe ou ouviu dizer que a comunicação interna é *fundamental* ou *necessária* ou talvez *imprescindível*. Mas não queira passar em falso esta etapa. Poderá estar a comprometer todo o seu trabalho, os recursos que irá investir e, quem sabe, a reputação da sua organização e a produtividade dos seus colegas.

Plataformas e *media* sociais *on-line* (instrumentos) *vs. social networking* (efeitos)

Mas afinal o que podemos entender por plataformas e *media* sociais *on-line*? Procurando definir os conceitos de forma mais comum, podemos entender os *media* sociais *on-line* como estruturas tecnológicas que possibilitam a integração de funcionalidades diversas (comunicação, gestão de conteúdos, interacção, entre outras) e promovem a produção, edição, publicação individual e/ou colectiva de conteúdos de natureza multimédia e a sua partilha com um número maior ou menor de indivíduos conhecidos entre si ou não. São por isso plataformas que promovem a conversação e a colaboração activas, em circuitos de comunicação multidireccionais, tendencialmente sem restrições de edição e/ou supervisão, não tendo que obedecer a uma organização institucionalizada como se regem, por exemplo, grupos de meios de comunicação social clássicos. Por outro lado, podemos referir-nos a *plataformas on-line* quando designamos outras estruturas tecnológicas que podem ou não assumir uma natureza *social*, mas contribuem de alguma forma para suportar ferramentas digitais de igual relevância para optimização da nossa experiência na *Web* (*chats*, edição de documentos, videoconferência, *websites* institucionais, outros). Isto é, uma plataforma pode ter fins meramente individuais, interpessoais, operacionais, funcionais, permitindo processos de interacção mais restritos e com uma dimensão lúdica e social menos expressiva. Representam um sentido mais lato, na medida em que podem apresentar-se como estruturas de suporte a aplicações 2.0 ou ambientes tecnológicos que dinamizam ou incorporam *media* sociais, como é o caso de um blogue. Numa vertente mais tecnológica podemos reforçar a compreensão de *media* sociais como ferramentas digitais, essencialmente fundadas nos princípios tecnológicos 2.0. Apresentam um amplo desenvolvimento de programação e revestem-se de instintivos interfaces que convertem a comunicação em diálogos dinâmicos e colaborativos.

As plataformas e *media* sociais são distribuídos e acessíveis através da ligação à *Internet*. A *Internet* aqui, uma vez mais, entendida pelo seu carácter físico enquanto sistema de interligação de redes e sistemas informáticos, cabos de fibra óptica, ligações *wireless*, entre outros, que permite a transmissão digital de dados e o acesso à *Web*.

Porém, não pretendendo subvalorizar a abordagem à dimensão tecnológica dos conceitos, o sucesso dos meios digitais sociais concretiza-se pela intervenção que as pessoas vão incutindo nestas ferramentas, contribuindo para identificar falhas e ir aperfeiçoando as suas potencialidades. Aqui, o determinismo tecnológico apenas perde força porque o real valor de um *medium* social *on-line* reside na disponibilidade e na generosidade dos indivíduos que criativamente vão alimentando a *Web*. São estes que vão expandindo as suas redes, ampliando a sua "carteira de amigos" e influenciando acções, ideias e modos de pensar sobre determinando assunto, sobre a marca, o produto e/ou serviço que você está empenhado em comunicar. A estas relações que se estabelecem entre laços fortes e, acima de tudo, laços fracos, designamos por *redes* ou *social network*. E é o resultado daquilo que se produz e partilha através delas que confere significados às relações. E aqui deixamos de falar de *tecnologia* (instrumentos) para passar a falar de *efeitos*. Por isso, importa desmistificar que o conceito de *social networking* seja entendido enquanto instrumento de comunicação digital. É antes o resultado das interacções, globalmente definidas e viáveis pelo recurso dos indivíduos a instrumentos de comunicação 2.0.

12 características das plataformas e *media* sociais *on-line*

Agora, estabelecida a distinção entre a dimensão instrumental e a dimensão humana da utilização de plataformas e *media* sociais *on-line*, regressamos à dimensão tecnológica propondo um exercício de sistematização de algumas das características destas plataformas sociais na *Web*, identificando 12 atributos particulares que tendem a caracterizar estas ferramentas.

CARACTERÍSTICA	DESCRIÇÃO	EXEMPLOS
Acessíveis	Acessíveis em qualquer plataforma com acesso à *Internet*. Não estão condicionados no tempo ou espaço. A acessibilidade revela-se pela facilidade de acesso e não pela gratuitidade. Esta, por vezes, é aparente se tivermos presente a ideia de que "não há almoços grátis".	LinkedIn Facebook Instagram
Conexas	Revelam uma tendência para integrar diversas funcionalidades num só ambiente estabelecendo ligações *interplataformas* ou *intermedia*. São ainda conexas porque são aperfeiçoadas em virtude das interacções resultantes entre utilizadores.	FourSquare Blogger
Escaláveis	Do ponto de vista da forma são estruturas dinâmicas, actualizáveis e expansíveis. Do ponto de vista funcional podem ter vários níveis de acesso ou diferentes funções em virtude da modalidade de subscrição, por exemplo.	We Transfer Dropbox
Temáticas	Podem servir fins específicos e/ou naturezas concretas.	Xing
Segmentadas	Atraem massas e, por sua vez, permitem a segmentação em grupos de interesses, características sociodemográficas ou georreferenciação, entre outros, ou então podem servir nichos. Quanto à sua abertura podem ser públicas, privadas ou de acesso condicionado.	Spotify Educare Meeting Manhunt

Interactivas	Dispõem de serviços e funcionalidades que potenciam a interactividade entre utilizadores ou destes com a plataforma (*feedback* e/ou resposta).	Facebook
Multimédia	Permitem a produção, edição, publicação, colaboração e partilha de conteúdos de natureza textual ou audiovisual, individualmente ou combinados.	Youtube Flickr Tumblr Vine
Personalizáveis	Adaptáveis às preferências ou às necessidades do utilizador (costumização). Por outro lado, podem ser também não institucionalizados, assumindo um carácter mais individual.	Ning Lithium Pluclk
Colaborativas	Suscitam a contribuição colectiva e possibilitam a integração de *inputs* dispersos e individuais que acrescentam elementos adicionais a um elemento inicial.	Wikipédia Socialtext Drupal
Agregadoras	Reúnem avultadas quantidades de dados e informações, pessoas e/ou serviços. Podem permitir a categorização de conteúdos, arquivo e pesquisa.	Del-ici-us Feedly Bloglines
Mensuráveis	Fornecem elementos quantitativos e qualitativos sobre o desempenho e a respectiva utilização. Acrescentam uma dimensão quantificável à comunicação muito relevante no ambiente de utilização profissional.	Analytics Hootsuite

Reforçando a abordagem dos conceitos entendemos ainda que os *media* sociais são resultado da construção de aplicações inspiradas não apenas na tecnologia, mas essencialmente nas relações entre pessoas. É pois esta dimensão humana que caracteriza aquilo que à partida poderia ser mais uma aplicação tecnológica sem efeitos, não cumprindo a sua missão: servir pessoas e alimentar as relações entre elas. De tal forma que, na sua maioria, estas plataformas substituem de modo mais ou menos saudável, acções que até há alguns anos eram exclusivos dos círculos de amigos mais restritos (agora existem relações sociais sem barreiras); estavam limitadas no tempo e no espaço (agora assistimos à diluição dos conceitos de tempo e localização geográfica) e condicionadas pela informação unidirecional que recebíamos dos *mass media* (cada indivíduo passa a ser fonte de informação – *produsers*).

Uma das características destes novos canais de comunicação digitais, a qual provoca tanta ansiedade aos gestores de muitas organizações, prende -se com o facto de estes *media on-line* contemporâneos se apresentarem como plataformas que não permitem controlar as conversas. Mas podemos influenciá-las. E é na influência que são construídas relações (economicamente) viáveis.

O planeamento estratégico da comunicação digital nunca foi tão necessário, porque optar pela migração e/ou presença *on-line* da sua organização já não está tanto no seu controlo. Precisa de escutar e definir um plano de aproximação e envolvimento com todas as partes interessadas. Agora, saiba quais as melhores tácticas e não gaste recursos aleatoriamente. Concentre-se e saiba em que plataformas sociais *on-line* quer e pode estar. Deixe que a influência seja natural e os efeitos sejam positivos.

10 categorias das plataformas e *media* sociais *on-line*

Falar de *media sociais* e tentar elencá-los é hoje um desafio dinâmico e permanente, em que o critério da actualidade pode variar significativamente enquanto nos esforçamos por classificar todas as ferramentas e aplicações que temos disponíveis. No entanto, ganha relevância identificá-los para que possamos revelar uma aproximação à extensão da realidade neste domínio. Categorizar plataformas e *media* sociais *on-line* deixou de ser há muito uma tarefa consensual e indiscutível e, por isso, não é universalmente aceite. Apesar dos esforços levados a cabo por Brian Solis e a agência criativa JESSE3 com a definição popular do *The Conversation Prism*[24] ainda nos restam dúvidas sobre se este trabalho facilitou a compreensão do ecossistema de *media* sociais ou trouxe ainda mais ansiedade perante a vertiginosa multiplicação de instrumentos 2.0 que temos ao nosso dispor. Mas o trabalho é de louvar.

---

[24] É uma das muitas formas de categorizar o universo de *social media*. Esta representação é uma das mais populares à qual se recorre para demonstrar o enorme leque de plataformas e aplicações *on-line* em função das suas características e dos fins que serve. Apesar de servir muitas vezes como referência nos trabalhos de categorização destas ferramentas, nem sempre é indiscutível. Nem pretende ser. Na maioria dos casos não é uma boa opção para servir de referencial de trabalho, muito menos no contexto nacional, atendendo à sua extensão e ao número de aplicações que contempla sem expressão nalguns mercados. Para utilizadores ou profissionais mais desatentos pode sugerir que a presença *on-line* apenas será eficaz se garantir a um perfil numa das plataformas associadas a cada uma das áreas de acção. Actualmente, este trabalho tem servido como monitor da evolução e da dinâmica das mais bem-sucedidas plataformas sociais da *Web*. Disponível toda a informação sobre a história do Prisma da Conversação em *www.conversationprism.com*.

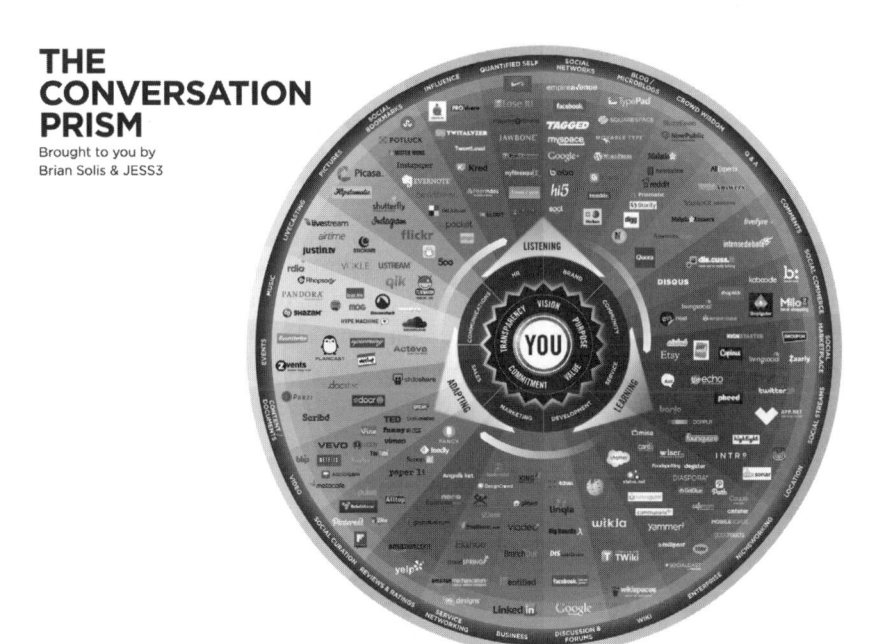

Imagem 7. Fonte: *www.conversationprism.com.*

Todavia, para o que nos propõe este livro, e reconhecendo a eventual rápida desactualização desta informação, simplesmente categorizamos de forma abrangente algumas das principais ferramentas que temos ao nosso dispor.

Ainda assim, importa-nos clarificar que ao falarmos em comunicação 2.0 não nos restringimos apenas às redes sociais *on-line*. Estas são viáveis porque se alicerçam em plataformas e *media* sociais *on-line*. As *redes sociais* gozam actualmente de maior mediatismo, que em grande parte se deve ao fenómeno (quase) universal do Facebook e à sua integração irreversível no quotidiano das pessoas. De modo geral, estas redes virtuais têm âmbitos diferenciados em torno de interesses e objectivos comuns, ideias ou valores. Nascem de forma não linear, definindo as suas ligações entre os indivíduos à medida que crescem. Por vezes são espontâneas e vão aproximando desconhecidos ou então podem ter origem através de contactos que existem já na vida real. Genericamente revelam uma componente de personalização significativa que permite a criação de um perfil individual, disponibilizando em simultâneo um conjunto de serviços que permitem a cada um dos utilizadores interagir com os demais, de forma mais ou menos pública e/ou segmentada.

Mas há mais vida para além das redes sociais. Para perceber qual o manancial de instrumentos que a Internet e a *Web* disponibilizam para pôr em prática os seus planos, tem de investir algum tempo a compreender a multiplicidade de plataformas digitais disponíveis. E se a maioria não servir a sua estratégia, saiba pelo menos que existem e que as rejeitou precisamente por saber que não se ajustam ao seu plano de acção.

Procuramos apresentar uma categorização simplificada daquilo que chamamos de *Ecossistema de Media Sociais* elencando algumas das mais significativas plataformas sociais *on-line* que reúnem as mais importantes ferramentas que podemos colocar ao serviço da optimização das estratégias de comunicação, da colaboração, da formação e do entretenimento em ambiente 2.0.

Plataformas e *media* sociais *on-line*

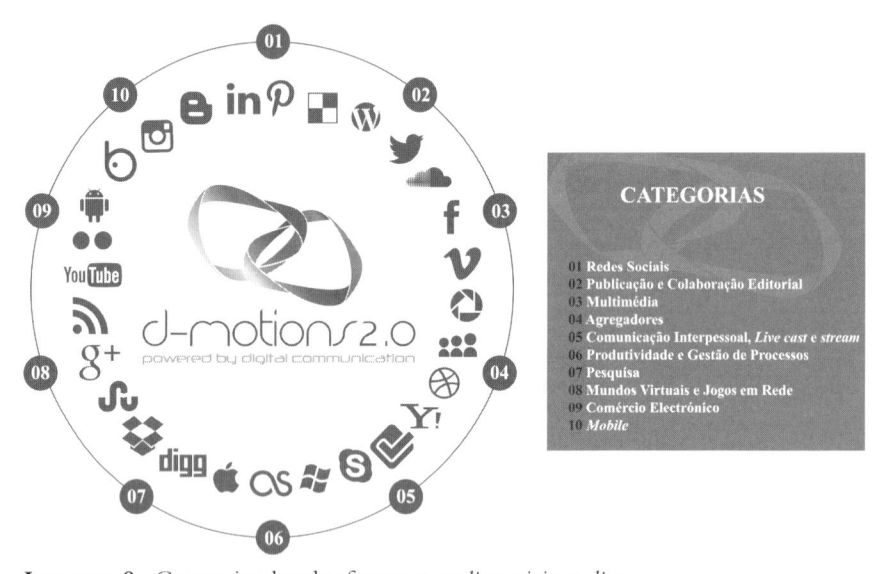

Imagem 8. Categorias das plataformas e *media* sociais *on-line*.

Categorias das plataformas e *media* sociais *on-line*

1. REDES SOCIAIS/ *Social Networks*

São fundadas através de tecnologia designada *Social Networking Software* que permite e incentiva a ligação entre indivíduos e a construção de redes que vão para além da ligação entre "laços fortes"[25] (*os meus amigos*). A expansão e o sucesso de uma rede social reside precisamente nos "laços fracos" (*amigos e conhecidos meus e dos meus amigos*) que a permitem ampliar. São maioritariamente temáticas e permitem a partilha de conteúdos multimédia. São plataformas que combinam um conjunto diversificado de serviços e aplicações que promovem a conversação, a partilha de ideias e interesses comuns em função dos objectivos e das características particulares de cada rede social. Podem ser mais ou menos extensas na dimensão e com acesso público ou restrito. Permitem a segmentação de informação, criação de grupos, partilha de ficheiros, *live casting*, *chats*, entre outras funcionalidades. Apenas existem se forem participadas e dinâmicas.

Exemplos: **Facebook – Friendester – MySpace – Orkut – LinkedIn – Ning – Bebo – G+ – Manhunt – Yammer**

2. PUBLICAÇÃO E COLABORAÇÃO EDITORIAL/ *Blogging, Microblogging e Wikis*

Traduzem um conjunto de ferramentas e aplicações que permitem a publicação de conteúdos multimédia em plataformas individuais ou colaborativas em virtude das configurações que pretendermos. As *Wikis* sugerem contributos de fontes diferenciadas que possam aprofundar a compreensão de determinado assunto, permitindo a cada utilizador editar, corrigir ou acrescentar o contributo dos demais colaboradores. Os blogues podem servir fins de natureza diversas e são meios de gestão da reputação de marcas por excelência. Definem-se por uma estrutura de publicação de fácil e rápida actualização, encadeando novos acrescentos a um tema particular ou funcionando como "diário" de determinado indivíduo ou organização. Os conteúdos aqui produzidos são facilmente integrados e distribuídos noutras plataformas e *media* sociais.

O exemplo paradigmático de *microblogging* é o Twitter. Herda grande parte das características de uma rede social na sua dinamização, mas na sua essência caracteriza-se e distingue-se pela publicação de histórias e actualizações em apenas 140 caracteres.

Exemplos: **Blogger.com; Joomla; SlideShare; Wikipedia; WordPress, Twitter**

---

[25] Para aprofundar a teoria dos "laços fracos" e "laços fortes" que fundamenta a existência de redes sociais *on-line*, leia o artigo "The Strenght of Weak Ties" (Granovetter: 1973).

3. MULTIMÉDIA/ *Share*

Há quem entenda estas plataformas como efectivas redes sociais ou as categorize em função da natureza do conteúdo que privilegia: áudio, vídeo ou imagem. No entanto, muitos destes serviços começam também a integrar múltiplas funcionalidades. E para a definição de uma estratégia de comunicação 2.0 entendemos ser vantajoso compreender esta categoria enquanto suportes de comunicação. São plataformas de publicação, edição e partilha de som, vídeo e imagem. Podem funcionar como redes *per si*, no entanto são comummente entendidas como plataformas de recurso para conterem informação que será distribuída e integrada noutras plataformas e *media* sociais, como por exemplo, *redes sociais* e/ou *plataformas de publicação*. Facilitam a abordagem multimédia de uma campanha de comunicação *on-line*, sem que sejam necessários avultados investimentos da organização em plataformas personalizadas e desenvolvidas em exclusivo para agregar qualquer um daqueles conteúdos. Estas plataformas evitam ainda alguns custos com *software* de edição e são dinâmicas e intuitivas permitindo a partilha de conteúdos audiovisuais instantaneamente.

Estas plataformas englobam aplicações e ferramentas de arquivo, gestão, exposição e distribuição. No contexto particular do vídeo, do som e da imagem, ao estarem disponíveis em ambientes digitais deixa de ser apenas um produto para "consumir" e receber passivamente, permitindo a qualquer utilizador experimentar e produzir estes conteúdos com maior ou menor profissionalismo.

Exemplos: **Pinterest, Instagram, Vimeo, YouTube, iTunes, Podcast.net, Flickr, Picasa**

4. AGREGADORES E CATEGORIZAÇÃO/ *Syndication/Taxonomy*

Os agregadores são programas que organizam conteúdos de fontes diversas. Podem fazê-lo de forma manual ou automática, reunindo hiperligações ou ficheiros de som, vídeo e imagem (áudio, *podcasts* ou vídeos), em função das preferências definidas. Normalmente recorrem a sistemas *Really Simple Syndication* (RSS) que designam a tecnologia que permite a distribuição e a recepção de conteúdos sem necessidade de aceder a uma página em concreto. Os utilizadores subscrevem os *feeds* e são informados por alertas das actualizações que ocorreram nos *websites* que indicou, sem ter de os visitar um a um.

A categorização refere-se aos sistemas tecnológicos que permitem classificar conteúdos, normalmente por palavras-chave, e facilitam associações entre conteúdos de uma determinada plataforma. A categorização é também conhecida por *tags* ou *metadados*. Facilita o acesso e o entendimento das relações entre conteúdos e auxilia na interpretação da utilidade de informações associadas.

Exemplos: **Digg, Del.icio.us, RSS, FeedBurner, Feedly**

5. COMUNICAÇÃO INTERPESSOAL/ *Live cast e stream*

São plataformas especificamente concebidas para facilitar a comunicação entre pessoas, com vantagens significativas nos processos de colaboração, reunião e, acima de tudo, com reflexo nas reduções de custos com deslocações, comunicações telefónicas ou correspondência postal. Podem ser sociais e promoverem uma ampla disseminação da informação ou simplesmente assumir-se como um recurso bidirecional capaz de substituir os telefones convencionais. São desenhados e pensados para pôr pessoas em contacto, fundamentalmente dispersas no espaço. São plataformas de conversação e colaboração utilizadas com frequência para reuniões, mensagens instantâneas, partilha de ficheiros ou videoconferências. Podem ainda, por outro lado, apresentar um carácter mais lúdico e mais privado.

Esta categoria refere-se ainda a aplicações que permitam levar uma audiência a usufruir de transmissões ao vivo (*live casting* e *live streaming*), preferencialmente quando se pretende comunicar para uma grande audiência em tempo real. Acções de educação e formação, bem como entretenimento, ganham nesta categoria uma expressão igualmente significativa.

Normalmente existem aplicações nesta categoria que podem ser integradas noutras plataformas como *websites* e blogues conferindo-lhes um ponto de comunicação instantânea e dinâmica, por exemplo, de apoio ao cliente, aos colaboradores da organização ou aos seguidores de uma página *Web*. São tendencialmente gratuitas, mas podem disponibilizar funcionalidades que requeiram assinaturas comerciais.

Exemplos: **Skype, Apple iChat, Meebo, AOL Instant Messenger, Gmail, Go To Meeting, Livecasting, Justin.tv, Ustream**

6. PRODUTIVIDADE E GESTÃO DE PROCESSOS/ *Enterprise*

Na verdade, grande parte destas aplicações está já integrada com as demais categorias enunciadas. No entanto, o que as distingue é o sentido que introduz ao conceito de produtividade nos negócios e na gestão de processos. Um impulso à desmaterialização processual que consome grande parte dos recursos de uma organização. Falamos de aplicações profissionais e com um ênfase pessoal ou lúdico mais reduzido.

Exemplos: **BitTorrent; Google Docs; Google Gmail; Yahoo!; Survey Monkey; Eventbrite**

7. PESQUISA/ *Search engines*

São os motores de pesquisa que facilitam o acesso aos volumes de informação que circulam na *Web*. Sem eles a navegação na *Web* seria dificultada e condicionaria a sua característica singular de ligar uma informação a outras informações, acrescentando-a, através de hiperligações. Ao dizermos que a *Web* não tem estrutura formal, não queremos dizer que é desestruturada. A sua estrutura torna-se visível no decurso da nossa navegação que, muitas vezes, se inicia com uma pesquisa sobre o assunto que pretendemos aceder. Os motores de pesquisa podem igualmente ser integrados noutras plataformas e auxiliam-nos na definição mais concreta e útil na procura pela informação que efectivamente nos importa naquele instante. Estas aplicações permitem-nos acumular e arquivar dados e conteúdos quase infinitamente, ficando o seu acesso limitado apenas a uma pesquisa por eventuais categorias e/ou palavras-chave, poupando tempo e espaço físico.

Exemplos: **Sapo, Google Search; Technocrati; Yahoo! Search**

8. MUNDOS VIRTUAIS E JOGOS EM REDE/ *Gaming*

Os *mundos virtuais* são aplicações que permitem "encarnar" uma pessoa/ /identidade e fazer parte de um mundo gerado por computador, no qual podem interagir com uma comunidade virtual, podendo ser mais ou menos sociais e interactivos. O que eventualmente pode diferenciar os jogos em rede é o sentido de cooperação e competição que funda o conceito de *gaming*. Do ponto de vista da comunicação estes espaços recriam ambientes reais ou criam ambientes peculiares, nos quais já se verifica a colocação de produto e novas oportunidades de comercializar publicidade.

Exemplos: **Active Worlds; Kaneva; Second Life; ViOS Entropia Universe; EverQuest; Halo3; World of Warcraft**

9. COMÉRCIO ELECTRÓNICO/ *E-commerce; User review portals; Comparison shopping sites*

Esta categoria merece particular atenção, principalmente se o processo de comunicação *on-line* estiver orientado para *levar à acção* do público-alvo e pretendermos que tenha pelo menos contacto com uma nova loja *on-line*, um novo sistema de compras ou simplesmente comunicar que reforçamos as propriedades de segurança de pagamentos.

É importante reconhecer que grande parte das compras hoje em dia são influenciadas pelos pares e o conceito de *worth of mouth*, por vezes, ganha mais impacto do que avultadas quantias investidas em propaganda sem critério. A *influência* é moeda de troca para dinamizar um conjunto de plataformas que se dedicam à venda de produtos numa lógica de mercado cada vez mais mediada entre consumidores (C2C). Estas plataformas disponibilizam serviços de compra e venda, por vezes até, sem mediações entre empresas, diminuindo os custos dos anúncios ou mesmo do desenvolvimento de sistemas de loja *on-line*. Uma das marcas mais recentes do dinamismo do comércio digital revela-se nas compras colectivas que têm impulsionado alguns negócios e prestado um papel importante no processo de "lançamento" de marcas, produtos e serviços. A estas plataformas estão por vezes associados sistemas de pagamentos digitais que interrelacionam os dados do utilizador com a sua informação bancária.

Simultaneamente, nesta categoria enquadram-se *websites* de comparação de produtos e serviços que facilitam tomar melhores decisões, permitindo confrontar características, preços e outras vantagens adicionais para um determinado produto e/ou serviço. A estes podemos associar os portais de avaliações dos utilizadores/consumidores que se prestam a comentar e a publicar informações sobre as suas experiências de compra, utilização e/ou venda. São tendencialmente informações personalizadas e independentes (salvo recurso a conteúdos editoriais publicitários) que estão disponíveis para consulta pelos indivíduos interessados num determinado bem ou assunto. Esta categoria ganhará uma nova dimensão com o amadurecimento da "*Web* 3.0" – *Web* semântica.

Exemplos: **PayPal, eBay, TripAdvisor, Reviewcentre, Amazon, Craiglist, Froogle, Shopzilla, Trivago, Groupon, Pricious**

10. MOBILE

Todas as categorias podem efectivamente estar disponíveis ou ser utilizadas através de um dispositivo móvel com ligação à Internet. No entanto, aqui concentram-se igualmente outras plataformas que foram desenvolvidas em particular para este contexto ou que foram ajustadas para novos dispositivos. Procuram ser aplicações simples e leves que permitem o acesso rápido à informação. Dispõem de conteúdos claros e tendem a ser orientadas para assuntos e funcionalidades concretos, temáticos ou especializados. Assumem um carácter lúdico, mas há já um grande número de aplicações para gestão de processos comerciais com ligação, por exemplo, à gestão de *stocks*, encomendas ou sistemas de compras. Podem ter uma utilização meramente individual, mas podem igualmente ser sociais e fundarem experiências de *networking*.

O conceito de *Web Mobile* será certamente um dos principais enfoques do desenvolvimento da experiência *on-line*. Apesar de ainda revelar limitações tecnológicas – quer na ligação à *Internet*, quer pela capacidade dos dispositivos onde é acedida – a promessa é garantida e o melhoramento fará com que estas plataformas *mobile* passem a ser indispensáveis para a gestão de processos e tarefas e na alimentação das nossas redes pessoais e sociais.

Exemplos: **Snapchat, Brightkite, Mspot, airG, CallWave, Google glasses, Samsung Watch**

D–Motions 2.0® – Tecnologias para promoção da comunicação digital

Esta multiplicidade de plataformas e *media* sociais *on-line*, aliada à polivalência funcional destes instrumentos, exige que os comecemos a tratar por um nome concreto na medida em que alguns deles já não se enquadram naquilo que vulgarmente se designa por "novos *media*". Esta categorização revela um conjunto indeterminado de ferramentas mais ou menos *low-cost* que se encontram disponíveis para fins diversos e que existem por serem transmitidas e acessíveis através da Internet. E até quando designaremos a Internet por "novo *medium*"? Assumi-la como *novo media* deixa claro que ainda não entendemos o ambiente digital e *on-line* como activo incontornável da comunicação contemporânea.

O conceito "novos *media*" é, *per si*, restrito para a dimensão que procura definir ao nível das novas plataformas de comunicação. Pois todos os "velhos *media*" foram "novos *media*" em momentos históricos mais distantes. Por esta razão, também há actuais *media on-line* que já atingiram a maturidade e também eles são já referências antigas. "Novos *media*" não é um conceito eficaz a abarcar a problemática que envolve todos os novos meios de comunicação, todas as plataformas sociais, que têm emergido dos contextos digitais *on-line*. É agora um significante falhado, na medida em que apenas designa o factor "novidade" e não a sua natureza digital que foi entranhada nos *media* que surgiram nos últimos tempos, este sim o factor essencial de diferenciação.

Por estas razões, designamos este conjunto de instrumentos por D-*Motions 2.0*®. Um neologismo que, na sua essência literal, se refere a *Digital Motions 2.0*. D-*Motions 2.0*® encontra a sua primeira inspiração nos contextos e na natureza digital da comunicação (D) e propõe-nos um sentido de movimento, motor, impulso, mecanismo (*Motions*). Encerra com a expressão 2.0 por se referir às características do meio onde estas plataformas e instrumentos estão disponíveis (*Web 2.0*) e do qual emergiram e se vão desenvolvendo. Ou seja, este conceito pretende designar o conjunto de ferramentas e aplicações digitais *on-line*, acessíveis, dinâmicas, escaláveis e customizadas, inspiradas nos princípios da *Web 2.0*. São instrumentos tendencialmente gratuitos para utilizações em menor escala ou individualmente, que melhoram em função da maior utilização por . parte dos indivíduos. São instrumentos de baixo-custo que, no entanto, podem requerer *upgrades* ou subscrições para revelarem o seu potencial máximo. O *ecossistema D-Motions 2.0*® é dinâmico e abarca toda a dimensão de aplicações baseadas na *Web* e que correm através da Internet graças à sua dimensão digital. Potenciam e estendem as acções do Homem para lá da realidade física. Estimulam e ampliam a natureza comunicacional dos indivíduos impulsionando acções de comunicação interpessoais, partilha de informação, *brainstorming*, colaboração, entre tantas outras valências e potencialidades anteriormente descritas.

Matriz de definição das tácticas para comunicação 2.0

Depois de imergir pelo mundo de instrumentos 2.0 – tácticas – que tem ao dispor da sua próxima campanha *on-line*, propomos-lhe que se concentre então em elencar as plataformas nas quais vai querer estar presente, no sentido de responder a cada um dos seus objectivos específicos de comunicação. Conheça por isso quais as plataformas *on-line* que se ajustam à sua realidade e à realidade onde se enquadra a sua marca. Certifique-se que lá encontra o(s) seu(s) público(s)-alvo. E agora, tendo por base o conhecimento da oferta de instrumentos disponíveis para veicular e operacionalizar uma acção de comunicação 2.0, o seu desafio passa então por seleccionar as tácticas que se ajustam ao seu plano. Procure experimentá-las antes de fechar o seu leque de opções, hierarquize-as e vá ajustando a sua acção em função dos resultados.

Para ajudar neste trabalho propomos que defina uma matriz que priorize a utilização das tácticas pelas quais optou, em função dos objectivos que definiu no seu plano de comunicação *on-line*.

Matriz de definição das tácticas para comunicação 2.0

Imagem 9. Matriz de tácticas 2.0 – exemplificativo.

A matriz auxilia o processo de definição de prioridades na opção pelas táticas ideais ou potencialmente ideais para a concretização e para o sucesso da presença *on-line*. Mas esta é apenas a dimensão instrumental do seu plano de comunicação e, de seguida, importa então acrescentar valor e significado às suas opções. Estas plataformas 2.0 sustentam as escolhas dos meios/canais para promover a sua marca e para salientar o valor estratégico que procura transmitir com a sua comunicação, com os seus conteúdos. A compreensão clara desta distinção entre a dimensão instrumental da comunicação e a dimensão simbólica e valorativa dos conteúdos passa também pela clara definição da identidade da marca que projecte a identidade daquilo que se pretende comunicar. E, simultaneamente, à clarificação da gestão de marca em contexto digital juntar-se-á a definição clara dos conteúdos, em função dos diferentes objectivos que inicialmente se propôs atingir. Estes são os próximos passos.

Branding digital
por JOÃO CAMPOS

A ideia de marca como um activo intangível tornou-se, nesta última década, tema central no eixo da comunicação e do marketing. É verdade que as raízes responsáveis pelas diferentes abordagens que hoje conhecemos remontam a meados do século passado. Contudo, a generalização do *branding* e as consequentes implicações na gestão empresarial, tiveram um crescendo acentuado a partir dos primeiros anos do novo milénio. Não só rapidamente as marcas se assumiram como um dos principais pilares das empresas comerciais – as primeiras a descobrirem o enorme potencial que daí advinha – como também ultrapassaram aquelas que seriam, à partida, as suas fronteiras naturais. Hoje, quando falamos de uma marca, tanto podemos estar a falar de um produto específico e embalado, como de um serviço imaterial, de uma instituição cultural, de um destino geográfico ou mesmo de uma personalidade conhecida. Incontestavelmente, as marcas tornaram-se unidades de sentido incontornáveis na relação de cada organização com os seus consumidores

Coincidentemente, assistimos também ao *boom* da Internet. De uma funcional e tímida rede de informação surgiu um universo paralelo repleto de potencialidades. Sem surpresa, esta alteração radical de hábitos, rotinas e comportamentos teve eco nos departamentos de comunicação e do marketing e assim emergiu aquilo que chamamos agora *branding digi-*

tal. Enquanto o tempo ininterrupto que os consumidores passam *on-line* continua a aumentar e as fronteiras entre o virtual e o real se diluem, as organizações terão cada vez mais que abordar o espaço digital como um dos principais canais de comunicação com o seu público. Se não o principal. Projectar e expandir as marcas digitalmente pode ter um valor incalculável. Nunca antes houve um meio tão democrático, tão recíproco e tão global. Nunca antes foi tão fácil chegar ao consumidor e falar-lhe directamente. Por outro lado, em consequência do regime de total abertura e permanente escrutínio público, nunca antes foi tão delicado comunicar enquanto organização.

Os desafios que o *branding digital* enfrenta são complexos. O seu sucesso passa não só pela compreensão das nuances do *on-line* enquanto arena de comunicação, como pelo entendimento do que é e deve ser de facto uma marca. Entendimento que, embora tenha visto o seu âmbito ser alargado pelo espectro digital, não mudou os seus princípios de base. Pelo contrário, se podemos afirmar, cautelosamente, que ainda não atingimos os limites do potencial da Internet, tem-se tornado evidente que os alicerces com que se construíram e sustentaram as grandes marcas no mundo pré--digital são ainda válidos e fundamentais para a construção e gestão de marcas nesta nova era. E por isso começamos exactamente pela primeira parte da questão: as marcas.

Branding e gestão de marcas

Não é novidade que a noção de marca está generalizada muito para além do âmbito restrito da comunicação e do marketing. Hoje em dia é tema de domínio público. O aparecimento dos novos canais digitais veio precipitar a globalização das organizações, acentuando o papel central das marcas enquanto interlocutores com os consumidores. Não obstante, o trabalho que agora lhe cabe a si de as projectar e gerir continua a ser um desafio árduo, por vezes errante, de um número restrito de profissionais. Para entender e dominar o *branding digital* é vital que comece por descodificar o que são na verdade as marcas e a razão da sua existência. O passo seguinte é olhar para dentro da sua organização e compreendê-la.

Tradicionalmente, as *marcas*[26] estavam confinadas aos bens de consumo, tendo como propósito a sua identificação e distinção. Serviam sobre-

---

[26] Na perspectiva da semiótica, a noção de marca como sinal de identificação pode ser recuada bastante no tempo. Contudo, no contexto temático deste capítulo, é apenas considerada a encarnação da marca enquanto insígnia comercial.

tudo como um sinal de certificação de origem numa época marcada pela escassez de opções, de adulterações frequentes e de qualidade duvidosa da oferta. Com a revolução industrial, a evolução natural dos mercados e a globalização dos canais de distribuição, o leque de escolhas de produtos à disposição dos consumidores alargou-se consideravelmente. Tal como Burleigh Gardner e Sidney Levy (1955) já salientavam, os consumidores passaram a ter de optar entre diferentes marcas, sem discernir diferenças objectivas entre produtos. Este novo cenário introduziu uma mudança na relação do binómio marca-produto. A impossibilidade de distinção das qualidades funcionais entre concorrentes expandiu o papel simbólico das marcas: a decisão de compra deixava de recair apenas nos atributos práticos do produto para ser complementada pelo *significado* a ele atribuído. Previsivelmente, tanto o aumento de alternativas como a evolução do papel das marcas no comportamento consumidor levou as empresas a apostarem cada vez mais no reconhecimento das suas insígnias, deixando de se focarem exclusivamente nos seus produtos. E assim, a marca enquanto activo comercial ganhou estatuto nas organizações e na gestão empresarial. Desenvolveu-se a ideia de fidelização e da marca como promessa. Solidificou-se o conceito de *brand equity* para designar o valor acrescentado que a percepção da marca adiciona ao produto que identifica. Mais importante, consolidou-se o papel simbólico e emocional das marcas como unidades de sentido na realidade dos consumidores enquanto seres humanos. Hoje em dia, e como realça Wally Olins em *On Brand*, as marcas deixaram de ser apenas a imagem de produtos para se tornarem a nossa imagem enquanto pessoas. Uma expressão de personalidade e autopercepção. Definitivamente uma contribuição para *cultura popular*, em forma de códigos sociais e semióticos, com eco universal e, como tal, perfeitamente adequados à era da globalização.

É importante realçar que o percurso que as marcas fizeram desde a sua encarnação como sinal adicionado a um produto à dimensão psicológica e antropológica que hoje lhes reconhecemos fez-se em pouco mais de meio século. A adopção do *branding* progrediu e generalizou-se de tal forma que se estendeu rapidamente para além do circuito comercial. Actualmente as marcas são, em quase todos os domínios, a moeda de troca de referência. Seja na educação, na cultura e no turismo, no desporto, na moda ou na geografia, sem esquecer a saúde, as organizações sem fins lucrativos ou os programas de voluntariado. No fundo, praticamente todas as áreas em que seja necessário relacionar pessoas, relacionar pessoas com organizações ou relacionar pessoas com ideias. A era digital não só não veio mudar este paradigma, como tem, na verdade, amplificado o seu impacto cultural e social.

Mas o que é afinal importante para quem gere uma marca?

Sem alongar a perspectiva histórica e académica, existe uma abordagem da qual somos particularmente adeptos, em linha com aquela que acreditamos ser a visão mais contemporânea e adequada aos desafios que hoje se colocam. Marty Neumeier (2006) afirma com simplicidade e elegância que uma marca não é um logótipo, não é uma identidade visual e não é um produto. Para Neumeier, uma marca é a intuição e o instinto que uma pessoa tem sobre um determinado produto, serviço ou organização. Resumindo, uma marca não é o que diz ser mas sim o que se diz dela. É a percepção do consumidor. Naturalmente, esta percepção não é obra do acaso. Trata-se de uma construção que resulta de uma equação complexa de disciplinas, capazes de desenvolver, influenciar e até impor o posicionamento pretendido. Mas, em última análise, é o consumidor que decide o que a marca é.

Como pode sugerir uma leitura desatenta, esta proposta de definição não desresponsabiliza os profissionais do marketing e de comunicação. Pelo contrário. É o consumidor que decide o que uma marca é, mas são as marcas que produzem os argumentos iniciais que contribuirão para o veredicto final. A percepção do consumidor é moldada por um conjunto extenso de estímulos, veiculados em suportes gráficos; logótipos e identidades; publicidade e comunicação; contacto com recursos humanos e serviços pós-venda; ambientes físicos, canais digitais, registos sonoros, aromas distintivos e por aí adiante. E todas estas aplicações são aplicações de marca, controladas pela organização que a detém. Cabe ao departamento incumbido do *branding* orquestrar estes elementos em perfeita harmonia e sintonizados com aquela que é, estrategicamente, a imagem e o posicionamento desejado. Falamos-lhe em orquestrar pois, em parte, a dificuldade da gestão de marcas nas estruturas empresariais tradicionais está relacionada com a necessidade de envolver áreas das organizações nem sempre afectas aos departamentos de marketing e comunicação (os geralmente responsáveis pelas marcas). A título de exemplo, a experiência de um cliente com uma cadeia de restaurantes é em larga escala marcada pelo seu contacto com o atendimento ao balcão. Neste caso, mais do que qualquer aplicação gráfica, é o empregado do restaurante o responsável pela contribuição mais significativa na imagem da marca que ficará impressa na memória do consumidor. Escusado será dizer que os recursos humanos a este nível não estão na hierarquia directa do *brand manager*, embora tenham um impacto brutal na percepção da marca. Por isto, e tal como Olins (1989) alertava, as organizações não se deverão centrar exclusivamente nos seus clientes, tendo de se preocupar igualmente com o denominado público interno – empregados, fornecedores, parceiros, e outros – como forma de assegurar, de dentro para fora, o enraizamento da marca na cultura da empresa. Mas sobre este assunto voltamos a falar mais à frente.

Propositadamente, não temos referido a *oferta* das organizações. É verdade que este activo tangível não só é o principal motivador da criação de marcas como, compreensivelmente, o elemento mais importante na balança de avaliação do consumidor. Hoje, se um produto ou serviço que adquirimos não tem a qualidade que desejamos ou que nos foi prometida, facilmente encontramos alternativa melhor. Uma marca bem construída pode, enquanto impressão positiva hospedada na mente do consumidor, retardar esta mudança. Contudo, ela é inevitável se a qualidade da oferta nunca igualar a sua promessa e as nossas expectativas. Impiedosamente, sem uma boa oferta, uma marca não pode aspirar a um futuro auspicioso. Não obstante tal proeminência na percepção da marca pelos consumidores, raramente os departamentos responsáveis pelo *branding* têm interferência efectiva na oferta, razão pela qual a temos excluído das suas responsabilidades. Porém, é determinante que os *brand managers* tenham perfeita consciência da importância da oferta na sua marca, para que trabalhem à sua volta, capitalizem as suas virtudes e tenham consciência dos seus defeitos. Muitas vezes esquecida neste contexto, a oferta de uma organização é, sem dúvida, um factor vital na construção de marca.

Voltando a Marty Neumeier, o mais relevante da abordagem atrás descrita é o facto de introduzir a noção de que os fundamentos de uma marca variam necessariamente de marca para marca, de organização para organização. Vejamos: ao ser definida pelas percepções dos consumidores, uma marca depende em larga medida dos seus pontos de contacto com os clientes. E diferentes tipos de marcas têm diferentes dinâmicas de contacto: um produto de grande retalho, por exemplo, depende tanto da sua embalagem como um serviço dos seus recursos humanos. A Amazon depende tanto do seu interface, como a Mercedes da sua engenharia. A construção de cada marca varia com as suas circunstâncias específicas (e talvez por essa razão exista tanta dissonância à volta da definição de *branding*). O primeiro e principal desafio para os *brand managers* é terem a noção concreta do que é a sua marca e o que ela representa para os seus consumidores. Aquilo que Olins (1995) define como a *ideia central*: a noção fundamental por detrás de cada marca, que descreve tudo o que a organização faz e tudo o que a organização é[27]. Um mote interno, sucinto (idealmente semi-profético), perante o qual todas as decisões devem ser revistas e avaliadas, salvaguardando uma linha de pensamento consistente a todos os níveis. Uma forma de garantir que cada marca é coerente com ela própria em todas as suas manifestações. Talvez se surpreenda, sobretudo se perdeu o filme *Jobs* de Joshua Michael Stern, contudo a ideia central que melhor assenta na Apple é, na verdade, "usabilidade". Noutro ramo, a BMW parece ter como princípio o "prazer de conduzir".

Como ponto de referência, a *ideia central* é sem dúvida o melhor apoio que os *brand managers* podem ter nas tomadas de decisão relacionadas com a marca que gerem. Contudo, mesmo com ela claramente definida ou identificada, a panóplia de manifestações à sua disposição pode ser avassaladora. Olins identifica quatro vectores essenciais, estruturando de forma simples a amplitude daquilo que pode ser o alcance de uma marca. São eles: **produtos** e **serviços** (a oferta ou o bem tangível que a organização vende); **ambientes** (onde se processa a venda); **comunicação** e **comportamentos**. Na prática, estes vectores não são áreas estanques. Porém, acreditamos serem úteis para uma sistematização geral das actividades da marca, permitindo identificar à partida quais os idealmente predominantes. De notar que a importância destes quatro eixos raramente é equilibrada. Marcas com contextos particulares e características próprias resultam em necessidades diferentes. Compreensivelmente, as "farmacêuticas" têm de investir continuamente nos seus produtos. Trata-se de um dos principais factores de diferenciação no mercado a que pertencem. Por sua vez, uma "companhia aérea" deverá dar especial atenção aos seus ambientes e aos comportamentos dos seus colaboradores. Neste caso em particular, a oferta base – a deslocação de avião do ponto A para o ponto B – está, por razões óbvias, implicitamente garantida. É evidente que há factores que condicionam a relação entre vectores que precedem a própria organização, mas para si, gestor de marca, o desafio mantém-se. Importa

---

[27] É importante não confundir a *ideia central* com a assinatura institucional ou o *claim* da marca. Embora por vezes possam ser idênticas, não é necessário que assim o seja. A ideia central é uma noção perene, resistente ao tempo, e que deve acompanhar a marca como um guia.

que, independentemente das circunstâncias em que os consumidores interajam com a sua organização, a experiência seja completamente consistente com a promessa da sua marca. Importa que, numa era marcada pela impossibilidade de prever o ritmo das interacções entre marcas e consumidores, a sua ideia central se mantenha sempre verdadeira.

A Internet no geral e as redes sociais em particular, tal como temos vindo a afirmar, não mudaram os princípios da gestão e da criação de marcas que expusemos nos parágrafos anteriores. Pelo contrário. Vieram comprovar e amplificar a visão holística do *branding* enquanto charneira de relação entre organizações e consumidores. A disseminação da *Web* tornou generalizadamente evidente que o digital deixou de ser opção para se tornar uma obrigação. As organizações necessitam de estar onde estão os consumidores e a grande maioria está, efectivamente, *on-line*. Para a gestão de marcas, pensar digitalmente é o passo seguinte. A Internet passou de um meio de informação e de transacção para um impulsionador de relações. E o público tornou-se ávido a participar e insaciável a partilhar. Durante muito tempo as marcas foram desenvolvidas *para* os consumidores. Hoje em dia são desenvolvidas *com* eles.

A identidade visual e o ambiente digital

Para qualquer organização é crucial ter um conjunto de códigos gráficos que a identifiquem em toda a sua amplitude e que tenham a capacidade de reflectir adequadamente o seu posicionamento. A identidade visual (ver caixa) de um produto, serviço, marca ou organização é exactamente o agregado de todos os elementos formais, sistematizados e normalizados, que contribuem para o seu reconhecimento visual. A base, e sem dúvida o elemento mais central, é o logótipo[28] (ou sistema de logótipos). Porém, a identidade visual estende-se pelo universo cromático, pelas opções tipográficas e por outras conjugações mais complexas, tais como a utilização de formas específicas, arranjos gráficos próprios ou um estilo fotográfico suficientemente característico. Usualmente, encontramos estes elementos devidamente organizados, com regras de utilização, métodos de reprodução e aplicações básicas, nos manuais de normas que (quase) todos

---

[28] É utilizado o termo logótipo genericamente, sem fazer a comum distinção formal entre logótipo, logomarca e símbolo.

conhecemos. Estes documentos de cariz técnico não só garantem a correcta gestão gráfica da identidade, como a sua própria existência reforça a importância de uma imagem coerente na comunicação das organizações.

Identidade Visual e Imagem Corporativa

Muitas vezes tidos como sinónimos, *identidade visual* e *imagem corporativa* referem-se a conceitos distintos, pelo que importa clarificar os termos técnicos. Como esclarece Daniel Raposo (2008), o conceito de *identidade* é uma auto-representação da organização. É a forma com o a organização se vê e como pretende ser vista. Por outro lado, *imagem* diz respeito à ideia ou opinião que o público-alvo tem sobre essa organização. É a organização vista de fora. Assim, embora ambas sejam representações, a primeira é originada internamente enquanto a segunda é um resultado externo, não totalmente controlável. É também comum utilizar-se a expressão *identidade corporativa* para referir a *identidade visual*. Neste caso, ainda que ambas sejam da responsabilidade interna da organização, existe uma diferença substancial de abrangência. A identidade visual é o conjunto dos elementos gráficos que permitem o reconhecimento visual da organização. Por sua vez, a *identidade corporativa* é tudo o que faz a organização ser o que é. Em suma, a identidade corporativa inclui a identidade visual, mas não está restrita a ela. Neste contexto, apenas *identidade gráfica* se apresenta como sinónimo de *identidade visual*.

Historicamente, a identidade visual e o conceito de marca estão intrinsecamente relacionados. Nos primeiros passos das marcas comerciais, enquanto a sua função como insígnia se restringia a identificar produtos, certificando a origem e os produtores, a sua existência não era mais do que uma identidade visual simples. Muitas vezes apenas um logótipo. Com o evoluir da proeminência das marcas como activos intangíveis para as organizações, como catalisadores de emoções para o público e como agentes sociais para a cultura em geral, a identidade visual passou a representar apenas uma parte de um todo bastante alargado. Actualmente, embora muitas vezes se confundam erradamente, identidade visual e marca não são sinónimos. O conceito de marca engloba a identidade visual sendo, no entanto, consideravelmente mais abrangente e complexo, tal como vimos no ponto anterior.

Contudo, ainda que a identidade visual seja apenas uma parte da marca, é importante sublinhar que se trata de um dos seus atributos mais valiosos. A rápida sinalização de uma organização por parte do público--alvo permite não só o tão desejado inequívoco reconhecimento, como liberta espaço para que a comunicação possa evoluir para além da simples identificação. Hoje em dia, com os consumidores cada vez mais dispersos e com pouca tolerância a mensagens comerciais, perder demasiado tempo a explicar a origem de uma determinada peça de comunicação pode significar que nada mais é comunicado. Neste sentido, o uso concertado e recorrente dos elementos que compõem a identidade visual – cores, tipografia, formas gráficas e tudo mais – ajuda à identificação imediata do emissor da mensagem. Idealmente, uma identidade visual forte dispensa inclusive o próprio logótipo. Se o conjunto de fórmulas gráficas for suficientemente distintivo e utilizado coerentemente, a identificação da marca torna-se progressivamente inconsciente por parte dos consumidores. Não é por acaso que marcas com extensos orçamentos "martelam" as suas novas identidades visuais à exaustão. Exemplos recentes não faltam. É uma forma de garantirem rapidamente a consolidação do reconhecimento da sua nova cara, podendo avançar para a restante estratégia de marca com o mínimo de risco possível. As restantes organizações, as que não desfrutam da mesma disponibilidade financeira, têm de percorrer pacientemente esse trilho num espaço de tempo mais alargado.

Do ponto de vista prático, a identidade visual como facilitador do reconhecimento da organização é um argumento só por si relevante, mas não exclusivo. Uma identidade visual bem desenvolvida representa uma enorme mais-valia para a marca a nível da sua construção simbólica e no fortalecimento da relação emocional com os seus consumidores. Não é necessário relembrar que uma parte considerável do contacto entre público e organização é feita por meio da comunicação visual e da retórica gráfica da marca. Desta forma, a identidade visual, pela ubiquidade que lhe é característica, tem um papel crucial na afirmação dos atributos e do posicionamento pretendidos. A sua essência deve ter a capacidade de traduzir a marca em todo o potencial, tangível e intangível. Como tal, antes de tudo o resto, a construção visual deve ser criteriosamente estudada e desenvolvida. Trata-se objectivamente de uma componente estratégica. Construída sobre ferramentas com um elevado impacto estético, é verdade, mas ainda assim objectivamente estratégica. A selecção das famílias tipográficas deve enfatizar o tom de voz desejado, o universo cromático deve reflectir a energia pretendida, as formas gráficas devem reforçar a personalidade definida, e por aí adiante. Todos os elementos visuais têm de ter a capacidade de contribuir para imagem de marca ambicionada pela organização.

Marcas *on-line*: coerência ou aborrecimento

Uma quantidade considerável de programas de identidade visual não vingam o seu pleno potencial devido àquilo que pode ser entendido como aborrecimento interno. De facto, pelos departamentos de marketing e comunicação passam todos os suportes gráficos e visuais, o que explica o desgaste rápido da equipa por eles responsável. Contudo e infelizmente, os consumidores não se cruzam com toda a comunicação criada pelas marcas. O mais provável é, na verdade, que cada consumidor tenha apenas contacto com uma reduzida fracção dos suportes visuais produzidos. Descartar prematuramente as fórmulas gráficas que criam a unidade visual de uma organização pode debilitar estratégias de comunicação futuras, nomeadamente a digital, por enfraquecer a desejada consolidação da identidade visual na mente dos consumidores.

Sem surpresa, a presença *on-line* de uma organização não é excepção à regra: a identidade visual deve ser aplicada consistentemente para solidificar e/ou facilitar o reconhecimento da marca. Porém, importa sublinhar que a sua declinação para os diferentes ambientes digitais não é por si uma estratégia digital. Nos primórdios da Internet, os tradicionais *websites* institucionais, por exemplo, eram sobretudo canais unilaterais. Grande parte dos conteúdos era uma compilação ou selecção da informação produzida *off-line*, apresentada em ambiente virtual e com recurso à identidade visual como forma de reforçar a experiência de marca. Embora o suporte fosse novo, o processo de implementação era semelhante ao dos meios tradicionais e a criação de conteúdo era da responsabilidade da organização. As redes sociais *on-line* vieram equilibrar a balança do poder, democratizando a produção de conteúdos e assumindo-se como terreno neutro entre marcas e consumidores. Mas o facto de estas plataformas serem usualmente criadas por terceiros não liberta as organizações da responsabilidade de investir adequadamente nas suas respectivas presenças. Na verdade, estar apenas presente é manifestamente insuficiente. Ainda que a coerência visual conserve a sua importância, personalizar os diferentes perfis sociais com as cores da organização é apenas o primeiro passo de muitos outros necessários para percorrer o caminho que leva ao desejado envolvimento com o público-alvo. Novamente, quanto melhor estiver a sua identidade visual firmada na mente dos consumidores, mais longe poderá a sua comunicação ir. A sua estratégia digital, no entanto, terá de ser mais do que um alinhamento visual. O desafio é manter-se coerente sem ser aborrecido.

Logótipos e *branding* "self-service"

Antes de avançarmos, uma vez que estamos a falar de identidade visual e Internet, importa falar da criação de logótipos *on-line*. Como é, potencialmente, do conhecimento geral, a Internet é fértil em plataformas facilitadoras para quase todas as áreas e a criação de logótipos não é excepção. Poder seleccionar um símbolo de uma extensa base de dados, adicionar--lhe o nome da empresa, experimentar conjugações de tipos de letra e cores, é de facto muito apetecível. Mais apetecível ainda quando o valor pago pelo logótipo "personalizado" na hora parece simbólico quando comparado com um programa de identidade visual profissional. Escusado será dizer-lhe que se trata de uma ilusão, uma ratoeira que pode sair cara. Como face visível da sua empresa, a identidade visual não pode ser criada apenas para cumprir a simples necessidade de existir. Tem de ser pensada e desenvolvida para representar da melhor forma a sua marca. Neste sentido, e como salientámos nos parágrafos anteriores, a construção visual deve ser criteriosa. A sua marca, empresa ou organização tem característi-cas únicas que importam ser realçadas como pontos de diferenciação. Por muita flexibilidade que estas plataformas de "criação" ofereçam, nunca terão a capacidade de traduzir adequadamente esses atributos em retórica visual. E assim, os logótipos que daí resultam serão sempre tendencial-mente genéricos. Sem personalidade e sem alma. Mais, o próprio processo enfatiza a ideia da identidade gráfica como uma acção de cosmética su-perficial aplicada sobre a marca, sem qualquer outro princípio estratégico objectivo, que não o gosto pessoal do "criador". A longo prazo, as defi-ciências na capacidade de representar a sua marca e criar relações emocio-nais com o seu público-alvo serão evidenciadas. E nessa altura pode ser tarde demais para recomeçar.

Marcas, Internet e redes sociais

O aparecimento da Internet como um espaço público precipitou mudanças na área da comunicação, obrigando-a a adaptar-se para acompanhar tanto as evoluções tecnológicas como o consequente impacto social e cultural que daí resultaram. Hoje em dia, entre *blogs, podcasts, wikis* e as omnipresentes redes socais, os consumidores têm uma palavra activa. De comentar a sugerir, partilhar e promover, construir e participar, converteram-se rapidamente em co-criadores efectivos, sancionados ou não pelas organizações. Por outro lado, tornou-se igualmente evidente o crescente papel central das marcas como foco de entretenimento para o público em geral e para os seus clientes em particular. Assim, para além da inevitável adopção da Internet, resultado da concentração de consumidores, tem-se revelado indispensável às organizações a evolução da sua estratégia e gestão de marca para dar resposta aos novos desafios digitais. Estar *on-line* deixou de ser suficiente. Importa, cada vez mais, ter um pensamento digital. Desenvolver conteúdo único, relevante e partilhável, resulta numa mais-valia tanto para as marcas como para o seu público, tornando o *branding digital* numa ferramenta altamente eficaz.

Na era 2.0, importa reforçar, embora seja cada vez mais pertinente o investimento na comunicação em ambiente digital, os restantes meios tradicionais não deverão ser extintos por princípio. Pelo contrário, devem ser orquestrados de forma a garantir uma experiência de marca transversal, tendo em conta as suas características específicas e o seu respectivo público. Exactamente como foi feito até aqui. Ainda assim, e, como temos vindo a evidenciar, o *on-line*, com as redes sociais à cabeça, tem ganho terreno como arena de comunicação, com impacto profundo nas dinâmicas de gestão de informação das organizações. Tanto a nível de rapidez e agilidade na produção e partilha de conteúdos, como no tratamento dos dados obtidos pelas interacções com os consumidores.

Em primeiro lugar, a oportunidade de ter resposta imediata dos consumidores, característica central das plataformas 2.0, permite estabelecer um diálogo em tempo real, que deve ser aproveitado, promovido e alimentado. Com o público ávido em participar, as marcas têm cada vez mais de facilitar e desenvolver a desejada interacção como eixo central das suas estratégias. Assim, a flexibilidade e agilidade, imprescindíveis para dar resposta aos consumidores em tempo útil, viraram condição essencial para uma boa estratégia digital. É necessário salvaguardar, no entanto, que este processo obriga a uma diminuição drástica do tempo de resposta, sob pena do utilizador ficar rapidamente desinteressado. No contexto da Internet, *tempo útil* é sinónimo de *instantâneo*. Não existe efectivamente margem de manobra para que todas as interacções sejam escrutinadas, ponderadas ou discutidas internamente. Agir passou a ser a palavra de ordem, o que vem reafirmar a validade actual dos princípios de constru-ção de marca da era pré-digital: para que um gestor de conteúdo possa actuar de forma independente, sem comprometer irremediavelmente a organização, não só tem de existir uma estratégia de conteúdo clara e bem delineada, como é vital que a cultura de marca – ou ideia central – esteja bem enraizada no seu entendimento da comunicação.

Por outro lado, ter os consumidores em constante diálogo com as orga-nizações, permite igualmente recolher dados relativos às suas preferên-cias. Não estamos apenas a falar de entender que tipo de conteúdos têm as reacções mais positivas, a fim de se afinar a estratégia digital, mas so-bretudo da oportunidade de ter *feedback,* em directo e na primeira pessoa, sobre o seu produto ou serviço, os hábitos de procura de informação e comportamento consumidor, avaliações sobre performance e outras con-siderações ou sugestões sobre a experiência efectiva com a sua marca. Compreensivelmente, este tipo de informação surge de forma espontânea, dispersa e não categorizada o que implica a criação de processos específi-cos para a sua identificação, recolha e tratamento. Comparativamente aos inquéritos tradicionais, trata-se de informação pouco sistematizada pelo que uma parte considerável das organizações ainda desconfia da sua vali-dade e do seu potencial. Contudo, convém sublinhar que são contribui-ções genuínas e expressas voluntariamente, sem qualquer tipo de pressão, e que, a serem devidamente enquadradas nas decisões executivas, podem ajudar as marcas na sua orientação de mercado.

Temos referido o conjunto das redes sociais como um todo, de forma a enquadrar genericamente o seu impacto na gestão de marca. Contudo, a existência de diversas plataformas pressupõe diferenças entre elas, quer a nível do perfil dos utilizadores como do seu propósito base. Para uma estra-tégia de marca digital eficaz, é necessário primeiro decidir quais se en-quadram melhor no perfil da organização, sem cair no erro de tentar estar presente no maior número possível como referimos nos capítulos ante-riores. O facto de se tratar de plataformas "gratuitas" não justifica optar pela quantidade em detrimento da qualidade. Como vimos, tirar partido das oportunidades que as redes sociais potenciam, envolve ter processos activos de produção de conteúdo e recolha de informação, não apenas *estar presente.* Posteriormente, é necessário compreender as características específicas de cada rede social onde a marca se vai apresentar. Não só é necessário compreender as expectativas dos utilizadores em relação ao tipo de conteúdo e à forma como ele é apresentado, como é determinante dominar as linguagens nativas de cada rede social. Novamente, o critério estratégico na selecção das presenças é fundamental para garantir que os resultados beneficiam tanto as marcas como os consumidores.

Sumarizando:

DO'S	DON'TS
Tenha sempre em mente que as marcas são essencialmente a reputação que resulta de todas as suas acções enquanto organização, directa ou indirectamente relacionadas com o produto ou serviço que vende.	Não abdique de construir uma marca sólida, virando-se para o mundo *on-line* como um conjunto de atalhos de baixo investimento. As plataformas digitais são ferramentas de uma utilidade extrema, mas ter uma estratégia de marca bem definida continua a ser vital para retirar o máximo do seu potencial.
Desenvolva a sua marca numa perspectiva global/holística para que seja transversalmente coerente com todos os seus interlocutores, seja ou não em ambiente digital.	Não deixe de investir nos meios de comunicação tradicionais, nem aborde o espaço digital como um conjunto de ferramentas de custo zero. Determine qual a estratégia que comunica melhor a sua marca, e aposte na integração entre meios para fortalecer o seu posicionamento.
Invista nas plataformas digitais adequadas à sua estratégia, de forma a retirar melhor partido do potencial que a sua marca pode ter *on-line*.	Não opte por estar presente em todas plataformas *on-line* possíveis, se isso afectar a qualidade da sua presença. É importante definir quais as plataformas que são adequadas à sua estratégia de marca e fazer um investimento efectivo nelas: tempo, recursos humanos e dinheiro.
Aborde o espaço digital como um canal integrado na sua estratégia de marketing e comunicação, explorando a capacidade única do espaço digital de chegar aos consumidores e manter com eles um meio de diálogo aberto.	Não menospreze as interacções com os consumidores provenientes das redes sociais e outros canais digitais. Trata-se de *feedback* relevante e espontâneo, que se pode revelar uma fonte de informação valiosa para sua organização.
Adapte a orgânica interna da sua organização para acomodar as necessidades específicas que uma presença *on-line* exige: conteúdos próprios, relevantes e adequados a cada plataforma; tempos de resposta curtos; capacidade de processar as opiniões dos seus consumidores e torná-las em *insights* válidos para a sua marca.	

Se existe uma conclusão possível é que o *branding digital* não mudou as concepções base do *branding* tradicional, veio sim elevá-lo a outro nível. Hoje as organizações têm a possibilidade de estar mais próximas dos seus clientes e de aprender com eles. Daqui resulta uma capacidade sem precedentes de se adaptarem ao mercado de forma constante e eficaz. As plataformas digitais, especialmente as super-povoadas redes sociais, revelaram-se meios de baixo custo quando comparadas com os meios tradicionais. Contudo, nem os meios tradicionais devem ser levianamente descartados, nem as redes sociais abordadas como ferramentas de investimento zero com resultados garantidos. Os consumidores assumem um papel cada vez mais relevante na co-criação das marcas e na sua divulgação. Mas para isso é necessário que as organizações estejam preparadas para a elasticidade que as nuances no mundo digital pressupõem. Hoje, gerir uma marca *on-line* é sobretudo moderar uma conversa. Mais importante do que tem a dizer aos seus consumidores é o que eles lhe têm a dizer a si e o que podem dizer por si. Envolva-os com boas histórias. O próximo passo é pensar nos conteúdos da sua estratégia de comunicação 2.0. Alimente esta relação.

Conteúdos *on-line*

As hamburguerias estão na moda. Alguns destes espaços por Lisboa são hoje ponto de encontro de amigos e locais de satisfação, prazer e gula. Contudo, apesar de muitos destes restaurantes se encontrarem em locais prazerosos, certamente deixariam de ser referências se os hambúrgueres que servissem não fossem frescos, deliciosos, diferentes e nalguns casos *gourmet*. No fundo, esta é a razão essencial da *hamburgueria* continuar a ser um ponto de encontro repetido e que vai sendo recomendado entre amigos e futuros clientes. Esta ideia traduz-nos uma realidade que é evidente na presença de muitas organizações no contexto *on-line*. Em boa verdade, multiplicam esforços para estarem presentes nos locais mais mediáticos ou de maior movimento (nas mais diversas redes sociais), descuidando, por vezes, aquilo que realmente importa: os *hambúrgueres* que servem. É bom que a localização seja favorável, é óptimo que o tráfego seja intenso, o estacionamento acessível, o horário alargado e os empregados de mesa sejam simpáticos (o *meio*). Mas no final, todos querem ficar satisfeitos com o que lhes foi servido (a *mensagem*). É este proveito que deve gerar o *conteúdo* na comunicação digital. Nesta perspectiva sublinhe-se a caracterização que David Dubois (2014) sugere para o conteúdo em *social media*, apelidando-o de *king* (rei) na configuração estratégica da comunicação 2.0, sublinhando a supremacia da *substância* em relação à *forma*.

"It's the (User–Generated) Content, stupid!"

A *Web 2.0* vem introduzir uma diferença substancial no modo como as organizações, e os *stakeholders*, em particular os clientes e os públicos internos, passaram a interagir, subvertendo modelos tradicionais e estruturas institucionalizadas, na maneira de criar, gerir e comunicar produtos, marcas, imagens, negócios, entre outros. Esta nova experiência subverte as tendências clássicas de produção de conteúdos por rejeitar modelos estruturais mecanicistas e meramente funcionais na definição daquilo que vamos transmitir, para passar a privilegiar modelos orgânicos, espontâneos e até mesmo informais na forma como contamos histórias ou abordamos a mensagem. A filosofia da comunicação 2.0 fez com que os utilizadores abandonassem a sua actividade passiva de consumo como visitantes e leitores, para se tornarem activamente participativos, socialmente integrados e *uploaders* colaborativos. Clientes, parceiros e colaboradores assumiram, desta forma, uma posição de contribuição pessoal não condicionada e, eles próprios, tornaram-se criadores da sua mensagem. Na comunicação digital revela então grande proeminência o destaque da *mensagem* como elemento crucial na comunicação. O *mix* de comunicação, embora auxiliado pela multiplicação de canais e plataformas digitais, deve continuar a ser orientado por uma estratégia ponderada no planeamento dos meios, sem descuidar, no entanto, a *substância*. Afinal a tecnologia e o sucesso das plataformas sociais, assim como o optimismo da migração para o digital, *per si*, não decidem o que está correcto ou errado.

Também no que diz respeito ao destaque do conteúdo, identificamos uma nova atitude necessária por parte dos responsáveis pelas políticas de comunicação: *escuta activa*. A produção de conteúdos *on-line* reconhece os gestores enquanto "líderes imperfeitos", na medida em que não são detentores de toda a verdade, nem de toda a informação. Não há mensagens inquestionáveis, infalíveis ou perfeitas em acções ditadas exclusivamente *top-down* e sem abertura para incorporar o *feedback* e, se necessário, redefinir opções. Esta ideia retoma a importância do sentido da "escuta" permanente e multidireccional, na medida em que a definição de conteúdos e a tomada de decisão sobre os mesmos passam a estar dependentes do *feedback* e do conhecimento que resulta dos processos de colaboração e participação colectiva, por vezes não controlados, na rede.

Compreendemos assim, que a *Web* 2.0 constrói novos contextos para produção e partilha e disponibiliza os conteúdos digitais para interacção entre utilizadores (emissores e receptores), a nível global. Esta relação intensifica os efeitos da rede por não limitar os utilizadores àquilo que eles podem encontrar, ver ou descarregar, mas antes pelas propriedades que existem para que eles próprios criem, produzam, interajam, (re)misturem, introduzam, modifiquem e personalizem. Esta realidade aproxima-nos e, em parte, concretiza o conceito de *Do-It-Yourself* (DIY). Um contributo que, embora possa resultar de uma expressão individual, é, mediante a sua introdução na *rede*, transferido globalmente para se tornar instantaneamente num contributo colectivo. Tem efeitos significativos também ao nível organizacional em particular, já que esta auto-expressão de *DIY on-line* beneficia os negócios e outras redes de utilizadores e não apenas os *uploaders* individuais (Shuen, 2008).

Além dos ajustes da mensagem ao meio, aos públicos e, essencialmente, aos seus objectivos, nesta fase a sua atenção deve recair sobre o conteúdo. De forma geral, as pessoas gostam de boas histórias, com as quais se identifiquem, nas quais possam projectar as suas expectativas e perceber que a marca – associada a uma determinada mensagem – está comprometida em satisfazer as suas necessidades e emocionalmente empenhada em corresponder a uma relação de presença e proximidade efectivas. Os seus públicos, sejam clientes ou colaboradores, querem reconhecer essencialmente a autenticidade da sua comunicação. Querem poder confiar naquilo que lhes está a dizer. Só com esta autenticidade se atinge um grau de influência significativo no público capaz de o levar a partilhar, a defender e a envolver-se com a marca, garantindo os efeitos de recordação e recomendação. Em última instância, será esta relação de confiança e verdade entre aquilo que a marca diz e aquilo que cumpre, que dita o grau de concretização/acção da comunicação (*call-to-action* e taxa de conversão).

Mitos e fórmulas para conteúdo viral

Quem nesta área não gostaria de ter a receita para um conteúdo viral? Seria perfeito poder dizer ao director da sua empresa ou aos seus colegas que tem a chave do sucesso para colocar a próxima campanha a dominar as conversas à volta do mundo. Quantas vezes já ouviu aquele pedido insistente de um cliente cujo critério para investir numa campanha *on-line* é a promessa da agência em criar um vídeo viral? Certamente já teve esta experiência! Esta parece ser uma das partes mais inglórias do trabalho de planear e executar um plano de comunicação digital. E, lamentavelmente, não é aqui que a receita vai ser desvendada. É um pedido frequente de quem pouco conhece a realidade digital e não se apercebeu ainda que o "efeito viral" é, quase sempre, imprevisto. Pode ser mais ou menos trabalhado, mas em grande medida não consegue ser planeado formalmente. Outras tantas vezes, resulta melhor quanto mais genuíno, informal, inesperado, irreverente, disruptivo ou insólito for o assunto e o contexto. Alguém explica o fenómeno de um dos vídeos portugueses mais vistos no YouTube que dava conta de um rapaz a quem o "medo não assistia" e termina com uma aparatosa queda depois de uma corrida vertiginosa em cima de um *skate*? Se assim fosse a ideia não teria certamente escapado a um qualquer responsável pela comunicação de uma marca de equipamento de desporto, de *skates*, de bebidas energéticas, de vestuário desportivo, entre outros.

A utopia na produção de conteúdos infalíveis expõe a dificuldade de converter a comunicação em fórmulas exactas, de precisão e eficácia previsível. Contudo, nesta etapa a nossa intenção passa por lhe apresentarmos alguns bons exemplos e acções de comunicação com conteúdos originais, ideias inesperadas e outras que surpreendem pela sua simples abordagem e compreensão dos princípios que governam a presença *on-line*: instantaneidade; simplicidade; distinção; surpresa; imediatismo; efémero; afectividade; personalização; proximidade. Podemos não reunir um manual de normas para fazer de si o próximo *copywriter* do ano ou um dos *melhores do mundo* como foi distinguido o português Hugo Veiga[29], mas acreditamos que a inspiração é um elemento importante para o processo de escrita criativa e a nossa proposta passa por lembrar alguns bons exemplos e algumas boas soluções.

---

[29] Publicitário português da agência Ogilvy ocupou o primeiro lugar na lista de melhores *copywriters* no *Cannes Report 2013*. Hugo Veiga participou na concepção do anúncio *Dove Real Beauty Sketche*, o qual se tornou um dos vídeos mais partilhados do mundo (*Público*, 2013).

Quanto aos maus exemplos, reservamo-nos a não os destacar. Mas quando assim acontece, na maioria das vezes significa que na prática omitiu ou incumpriu grosseiramente algumas das dicas que lhe deixamos a seguir. Outras vezes pecam por questões básicas da comunicação, seja ela *on-line* ou *off-line*: correcção gramatical; tom; descontextualização; insignificância; vulgaridade ou manifesto desinteresse e falta de brio profissional. Concentremo-nos então nas boas ideias que destacamos.

Dicas para aumentar os efeitos de partilha

Esta tarefa de elencar as dicas que se seguem pode desafiar os nervos dos *copywriters*. Visto desta forma, parece ser impossível não compreender porque é que alguns conteúdos simplesmente não resultam! Ainda assim arriscamo-nos a iniciar uma listagem de considerações que potenciam a partilha e o alcance das suas mensagens. De resto, acrescente a lista com as ideias que for identificando e nunca desista de confiar na probabilidade – será de 5% ? – de um conteúdo se tornar o próximo *hit* global. Se continuar sem conseguir, lembre-se da máxima de Thomas Edinson e aplique-a à produção de conteúdos: 1% de inspiração e 99% de trabalho!

1. Conte uma boa história;
2. Transmita confiança. A credibilidade é o ponto de partida para garantir uma partilha;
3. Faça um convite à interacção, não apenas entre o seu público e a sua marca, mas entre os membros da sua audiência;
4. Considere os formatos apropriados;
5. Aposte na clareza da mensagem. Seja conciso e simples;
6. Apele a emoções positivas que inspirem;
7. Transmita informações úteis e com significado;
8. Seja oportuno;
9. Permita a avaliação, o comentário e a partilha dos conteúdos;
10. Atente em diferentes períodos de publicação. Não se esqueça da noite e dos fins-de-semana;
11. Antecipe ou reaja em tempo útil. Por vezes, *tempo útil* significa *imediatamente*;
12. Tenha em conta as versões *mobile*;
13. Alinhe os conteúdos com os seus objectivos: tráfego?; seguidores?; interacção?; receitas?;
14. Lembre-se sempre que más ideias são ainda mais facilmente partilhadas!

1. Dar vida a uma boa história

Esta imprevisibilidade do sucesso de um conteúdo pode gerar alguma ansiedade na hora de definir o que é que vai contar e qual a mensagem que vai transmitir. Mas, por outro lado, se encarar esta situação como uma realidade natural estará a dar maior liberdade à criatividade e, sem prever, pode estar a alimentar o próximo fenómeno comunicacional na Internet. A criatividade é o segundo requisito para comunicar um bom conteúdo. O primeiro é ter uma boa história. Este é o princípio para fazer sobressair os efeitos do *storytelling*[30] recorrente nas estratégias de comunicação mais emotivas e ligadas ao lado afectivo quer da marca, quer das pessoas.

As marcas contam histórias, centram a sua acção de comunicação nas pessoas, personificam valores, sentimentos e ideias. E numa abordagem emocional, deixam que a narrativa chegue ao coração do seu público. É certo que uma boa história não vive apenas de sentimentos. Pode variar com uma perspectiva mais criativa de um assunto. Uma empresa de *hardware* poderá ter mais dificuldade em contar uma história? Não necessariamente. Tudo depende daquilo que quer contar, para quem vai contar e como vai contar. Por último, reconheça que mesmo estes bons exemplos não são universalmente inquestionáveis, nem impactam as pessoas da mesma maneira. Prepare-se para encontrar muitos adversários àquilo que inicialmente pensou ser uma ideia/história inabalável.

A Dove e a campanha Dove Real Beauty Sketches

A *Dove* tem-nos habituado a acções de comunicação marcantes pela sua abordagem, tendo-se distanciado de uma tendência comercial de outras marcas que insistem em *gritar* aos clientes: "Aqui está o próximo gel de banho, comprem!". E volta a surpreender com a acção que pretendia chegar ao coração do público feminino, justificando que, de acordo com os dados apresentados na campanha, "apenas 4% das mulheres em todo mundo" se

---

[30] Procura designar a capacidade de contar histórias relevantes, com significado, com recurso a instrumentos audiovisuais. Entendida por alguns profissionais enquanto técnica de comunicação criativa e eficaz por excelência em processos de aprendizagem ou como uma importante forma de transmissão de elementos culturais, regras e valores. Resume o recurso a narrativas inspiradoras e claras, mais ou menos espontâneas ou trabalhadas, cuja utilização ao serviço da comunicação pode servir vários fins: conhecer e interpretar o passado de uma organização; preparar os colaboradores para os desafios do futuro; gerir conflitos e/ou processos de mudança, entre outros.

consideravam bonitas. Este é o ponto de partida para a marca se comprometer em construir uma auto-estima positiva e a inspirar mulheres e raparigas a atingirem o seu efectivo potencial. O próprio tom de convite a quem visita o *website* ainda está presente como se fossemos transportados para o início de um conto de fadas: "Imagine a world where beauty is a source of confidence, not anxiety.". [Imagine um mundo onde a beleza é fonte de confiança, não ansiedade] O resultado desta abordagem pode ser visitado no *website* desenhado em exclusivo para esta campanha, "Dove Real Beauty Sketches"[31], onde se encontra toda a explicação da iniciativa. E surge então um dos vídeos de maior sucesso na *Web*, que surpreende pela dimensão dos números: mais de 500 mil partilhas nas primeiras 24 horas, 30 milhões de visualizações no YouTube e 660 mil partilhas no Facebook, nos primeiros 10 dias. Actualmente o vídeo conta já com quase 65 milhões de visualizações.

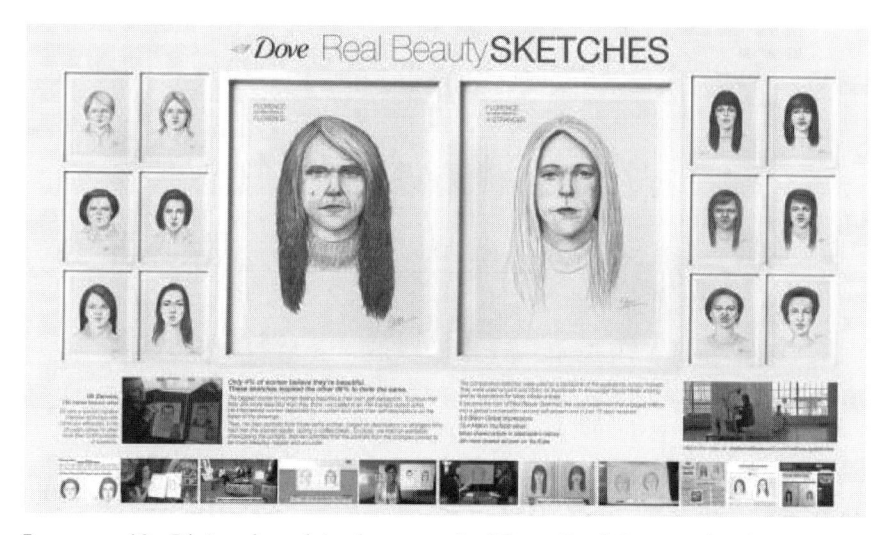

Imagem 10. Página do *website* da campanha "Dove Real Beauty Sketches". Fonte: <http://realbeautysketches.dove.com/>.

O Continente, marca de confiança

Entre tantos outros bons exemplos, lembramos também o anúncio do Continente, cadeia de hipermercados portuguesa, notado pelo jornal britânico *The Guardian* (Stone, 2014) por ser "carregado emocionalmente" e que não

---

[31] Disponível em <http://realbeautysketches.dove.com/>.

deixou ninguém indiferente. Para assinalar a distinção enquanto "Marca de Confiança", o Continente fez um apelo às emoções, à proximidade e aos afectos espelhando-o numa narrativa que vai contando o percurso de uma mãe que, depois de uma avaria no carro, faz tudo para chegar depressa até ao filho que a espera na escola. Um filho que sabe que a mãe o iria buscar, salientando, num sentido abraço, a relação de confiança e cumplicidade entre ambos. Uma história que pretende traduzir a "confiança" que os clientes depositaram na marca e que lhe valeu a distinção.

Imagem 11. *Frame* do vídeo da campanha do *Continente* "Marca de Confiança 2014". Fonte: <https://www.youtube.com/watch?v=crJiVlOkPQc>.

Talia Castellano e a CoverGirl

A história de Talia e a marca de produtos cosméticos norte-americana CoverGirl certamente não teria sido a mesma sem a ajuda de Ellen DeGeneres. Talia tinha 12 anos quando decidiu colocar o seu primeiro tutorial de maquilhagem no canal do YouTube "taliajoy18"[32]. Apesar de diagnosticado um cancro que se viria a revelar fatal em Julho de 2013, a jovem americana dedicava o seu canal aos truques de beleza e às suas vivências com a doença. Aos poucos foi ganhando seguidores e em Setembro de 2012 é convidada para ir ao programa The Ellen DeGeneres Show. Com o apoio da influente

---

[32] Disponível em www.youtube.com/user/taliajoy18.

apresentadora, Talia torna-se a primeira "CoverGirl" honorária e, sem cabe-
lo, faz capa da revista dos produtos da marca com o *slogan* "Makeup is my
wig"[33]. Num gesto de solidariedade e reconhecimento pela paixão que dava
alento à vida de Talia, a CoverGirl nunca mais deixou de apoiar a sua modelo honorária, patrocinando os seus tutoriais no canal do YouTube, e apa-
drinhando acções de angariação de fundos para instituições de solidariedade
social. Sem ser conhecido o retorno para a marca, os números que os perfis
de Talia nas redes sociais *on-line* colecionavam até à sua morte impressiona-
ram: mais de 1 milhão e 300 mil subscrições do canal no YouTube e mais
de 2,2 milhões de seguidores no Instagram. Uma legião de fãs que seguiam
as dicas da jovem que encontrou na maquilhagem confiança para suportar
momentos certamente difíceis da sua vida. A força desta relação continua a
inspirar pessoas em todo o mundo e a prova disso é o número de visualizações dos seus tutoriais no canal de vídeos *on-line*, que continua a crescer.

Imagem 12. Talia Castellano surpreendida no The Ellen DeGeneres Show com o
título de "CoverGirl" honorária. Foto: Michael Rozman/Warner Bros. Fonte: <http://
www.teenvogue.com/beauty/2013-04/talia-castellano-covergirl-ellen-youtube-
beauty-guru>.

---

[33] "A maquilhagem é a minha peruca".

2. Integrar oportunidades

Em seguida, não se prenda pelo formato ou pela rigidez daquilo que quer comunicar. Inove na abordagem e acima de tudo tenha em mente o seu objectivo principal. Se possível, alie-se a outros elementos que possam trazer mais-valias para a sua marca e esteja atento ao que o rodeia. Encontre parceiros e forças de inspiração que vão além de estratégias delineadas isoladamente. Elenque empresas, marcas, notícias, produtos, sucessos anónimos, histórias que provocaram *buzz* (disseminação) na *Web* e se entender que se ajustam aos valores e à identidade daquilo que quer comunicar, convide-os, envolva-os e desafie-os em acções *win-win*. Depois, diversifique nas plataformas se for caso disso, ajuste os conteúdos aos formatos mais eficazes em cada uma das redes sociais *on-line* nas quais marca presença. Concerte as narrativas e harmonize a abordagem.

It's Singapure vs Ramsay

Os exemplos são diversos no rasto pela *Web*, mas destacamos a acção desenvolvida pela empresa de telecomunicações SingTel[34] que pretendia tornar-se mais relevante e presente no quotidiano dos seus clientes. Desenvolveu o conceito de "showcase" com Gordon Ramsay, mediático e premiado chefe britânico. O objectivo passou por celebrar a gastronomia e a cozinha de Singapura, criando um conjunto de vídeos que relatavam batalhas entre chefes locais e Gordon Ramsay. Os vídeos eram disponibilizados no YouTube, enquanto as fotografias e os desafios eram partilhados no Facebook e no Twitter. O vencedor dos confrontos culinários era decidido com recurso a votação por SMS, numa oportunidade que a SignTel criou para falar sobre os seus novos produtos e serviços. Todavia, a grande missão da campanha ao aliar a culinária, uma figura internacional e os serviços da marca, passava essencialmente por demonstrar a proximidade em relação aos clientes, humanizá-la e lembrar como *está com eles* todos os dias.

---

[34] É a abreviatura de Singapore Telecommunications Limited, empresa de telecomunicações de Singapura. <http://info.singtel.com/>.

Imagem 13. Momento do combate entre chefes onde fica evidente a presença dos *smartphones* que procuravam captar imagens do *showcase*.

Imagem 14. Imagem do *website* que disponibiliza toda a informação sobre a campanha. Fonte: <http://info.singtel.com/brand/?randkey=1386053182>.

Starbucks: Tweet a coffee

A Starbucks, por sua vez, impressionou pela capacidade de inovação na integração de várias ideias, para transmitir um gesto de amizade e generosidade entre os seus fãs: oferecer (partilhar) um café. Como é que o Twitter pode oferecer cafés? A Starbucks explica. A campanha foi designada por "Tweet a Coffee" e apresenta-se como a nova forma de enviar um *eGift Card* no valor de 5$ a um amigo e/ou seguidores da marca na rede social. Uma aplicação na conta *Twitter*, ligada a uma rede de transações bancárias e financeiras, aproximou a marca aos seus clientes *on-line* e facilitou a troca de mimos entre os seus seguidores e fãs. A versão experimental está disponível apenas nos EUA.

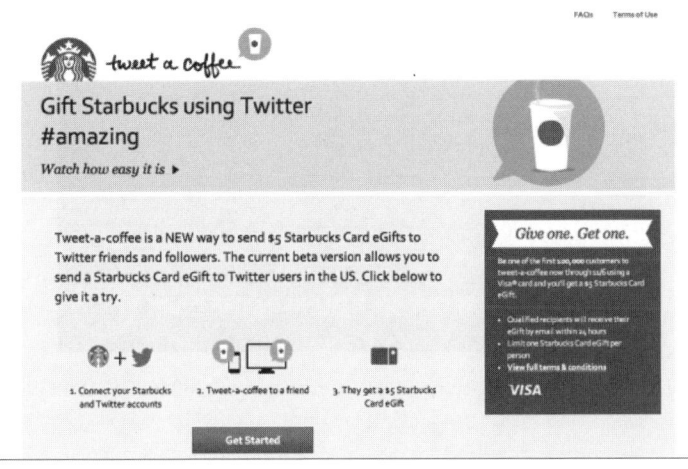

Imagem 15. *Website* tutorial sobre a funcionalidade "Tweet a coffee". Fonte: <https://www.starbucks.com/tweet-a-coffee>.

3. Ser criativo e inspirado

Por vezes a dinâmica das comunidades *on-line* não consente grandes planos para antecipar cenários prováveis que permitam elaborar acções estratégicas de conteúdo. Importa, por isso, ter equipas atentas e criativas que consigam responder sobre situações imprevistas ou cujo sentido de oportunidade não tenha sido previamente vislumbrado. Foi o caso da resposta da Oreo, que aproveitou um apagão durante um dos espectáculos mundiais mais mediáticos – o Super Bowl em 2013, nos EUA – e em menos de quatro minutos a equipa de *social media* preparou uma imagem para o Twitter. O resultado destaca-se pela habitual simplicidade e criatividade com as quais a marca habitualmente comunica *on-line* e resume o sentido de oportunidade num desafio saboroso ao desafiar os seguidores no *Twitter* a mergulharem a sua bolacha no leite, mesmo que fosse no escuro! A relação é perfeita não apenas pelo sentido de oportunidade, mas também pela interpretação simbólica das cores onde domina o preto e o branco característicos da Oreo.

Imagem 16. Fonte: <https://twitter.com/Oreo/status/298246571718483968.>

Iglo Portugal

Inspiração também não faltou à Iglo Portugal, que apostou num formato inovador na comunicação *on-line* ao aproveitar as potencialidades de comunicar numa revista digital. Uma versão digital da revista Sábado, um *tablet* e a simplicidade surpreendia pelo cumprimento do objectivo que se pretendia transmitir: as ervilhas da Iglo chegam *redondinhas* e *perfeitinhas* ao consumidor. Como é que a Iglo transmitiu este facto? Num simples jogo/anúncio interactivo que passava por ir inclinando o *tablet* de forma a encaixar as ervilhas em pequenos espaços, para os quais elas rolavam, evidenciando as características das ervilhas.

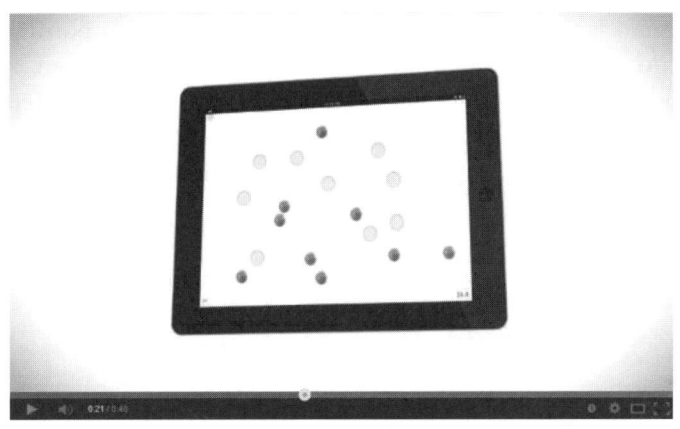

Imagem 17. Campanha digital *Iglo Portugal*. Fonte: <https://www.youtube.com/watch?v=2uc_ifb45aY&list=PLE61502CE0E23C914&index=24>.

4. Conhecer a sua influência e cultivar canais de partilha

Depois de garantir que tem um bom conteúdo, preocupe-se em estabelecer parcerias e desenvolva o seu sentido de relações públicas *on-line*. Saiba onde estão a falar de si ou podem falar sobre isso! Garanta assim a distribuição do seu conteúdo: aborde *bloggers*; recorra aos seus contactos mediáticos; produza conteúdos contextuais em datas específicas; entre outros. Centre-se na utilidade da mensagem e no potencial social de partilha.

Peugeot's Pinterest Car Showcase

Do Panamá chega-nos um estudo de caso sobre a utilização do Pinterest ao serviço da dinamização da comunicação das marcas. Conhecido por *Peugeot's Pinterest Car Showcase*, a marca de automóveis procurava através desta campanha *on-line* reforçar o envolvimento com os seus clientes e torná-la mais actual e mais presente nas redes sociais. Não se previa que o sucesso da acção viesse a residir no recurso inédito às configurações e à disposição dos álbuns de imagens na rede social Pinterest. Entre outras acções, uma das mais inteligentes foi a construção de álbuns que revelavam apenas uma imagem de um determinado modelo de automóvel. O objectivo seria visitar o *website* institucional e o perfil da marca no Facebook e os seguidores que completassem em primeiro lugar o *puzzle* de imagens que revelavam os pormenores do modelo do carro ganhavam brindes e descontos. Uma acção concertada entre o *website* e os perfis no Pinterest e no Facebook que se reverteram num aumento exponencial de tráfego ao *website* e com a duração das visitas a prolongarem-se. A marca ganhou milhões de referências na blogosfera, com efeitos muito positivos.

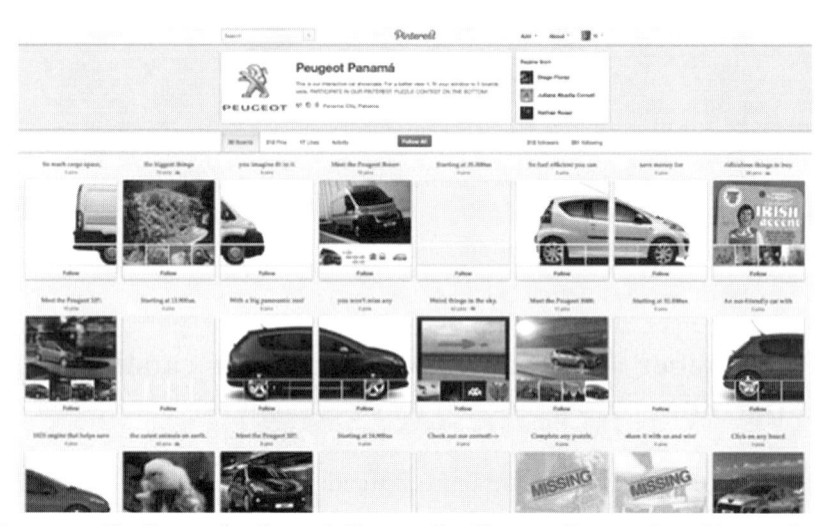

Imagem 18. Campanha *Peugeot's Pinterest Car Showcase*. Fonte: <http://www.pinterest.com/peugeotofficial/>.

Milka: Le dernier carré

Também a Milka surpreendeu com a criação de uma tablete de chocolate na qual faltava um quadrado: o último quadrado. Uma iniciativa da marca em França que implicou a alteração dos processos de produção do chocolate, com o objectivo de reforçar o relacionamento e a experiência com os seus consumidores. A ideia passava por levar as pessoas a um *website* no qual inseriam o código que era identificado no chocolate que adquiriam. A partir deste momento o consumidor decidia se queria receber o último quadrado ou enviá-lo a alguém com uma mensagem personalizada. Esta campanha valeu ainda uma distinção ao *copywriter* português Miguel Durão, responsável pela ideia, a trabalhar na agência Buzzman Paris, com um Leão de Ouro no Festival Internacional de Criatividade de Cannes.

Imagem 19. *Website* da campanha *Milka: Le Dernier Carré*. Fonte: *www.ledernierecarre.fr*.

E os bons exemplos continuavam, num desfile quase interminável, reconhecendo a criatividade que já se incute na visão estratégica da comunicação. E em grande parte em português ou com a participação de portugueses. Todavia, estes exemplos não deixam de ser apenas algumas abordagens possíveis em função dos objectivos que são identificados. São, na nossa perspectiva, alguns dos muitos bons exemplos cuja simplicidade, irreverência, originalidade ou instantaneidade surpreenderam. São respostas de quem respira a presença *on-line* e tem provas garantidas do seu potencial na dinamização dos seus serviços, dos seus produtos e no envolvimento da sua marca com os seus públicos.

Desafio:

Visite *on-line* as campanhas e os exemplos que identificámos. Procure extrair e elencar os objectivos de comunicação de cada um deles. Utilize-os como instrumento de reflexão e procure reinventar a abordagem (*conteúdos*). Considere eventualmente outras plataformas de comunicação (*tácticas*). De que forma contaria aquela história? Ou escolheria outra história para abordar o mesmo tema? Pense sem qualquer constrangimento ao nível dos recursos disponíveis. Desafie um grupo de colegas para darem sugestões. Depois de ter algum esboço daquilo que pensou poder ser um bom conteúdo para *on-line*, comece a elencar necessidades envolvidas e vá ajustando-os à sua realidade. Desafie-se a concretizar a sua ideia, mesmo que os recursos disponíveis não lhe permitam dar resposta a todas as necessidades elencadas na ideia original. Apele à sua criatividade. Está no campo das ideias. Supere-se e surpreenda.

Se ainda assim considera que há demasiado trabalho para conseguir um conteúdo viral, saiba pelo menos que há já soluções no mercado que permitem "comprar cliques", *likes*, partilhas ou visualizações. Pode ser feito por publicidade contextual, por impressões ou pelos diversos formatos publicitários *on-line* ou então comprar cliques em pacotes comerciais. É o caso do serviço oferecido pela empresa canadiana de comunicação *John St.*[35] – "Buyral" – que promete vender os cliques necessários para que a sua história domine as conversas na *Web*. Este tipo de acção pode ser útil para impulsionar os algoritmos de indexação da informação e promover os resultados nas pesquisas e pode ainda contribuir para o conhecimento da marca. Mas gera, simultaneamente, uma audiência potencialmente desconexa, desligada, sem interesse em manter o diálogo com a marca a médio e longo prazos. Tudo depende do seu objectivo!

Mas se desespera por uma dica infalível, aceite a que temos para lhe dar: se ainda não foi desta, continue a tentar. Não perca a autenticidade. Hoje, aquilo que uma organização quer dizer está sujeita ao escrutínio imediato com efeitos imprevistos, de controlo fragilizado. A melhor estratégia passa por conhecer o seu público e chamá-lo a participar na sua comunicação. A melhor defesa para a história que está prestes a contar será desenvolver uma rede de influência positiva, construindo uma relação afectiva com aqueles que quer atingir. Por fim, active a sua marca. Marque presença em

---

[35] <http://buyral.ca/>.

acções *off-line* e/ou em contextos de exposição não forçada e em ambientes diferenciados, como tem sido a presença de grandes marcas em festivais de música, por exemplo. Os seus *clientes* são como você: desempenham vários papéis e procuram diferentes experiências!

Calendário editorial e responsabilidades

Procurámos clarificar que a melhor estratégia para a definição de conteúdos implica o reconhecimento de duas componentes fundamentais: produção e distribuição. Estas são opções que pode tomar e estão ao seu alcance. Depois seja natural e encare todo o processo sem ansiedade. Mas acima de tudo tenha presente que depois de publicado dificilmente pode controlar aquilo que partilhou. E nesta equação de incerteza, saiba dialogar com a sua audiência e estabeleça uma relação de compromisso. Se o ajudar no processo de planeamento, propomos-lhe que estabeleça um calendário editorial. Sugerimos que seja um documento editável, com possibilidade de revisão e actualização. Certamente que irá precisar de fazer ajustes no decurso da campanha *on-line*. Siga os nossos campos identificados e associe os que considerar que se ajustam ao seu caso concreto.

Canal	Objectivo	Período	Marcos importantes, conteúdos	Responsabilidade	Resultados ou informações relevantes
Definir a plataforma na qual estará presente.	Elencar os objectivos claramente. Cada objectivo deve corresponder a uma linha diferente no seu calendário.	Estabeleça o período concreto no qual será feita a publicação. Identifique igualmente o tempo necessário à produção de conteúdos, bem como, o tempo de vida da sua história.	Tenha claras as metas ou etapas intermédias que são importantes para a sua história. Seja criativo e componha conteúdos à medida dos seus objectivos. Evite todos os erros comuns. Defina datas, tempos de produção, momentos importantes.	Quem faz o quê, quando, como? Seja claro na distribuição de tarefas e responsabilidades.	Vá monitorizando e reveja, se necessário, as suas opções. Ajuste ou reforce opções consoante os resultados que vai obtendo.

Figura 4. Calendário editorial para produção de conteúdos *on-line*.

Por fim, lembre-se que a comunicação reside no valor daquilo que se comunica. Se esta parte não depende de si, saiba que há então trabalho para fazer. Fale com os seus colegas e exponha o assunto superiormente. Está na hora de dialogar com os seus pares e lembrar que todos trabalham para o mesmo fim: bons resultados!

Comunicação interna 2.0

Porque é que o Presidente da República está sempre tão preocupado em atenuar as divergências políticas internas em prol da imagem que os afamados "mercados" têm de Portugal? Porque é que a bolsa se ressente cada vez que há uma crise interna? Ou porque é que o turismo apresenta indicadores positivos quando acolhemos eventos internacionais aos quais damos provas de brio e competência? Porque estamos a trabalhar a dimensão interna da marca "Portugal". E esta preocupação, quando bem ou malsucedida, traduz aquilo que de uma forma simples designamos por *reputação*. No fundo é a ideia de "casa arrumada" ou "desarrumada" que influencia a percepção que os outros vão ter do nosso país, a qual, em parte, condiciona as suas opções. Seja porque investem/desinvestem em Portugal ou porque assumem-no//ou não como o próximo destino turístico de eleição.

O mesmo acontece numa estratégia de comunicação digital. Depois das tácticas definidas, das linhas mestras do *branding* estarem clarificadas e após delinearmos os conteúdos que dão corpo à nossa campanha, importa – ao mesmo nível de prioridade – *arrumar a casa*, isto é, cuidarmos da comunicação interna. Nesta dimensão residem potenciais incalculáveis que ditarão o sucesso ou o fracasso de todo o trabalho. Tudo dependerá da sua capacidade de conversar, de apelar, de motivar, de envolver e de levar a participar os seus pares neste processo de mudança e evolução de paradigmas informativos e comunicacionais.

Se a urgência em comunicar para o exterior comprometer esta etapa, saiba que pode estar a desprezar o valor de talentos e a capacidade criativa dos seus colaboradores. E neste ponto a comunicação 2.0 pode apoiar a tarefa! Clarifique as suas opções e convença-se que para ser bem-sucedido no exterior, deverá contar com o apoio de quem vai estar a trabalhar consigo. São *eles*, no seu conjunto, que farão acontecer aquilo que prometer nas suas acções de comunicação externa. Se quer um conselho: faça-os sentir parte do processo!

Promover o valor da diversidade e o pensamento divergente

Há, por vezes, uma tendência de alguns gestores em alienarem as respon-sabilidades da valorização dos seus colaboradores no processo de constru-ção colectiva da identidade da marca. Sente-se um certo desconhecimento do potencial individual e ainda um descuido na exploração da dimensão humana da comunicação. Relembrando a organização enquanto *entidade so-cial*, validamos a dimensão comunicacional como fonte de influência no de-sempenho individual e a sua implicação no sucesso colectivo. A forma como colaboramos e como experienciamos a vida da marca e da organização, tem implicações profundas como vivemos e trabalhamos. Importa seduzir os seus pares e aliá-los a esta nova etapa da comunicação, estimulando-os, e, ao mesmo tempo, afastando a visão normativa que até então a comunicação tende a evidenciar nos processos de trabalho.

A comunicação digital permite agora desenvolver sistemas orgânicos de transferência de competências, de acções operacionais, de acesso à informa-ção e de interacção, com efeitos visíveis na dimensão cultural e normativa. Permite um esclarecimento não apenas do trabalho individual, mas acima de tudo uma comunhão mais alargada sobre a missão, os valores e os objectivos gerais da organização. E este acolhimento desenvolve sentimentos positivos e relações de parceria, capazes de guiar a motivação e o sentimento de per-tença à marca a uma atitude de influência sem precedentes. De tal forma, que cada um dos seus colaboradores se torna num embaixador da sua marca, dos seus produtos, dos seus serviços. No fundo, serão guardiões – relações públicas voluntários – no processo de auscultação e intervenção daquilo que se diz na *Web*. Há uma referência positiva partilhada que levará cada um dos actores internos a protegerem algo que é também seu, algo que diz também muito sobre eles próprios, porque o trabalho é parte importante da sua vida e do seu quotidiano. Esta aproximação e atenção aos públicos internos traduzir-se-ão numa rede de influência expressiva na demanda pela tentativa de controlo da *reputação* que, na rede, já percebeu que será difícil de gerir se permanecer fechado na sala de controlo das acções de comunicação.

A comunicação 2.0 apela à participação e à integração da diversidade. Por isso mesmo, não pode recear ouvir aquilo que não gosta ou de colocar à discussão as suas próprias opções ou mesmo ainda as opções gerais da organização. É na convergência de contributos diferenciados que crescem as ideias e amadurecem. É na integração de diferentes perspectivas que resulta o ambicionado processo de inovação. Cultive e desafie o pensamento diver-gente e não pretenda anulá-lo ou silenciá-lo. O que resulta desta atitude será manifestamente mais valioso que o desprezo que a *sabedoria* e o *saber fazer* dos seus colaboradores possam merecer. E se já entendeu esta mensagem, não será demais lembrá-la a quem continua a confundir *mandar* e *controlar*, com *liderança*.

Lideranças imperfeitas e a sedução do meio digital

Uma das dimensões implicadas na migração para o digital é precisamente a liderança. Integrada na dimensão estratégica da comunicação no ambiente digital impõe-se uma reconfiguração do papel dos "chefes" que tradicionalmente assumiam o papel de emissores e interlocutores unidireccionais no processo rígido e hierárquico de comunicação. Esta realidade impõe uma atenção especial ao acto de *saber ouvir* e a uma atitude *escuta* permanente de quem lidera (Vilanova, 2013). E, neste sentido, podemos falar em lideranças imperfeitas na medida em que não há monopólios de verdades absolutas, nem perspectivas irrefutáveis. A liderança será tanto mais bem sucedida quanto maior for o seu grau de permeabilidade à participação e for sensível às perspetivas desviantes. A liderança imperfeita sugere assim que o líder possa rever, actualizar, complementar ideias e decidir com base naquilo que a rede, participada pelos seus colaboradores, lhe diz.

No processo de comunicação interna 2.0 o líder deve ter um controlo relativo sobre as actividades de participação colectiva. E no que à prestação de contas interna diz respeito, deve fazê-lo informando verticalmente as partes implicadas e, ao mesmo tempo, promover a colaboração dos seus pares em circuitos multidireccionais. Importará efectivamente desempenhar uma função de controlo na monitorização das dinâmicas da comunicação digital e, com isso, extrair dados relevantes e interpretar as mudanças na cultura organizacional e avaliar o impacto no comportamento dos actores internos ao nível da motivação, dos problemas ou da produtividade e eficiência.

Essencialmente, quem lidera o processo de comunicação interna deve estar sensibilizado para a necessidade de:

a) **Coordenação.** Definir equipas e atribuir responsabilidades no processo de dinamização da comunicação *on-line*.

b) **Definição do conteúdo estratégico.** Conferir consistência à comunicação. É neste ponto que é trabalhada uma visão integradora da organização, que confere ainda uma partilha espontânea dos ojectivos principais para as diferentes áreas de intervenção.

c) **Monitorização e avaliação.** Auditar o progresso das acções e interpretar informações relevantes que condicionem ou corroborem as opções tomadas.

d) **Motivação.** Intervir, participar, incentivar. Envolva-se, seja um parceiro efectivo. Interaja com os seus colaboradores e perceba as motivações, as dificuldades e as oportunidades ou os riscos. Cultive boas práticas.

E de que forma pode a *Web* apoiar este processo? Vale a pena revisitar o subcapítulo sobre as funções das diferentes plataformas e meios digitais. No caso da comunicação interna podemos sublinhar as mais-valias de investir no digital. As regras são as mesmas que deverá aplicar num plano de comunicação *on-line* externo. Aliás, muitas das tácticas que dispõe pautam-se essencialmente pela sua versatilidade, cabendo-lhe a si decidir para que fins as utilizará.

No Facebook: dedique-se a criar um grupo. Comece por pequenos grupos de debate ou considere de imediato um grupo destinado a todos os colaboradores. Defina as temáticas e os objectivos para esse grupo. Dinamize, suscite a participação e envolva os colaboradores com apelos à participação, com debates, com questões sobre uma decisão da organização, sobre o próximo projecto. Ou então, atribua-lhe uma dimensão mais afectiva e recorra a esta ferramenta para explorar o lado mais emocional da organização, contando histórias, permitindo testemunhos ou faça um vídeo e transmita uma mensagem que tenha significado para os membros do grupo.

Na *cloud*: se tem problemas de sobrecarga do servidor ou continua a debater-se por uma intranet mais funcional, saiba que existem opções gratuitas para este serviço e que poderá facilitar a gestão de documentos, a partilha de ficheiros ou simplesmente o acesso, em qualquer lugar, a uma informação que os seus colegas quiseram transmitir e não seria conveniente ou possível ser enviada por *e-mail*. O serviço *cloud* é permanente e acessível e, dependendo das características estabelecidas pela empresa que disponibiliza o serviço, com capacidade ilimitada para armazenar, editar e partilhar sem ter de investir em suportes de armazenamento de ficheiros que vai coleccionando.

No LinkedIn – grupos e recomendações: recorra à possibilidade de formar grupos para diferentes necessidades de trabalho ou então aposte na funcionalidade de recomendações. A possibilidade de os diversos colaboradores poderem recomendar os colegas por determinada apetência e valor que lhes é reconhecido pode ter efeitos positivos. Há uma ligação afectiva a este acto de generosidade que promove a motivação e fortalece o sentido de camaradagem.

No WhatsApp – o mais mediático sistema de conversação e troca de mensagens instantâneas e gratuitas pode ser uma boa solução se o seu objectivo passar por aumentar a conectividade entre diferentes elos comunicacionais dentro da organização. Ideal para agilizar processos, localizar informações e ter conhecimento mais rápido de decisões ou notícias relevantes.

Na Intranet – esta é, demasiadas vezes, entendida como a única e inabalável acção estratégica da comunicação interna digital. A sua versatilidade e amplitude, se bem exploradas, podem, de facto, ter um potencial bastante significativo na gestão da comunicação. Mas nem sempre assim é. Não descuide esta ferramenta, mas certifique-se que esta foi desenvolvida com o sentido estratégico e preocupe-se em compreender os resultados da interacção dos seus colaboradores com esta plataforma.

Yammer, Chatter, Jive, Kaltura: e outras tantas plataformas. São consideradas as referências das redes sociais empresariais ou também designadas por redes sociais privadas, ideais para gerir processos de comunicação interna. Tal como as mais mediáticas redes sociais *on-line*, estas plataformas dispõem das mesmas características. Contudo, permitem quase a criação de uma rede social personalizada e exclusiva para a sua organização e para o encontro dos seus colaboradores. A grande diferença em relação às redes sociais *on-line* públicas prende-se com as potencialidades de gestão de documentos, partilha de ficheiros e de projectos. Integram funcionalidades de conversação, de multimédia, de *wikis*, de georreferenciação, de *mailing*, entre outras. Também aqui é possível definir níveis de participação e grupos específicos em função de interesses ou assuntos. O acesso está apenas dependente da ligação à Internet e, como tal, dispensa aquisições de *software* ou de actualizações das equipas de sistemas e redes informáticos. A utilização pode, no entanto, estar sujeita a planos de subscrição do serviço. Os utilizadores podem ainda subscrever *feeds* de notícias/informações específicas e programar alertas mediante interesses individuais. São poderosos instrumentos de *social intelligence* na medida em que aproximam líderes, coordenadores de equipas e colaboradores multidisciplinares em torno de assuntos ou ideias para os quais podem contribuir, sem condicionantes de tempo ou limitações geográficas. As vantagens continuam com a possibilidade de aceder à rede através de *smartphone* e encontrar todas as funcionalidades ajustadas ao formato *mobile*. Igualmente importante é a capacidade de monitorização do desempenho da plataforma, permitindo avaliar taxas de participação, interacção, tráfego ou, por exemplo, o sentimento dominante nas conversações.

Os pontos negativos são os comuns associados, regra geral, à resistência à mudança no que respeita à migração para o digital: receio de ser reprovado pelo chefe; recusa à participação; questões de segurança e protecção de informação; falta de privacidade; limitações à liberdade participativa, entre outros que abordaremos no último capítulo. Apresentando-lhe soluções para mitigar estes riscos e a ansiedade de recurso a estes instrumentos de comunicação 2.0.

Neste caso, se a resistência ou a falta de participação estiver a condicionar o sucesso das suas acções de comunicação digital, saiba que existem algumas opções que o poderão ajudar a reorientar estes resultados negativos. E inspire-se nos factores, tendencialmente, são mais propícios para o sucesso de implementação de uma estratégia de comunicação interna 2.0.

Formação de competências: aumente a percentagem de colaboradores com aptidões para o digital e promova os bons exemplos.

Baseie-se na identidade organizacional: promova o reconhecimento da marca, os valores e revisite a sua história;

Reputação: trabalhe com eles esta dimensão e transmita-lhes como a sua colaboração é determinante para a credibilidade e a confiança do exterior na organização para a qual trabalham;

Distribuição digital de produtos e serviços: garanta que efectivamente dispõe de condições técnicas e tecnológicas que permitam ingressar pelo mundo digital;

Produza conteúdos com significado: conte-lhes histórias e crie narrativas com as quais se identifiquem. Diga-lhes o que eles têm interesse saber. Seja oportuno e convide-os a manifestarem-se. Partilhe fotografias do último convívio, lembre momentos positivos, recorde marcos inesquecíveis.

Torne os colaboradores relevantes: recorde como eles foram determinantes para o sucesso do último ano ou para a organização exemplar do mais recente evento. Coloque-os no centro das histórias. Convide-os para darem o rosto por uma campanha de comunicação interna. Ou ligue as suas acções à dimensão familiar e faça-os sentirem-se orgulhosos e felizes com vontade de "vestirem a camisola".

Promova o talento: destaque boas práticas e identifique os evangelizadores da utilização das plataformas digitais. Isso traduz cuidado e atenção ao seu trabalho e às suas competências. Informalmente acabarão por inspirar os seus pares.

Seja generoso: deixe-os encontrarem-se pessoalmente para trocarem impressões. Promova estes encontros. Seja tendencialmente positivo e vá fornecendo *feedback*.

Sinta-se parceiro: transmita confiança e actue lado a lado com os seus colaboradores. Exponha as suas preferências no mundo *on-line*, as suas dificuldades e faça-lhes saber de que forma eles o ajudam a superar-se. Trabalhe em equipa.

A identidade digital e a economia da reputação

Entender a natureza estratégica da promoção da comunicação não deve passar por rotular ou circunscrever a actividade como parte do conteúdo funcional do departamento de comunicação ou do departamento de recursos humanos. Tal seria ignorar a sua multidimensionalidade e a capitalização do valor económico dos activos internos de uma organização. E a promoção de uma cultura de comunicação digital é determinante para fundar aquilo que podemos designar por identidade digital da marca. Esta nunca será conseguida por mais tentativas e avultados investimentos que faça na comunicação externa se os seus colaboradores permanecerem *off-line*. Lembre--se que as fragilidades da autenticidade da sua comunicação são facilmente expostas na rede global, com repercussões. Esta identidade digital será mais bem definida e sustentada, quanto melhor estiver sedimentada uma cultura de comunicação digital. É importante que a marca seja defendida por todos os actores internos e possam ser estes os primeiros a identificar focos de potencial interesse para promover a sua organização ou, pelo contrário, a reconhecer situações de crise que possam ser reportadas e resolvidas em breve espaço de tempo.

Esta atitude de vigilantes activos que poderá conquistar por parte dos seus colaboradores poderá ser a melhor arma para garantir aquilo que Joshua Klein (2013) designou por *economia da reputação*. No fundo é o reconhecimento de que o prestígio ou a perda de influência que uma marca ganha (ou perde) nas plataformas digitais é hoje fundamental, a moeda de troca, na conquista pelo mercado. Com o advento e a proeminência do que é dito e partilhado *on-line*, a reputação é o capital que sustenta modelos de negócio e condiciona opções. Esta reputação é o resultado de contributos individuais que só existem pela incursão dos indivíduos em sistemas dinâmicos e não controlados na *Web*, por oposição a sistemas burocráticos e metódicos típicos de organizações clássicas, cristalizadas ou excessivamente formais. É esta realidade que funda a reputação *on-line* e que nos leva a optar por serviços ou produtos sem que conheçamos, efectivamente, quem nos recomendou. Por exemplo, quando para escolhermos um hotel temos como base de referência o número de comentários positivos. Ou quando para decidirmos um restaurante procuramos experiências e opiniões sobre o mesmo, ainda que essas perspectivas não sejam de alguém que nos é próximo como habitualmente fazemos na realidade. Por esta razão são frequentes as guerras entre empresas gigantes que chegam mesmo a contratar *bloggers* ou profissionais do crime digital que se dediquem a desprestigiar o produto do principal concorrente e a influenciar a percepção que os clientes têm daquela marca. Nesta etapa importa-lhe então perceber que *arrumar a casa* antes de *abrir a porta* pode trazer-lhe muitas vantagens. E não tema o desafio. Os indivíduos têm uma capacidade inata de sociabilização e gostam de ter prazer com o estímulo intelectual que advém da partilha daquilo que sabem, das opiniões que defendem e ainda daquilo que podem aprender com o que os outros sabem. A comunicação digital hoje facilita este processo, porque é modelável em função dos objectivos e das expectativas: das suas e das deles. Perceba que o sucesso da sua comunicação externa passará pelo cuidado que lhe merecer a sua comunicação interna. A comunicação interna 2.0 é uma parte importante da estratégia (ver Figura 5). Dê-lhe atenção.

Na dimensão estratégica, define-se o enquadramento e a abordagem de actuação da comunicação interna digital cumprindo a *dimensão estratégica* da comunicação. E é essa clarificação que lhe permitirá estabelecer as tácticas certas em função dos objectivos. Na *dimensão instrumental* da comunicação seja razoável e não queira cometer, internamente, os erros que certamente não quererá cometer externamente. Foque-se no que pretende comunicar e obter do seu público interno e decida. Essencialmente, decida com a percepção clara de que hoje os seus colaboradores (*dimensão humana* da comunicação) podem (e devem) ser encarados e tratados como *actores multidimensionais*, não circunscritos à delimitação de tarefas rotineiras, operacionais e acríticas. A comunicação interna 2.0 (dimensão comunicacional) gera agora novas oportunidades para a realização de cada uma das dimensões: agiliza processos e canais informativos (dimensão informativa); auxilia na execução de actividades funcionais (dimensão operacional); promove a colaboração, estabelece relações e aproxima pessoas (dimensão colaborativa e relacional); partilha normas e valores (dimensão normativa e cultural) e influencia a percepção que os colaboradores têm da sua organização, assumindo-os em gestores da reputação, influenciando a percepção que os seus pares e o exterior têm do seu local de trabalho (dimensão persuasiva).

A imagem de uma organização com *paredes de vidro* e com lideranças empenhadas em aproveitar as sinergias dos seus colaboradores contribui para a partilha da visão geral da organização, contribuindo para o desenvolvimento de um sentimento de pertença reforçado. E esta atitude está na base da construção de um quadro de referência comum, capaz de sustentar, promover e elevar a um nível superior a identidade da organização. Os colaboradores, *actores multidimensionais*, são os propulsores, os construtores e os arquitectos

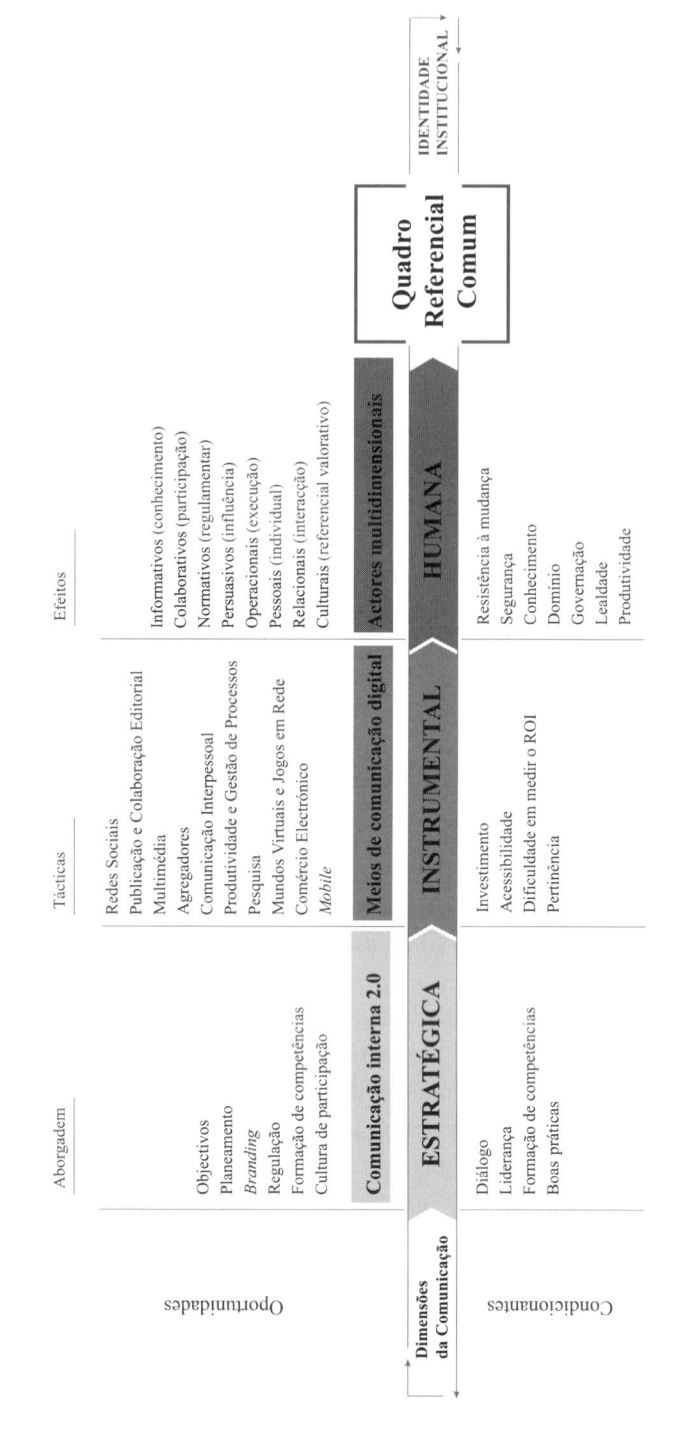

Figura 5. Dimensões da comunicação interna 2.0.

das desejadas *ideias* que conduzam à inovação e inspirem a competitividade organizacional. Sem contar com eles, a tarefa fica mais difícil.

Questões de auto-avaliação

1. O *website* institucional responde às necessidades de comunicação? Que papel terá na sua estratégia de comunicação? Conhece o perfil dos utilizadores e o desempenho geral de navegação?
2. Que plataformas digitais já utiliza na política de comunicação?
3. Consegue identificar quais os factores que estiveram na origem dessas opções?
4. Em quais as redes sociais *on-line* deseja estar presente?
5. Quantos perfis pessoais coleciona *on-line*?
6. Como definiria o seu perfil de utilizador da Internet e da *Web*? Colecciona amigos, partilha histórias frequentemente, dá mais importância ao vídeo e à imagem, é uma utilização mais profissional ou lúdica?
7. Diferencia uma rede social de uma plataforma digital de gestão de trabalho e produtividade?
8. O que pensa sobre a imagem e identidade institucionais? E sabe o que os seus colegas pensam?
9. As regras de utilização da imagem institucional estão definidas e são amplamente conhecidas entre departamentos?
10. A imagem da marca/organização está preparada para o ambiente digital?
11. Os seus conteúdos estão alinhados com os seus objectivos? E com a sua imagem institucional?
12. Produz conteúdos suficientes para dinamizar os seus perfis nas redes sociais nas quais marca presença?
13. Dispõe de uma agenda de momentos/datas importantes para a sua marca que lhe permitam construir um calendário editorial?
14. Acredita que a comunicação interna é plenamente servida apenas com uma intranet?
15. Como caracteriza a relação que a sua marca/organização tem com os seus colaboradores? E como descreve as relações entre estes?
16. Os seus planos de comunicação digital estão integrados com o departamento de formação e desenvolvimento de competências?

17. Que instrumentos identifica para a comunicação interna e como pensa optimizar esta área?
18. Tem planos de formação de competências em comunicação digital?

Referências bibliográficas

ADAMSON, Allen P. (2008). *Brand Digital: Simple Ways Top Brands Succeed in the Digital World*. New York: Palgrave Macmillan.

AGICHTEIN, Eugene *et al.* (2008, Fevereiro). "Finding High-Quality Content in Social Media". WSDM'08, Palo Alto, California, USA. Página consultada a 30 de Abril de 2014, <http://www.mathcs.emory.edu/~eugene/papers/wsdm 2008quality.pdf>.

B. DA CAMARA, Pedro, GUERRA, Paulo e RODRIGUES, Vicente (2005). *Humanator 2001: Recursos Humanos e Sucesso Empresarial*, 6.ª ed.. Lisboa: Dom Quixote.

BARRETO, Ana Margarida (2013). *Valorize a sua marca no Facebook*. Lisboa: Bnomics.

COCORAN, Ian (2011). *The Art of Digital Branding*. New York: Allworth Press.

DENHARDT, Robert B., DENHARDT, Janet e ARISTIGUETA, Maria P. (2009). *Managing human behavior in public and nonprofit organizations*, 2.ª ed.. Thousand Oaks: SAGE Publications, Inc..

DOTY, Elizabeth. "Transforming Capabilities: Using Story for Knowledge Discovery & Community Development". *WorkLore*. Página consultada a 30 de Abril de 2014, <http://www.worklore.com/WorkLore_TransformingCapabilities_EDoty.pdf>.

DUBOIS, David (2014, 28 de Janeiro). "Content Strategy is King in Social Media". Página consultada a 30 de Abril de 2014, <http://knowledge.insead.edu/marketing-advertising/content-strategy-is-king-in-social-media-3135>.

DURÃES, Pedro (2014, 17 de Junho). "Grande Prémio de Mobile em Cannes liga app a anúncio de imprensa". *Meios & Publicidade*. Página consultada a 19 de Junho de 2014, <http://www.meiosepublicidade.pt/2014/06/grande-premio-de-mobile-em-cannes-liga-app-a-anuncio-de-imprensa-com-video/>.

ECCHER, Clint (2008). *Professional Web Design Techniques And Templates (Css And Xhtml)*, 3.ª ed.. Boston: Course Technology.

FERREE, Erin. "Non-verbal communication: Brand Identity Design and the Role of a Visual Vocabulary". *Better Communication Results*. Página consultada a 30 de Abril de 2014, <http://www.leehopkins.com/non-verbal-communication-brand-identity-design.html>.

GARDNER, B.B., Levy, S.J. (1955). "The product and the brand". *Harvard Business Review*, March-April, 33-9.

GRANOVETTER, Mark S. "The Strenght of Weak Ties". *The American Journal of Sociology*, 78 (6): 1360-80, Maio 1973.

IVANCEVICH, John M. e MATTESON, Michael R. (2002). *Organizational Behavior and Management*, 6.ª ed.. New York: McGraw-Hill.

KINIKI, Angelo e KREITNER, Robert (2006). *Comportamento Organizacional*. 2.ª ed. São Paulo: McGraw-Hill.

KLEIN, Joshua (2013). *Reputation Economics: why who you know is worth more than what you have*. New York: Palgrave Macmillan.

LENCASTRE, Paulo de (coord.) (2005). *O Livro da Marca*. Lisboa: Dom Quixote.

Marketeer *On-line* (2014, 17 de Junho). "Cannes: Quatro leões para o português Miguel Durão". Página consultada a 19 de Junho de 2014, <http://marketeer. pt/2014/06/17/cannes-quatro-leoes-para-o-portugues-miguel-durao/>.

NEUMEIER, Marty (2006). *The Brand Gap: How to Bridge the Distance Between Business Strategy and Design*. EUA: New Riders.

OLINS, Wally (1989). *Corporate Identity*. Londres: Thames & Hudson.

OLINS, Wally (1995). *The New Guide to Identity*. Reino Unido: Gower Publishing.

OLINS, Wally (2003). *On Brand*. Londres: Thames & Hudson.

Público (2013, 9 de Outubro). "Português Hugo Veiga é o melhor *copywriter* do ano". Página consultada a 30 de Abril de 2014, <http://www.publico.pt/ portugal/noticia/portugues-hugo-veiga-e-o-melhor-copywriter-do -ano-1608494>.

RAPOSO, Daniel (2008). *Design de Identidade e Imagem Corporativa*. Castelo Branco: Edições IPCB.

ROSEN, Christine (2004). "The age of egocasting". *The New Atlantis – A Journal of Technology and Society, Fall 2004/Winter 2005*, 7, 51-72. Página consultada a 30 de Abril de 2014, <http://www.thenewatlantis.com/archive/7/rosen.htm>.

SEBASTIÃO, Sónia (2009). *Comunicação Estratégias: as Relações Públicas*. Lisboa: ISCSP.

SHUEN, Amy (2008). *Web 2.0: A Strategy Guide: Business thinking and strategies behind successful Web 2.0 implementations*. Sebastopol: O'Reilly Media.

STONE, Jason (2014, 21 de Março). "Ad Break: Made in Chelsea, emotional in Portugal, Age UK and Scot cops". *The Guardian*. Página consultada a 30 de Abril de 2014, <http://www.theguardian.com/media/2014/mar/21/ad-break-made-in-chelsea-age-uk-police>.

The Economist (2010, 28 de Janeiro). "Towards a socialised state. The joy of unlimited communication". *Economist*. Página consultada 30 de Abril de 2014, <http:// www.economist.com/research/articlesBySubject/displayStory.cfm?story_id=1 5350960&subjectID=526352&fsrc=nwl>.

UGANEC, Cameron (2013, Junho). "Social Media and Storytelling, Part 3: Creating Content That Gets Shared". Página consultada a 30 de Abril de 2014, <http:// blog.hootsuite.com/social-media-storytelling-3/>.

UNIVER, Eden (2013, Maio). "YouTube Sensation Talia Castellano Opens up About Being the First Honorary CoverGirl". *Teen Vogue*. Página consultada a 30 de Abril de 2014, <http://www.teenvogue.com/beauty/2013-04/talia-castellano-covergirl-ellen-youtube-beauty-guru>.

VAYNERCHUK, Gary (2013). *Jab, Jab, Jab, Right Hook.* EUA: HarperCollins.

VILANOVA, Núria (2013). *Micropoderes: Comunicación interna para empresas con futuro.* Barcelona: Plataforma.

VON RAUCH, Felicitas (2012). *Digital Branding – A phenomenon empowered by the Internet and the rising importance of Social Media.* Alemanha: GRIN Verlag.

WATERCUTTER, Angela (2013, 2 de Abril). "How Oreo Won the Marketing Super Bowl With a Timely Blackout Ad on Twitter". Página consultada a 30 de Abril de 2014, <http://www.wired.com/2013/02/oreo-twitter-super-bowl/>.

CAPÍTULO IV

Métricas e Avaliação na Comunicação Digital

É também importante perceber que a tecnologia por si só não pode construir uma cultura de medição. As pessoas são cruciais para o desenvolvimento da cultura e nem os mais bem-intencionados conseguem triunfar sozinhos. A medição é um esforço de equipa que requer apoio executivo e colaboração na empresa, entre stakeholders e analistas.

JOHN LOVETT
Bulding a Culture of Measurement

Para a maioria das organizações estruturadas não são desconhecidos conceitos como "relatório", "análise", "auditoria", "monitorização". São parte de um vasto léxico quotidiano deste meio que comporta acções de avaliação importantes para a manutenção e optimização da promoção da qualidade, da eficiência ou da melhoria do seu funcionamento. Em grande parte, todas aquelas acções contribuem ainda para documentos finais sobre avaliação de desempenho ou produtividade. E se assim é, porque é que a avaliação do desempenho na comunicação é tantas vezes descurada? Quantas acções de comunicação foram já realizadas sem se perceber, no final, se resultaram bem ou mal? O investimento teve retorno? Os objectivos foram atingidos? Para quê monitorizar o sucesso de um grande evento que pretendia promover um novo produto se o auditório estava repleto? Para que servirá investir tempo e dinheiro em avaliar uma campanha no Facebook se o número de "likes" ultrapassou nitidamente a minha meta? Afinal, porque é que a acção de *mailing* não gerou qualquer inscrição naquele curso especial?

O investimento na avaliação da comunicação descuida, demasiadas vezes, a mesma atenção que as organizações dedicam à monitorização noutros departamentos. E hoje, falando na comunicação digital, o trabalho está facilitado. Falamos de uma comunicação mensurável capaz de facultar aos gestores de comunicação e do marketing um manancial de dados de indiscutível valor persuasivo e de evidências irrefutáveis capaz de condicionar as opções estratégicas da sua organização. O investimento que, por vezes, dedicamos à publicidade e ao marketing esquece, nalguns casos, o investimento necessário na avaliação do retorno daquilo que são (ou foram) as nossas opções.

O cuidado que uma organização revela perante a opção de instrumentos de análise do desempenho das acções de comunicação, em particular, em contextos digitais, revela em grande parte a sua maturidade perante a comunicação enquanto activo estratégico de optimização de negócio e de qualidade. O ambiente digital é hoje uma oportunidade para compreender o desempenho da sua organização através das acções e do conhecimento dos seus utilizadores/seguidores/clientes. E rejeita a visão unilateral da avaliação de desempenho na comunicação centrada em indicadores internos, isolados e sem incorporarem o *feedback* do público-alvo a quem dirigimos as acções de comunicação. *Analytics* significa em última análise *optimização*. E só isso explica a importância que esta área merece quer para uma organização que tenha recursos escassos, quer para outra que disponha de investimentos mais ou menos avultados na área da comunicação digital.

Neste capítulo abordamos a importância da definição das métricas e a necessária implementação de uma cultura de mediação capaz de influenciar o modo de funcionamento e de decisão numa organização. Percebemos, essencialmente, alguns dos erros mais comuns e despertamos a sua atenção para a necessidade de integrar diferentes métricas para poder avaliar o desempenho das suas opções *on-line*. Damos-lhe exemplos claros da relevância da avaliação da sua performance no digital e procuramos compreender quão determinante este passo pode ser para o sucesso ou o fracasso de todo o trabalho que desenvolvemos nas páginas anteriores. Vai perceber como poderá optimizar o seu negócio e como pode transferir estas dicas para outros objectivos de comunicação. No final, apresentamos-lhe um modelo teórico de maturidade em comunicação estratégica digital que lhe permitirá monitorizar o estádio da sua organização no que respeita à relação mais ou menos orgânica com a comunicação. No fim de contas, de que serve planear e investir se não pode conhecer o retorno do seu esforço por aquilo

que tanto trabalhou? Vai reforçar a sua posição profissional e a sua organização vai agradecer-lhe!

Por uma cultura de mediação

Parece-nos, por vezes, que existe uma ideia de *prestação de contas* fictícia no
que respeita à comunicação em algumas organizações. Isto é, a realidade
mostra-nos que existem ainda organizações que têm uma rubrica orçamental destinada à comunicação e não têm sequer, na sua estrutura, alguém qualificado na área da comunicação. Tão-pouco o serviço é profissionalizado.
E destaca-se uma tendência para estabelecer planos de comunicação assentes
em investimento publicitário, com recurso a meios clássicos e de tendencial
prestígio nacional. Por vezes, nem se negoceiam valores, nem se concertam
acções de comunicação. Pouco ou nada se investe nos meios digitais porque
desconhecem os suportes, o seu funcionamento e a sua operacionalização,
entre outros. E depois? Atente-se no exemplo.

Uma organização na área do ensino superior pretende promover um
novo curso de formação executiva na área da Comunicação Estratégica
Digital. E definiu como prioridades de investimento uma campanha publicitária em dois jornais diários e um semanário atendendo à notoriedade dos
meios. Para um mês de campanha, com um orçamento de cerca de 20 mil
euros executou: 10 anúncios nos jornais diários e 4 anúncios no semanário.
O perfil de leitores dos meios escolhidos apontava para um *target* com potencial interesse em formação executiva, com poder económico e perten-
cente, maioritariamente, à classe social A/B. Feitas as contas, os candidatos
que se inscreveram no curso acabariam por ter conhecimento do curso
através de amigos ou amigos de amigos, que tiveram o primeiro contacto
com a informação no *website* da instituição que ainda não estava actualizado.
Mas no final, feito um inquérito aos 15 alunos inscritos, concluiu-se que
apenas um teve contacto com um dos anúncios num dos jornais. Por fim, o
curso decorreu com o número mínimo de inscrições e o saldo final rever-
teu em mil euros para a escola. A avaliação de desempenho dos serviços de
comunicação seria então definida pelo seu enorme esforço e capacidade de
negociação junto dos jornais nos quais conseguiu uma redução significativa
em relação aos valores de tabela. Não houve investimento no digital, ironicamente o meio onde os restantes 14 alunos inscritos tiveram contacto com
a informação do curso.

E agora se lhe disséssemos que – mantendo e considerando a importância da comunicação em meios clássicos – apenas com ¼ do orçamento seria possível definir milhares de impressões de um anúncio, milhares de cliques e algumas centenas de *leads*? Com apenas 5 mil euros e com uma acção concertada entre meios, os resultados poderiam ser diferentes.

Não é que o digital garanta o sucesso de uma acção de comunicação. Já esclarecemos esse ponto e queremos desmistificá-lo. Mas dá-nos informação que não conseguimos obter de outra forma. E conhecer o público-alvo e o seu comportamento é um bom princípio para poder tomar melhores decisões. Ainda assim, importa que depois saiba definir as melhores métricas, as mais certas, e avaliar claramente o resultado das suas opções.

Falamos-lhe sobre optimizar aquilo que investiu, na relação proporcional com aquilo que efectivamente obteve. E neste processo todos os actores são implicados. Por isso, é importante promover uma cultura de medição não nuclearizada nos responsáveis pela comunicação. É algo que deve ser transversal. Assumir os dados enquanto activos informacionais inter-departamentos, estruturas e responsáveis. Cultivar a medição e a monitorização enquanto processos comuns de qualquer sector de actividade, em particular, que possam ser orientados para as opções estratégicas da organização e, por conseguinte, de marketing e comunicação. Uma cultura de mediação permitirá compreender a importância dos dados, reportá-los e, acima de tudo, saber agir de forma esclarecida e mais eficaz. Esta atitude revela especial importância numa altura em que as organizações vão transpondo sucessivos períodos de mudança, actualizações e constantes dinâmicas influentes na sua acção do aclamado *regular funcionamento*. Porém, o esforço passará por entender que o sucesso não passa apenas por "medir". Medir é apenas parte do processo. Importa igualmente interpretar e traduzir essa informação em opções concretas.

Sem a compreensão da importância da avaliação do desempenho da comunicação 2.0 ficará sem perceber verdadeiramente o seu público-alvo, os seus comportamentos e opções, condicionando consequentemente as suas decisões sobre como influenciá-lo e interagir com ele. No meio disso, ainda fica, eventualmente, iludido com o sucesso e o número de seguidores que a sua campanha gerou, sem perceber muito bem porque é que "aquele novo produto" que pretende vender continua sem qualquer encomenda *on-line* e sem qualquer acréscimo na venda em loja.

A análise do desempenho na comunicação digital é hoje uma solução prática capaz de apoiar a tomada de decisões com base em importantes informações recolhidas, sejam elas de carácter quantitativo ou qualitativo.

O desafio é reverter estes elementos em instrumentos de gestão cada vez mais optimizados, quer sejam: de experiência para o utilizador; de comunicação de produto; de gestão da reputação; da definição de conteúdos ou ainda de atenção ao cliente.

O sucesso do *analytics* na comunicação digital advém de um conjunto de factores, aos quais, como sempre, estão associados riscos e/ou potenciais *flops* no caso de uma utilização errada de canais, de conteúdos ou de segmentação e de contextos. São eles:

a) Número e expressão do leque de *social media* enquanto canais de comunicação e marketing;

b) *Big Data* – volume e natureza da informação que permite recolher;

c) Comportamento do consumidor – e a sua dependência face à informação *on-line* para o processo de decisão;

d) Clara compreensão e definição dos objectivos gerais da organização e dos objectivos específicos da comunicação;

e) Ferramentas e domínio das plataformas de monitorização da comunicação digital.

O processo de cultivar a importância da mediação e da monitorização dos dados corre riscos se, de repente, um colaborador a quem sempre foi vedado o acesso à informação se vir confrontado com relatórios dos quais não tem ideia alguma. A interiorização dessa importância passa por qualificar profissionais responsáveis e colaborativos e ainda procurar colocar os dados ao nosso serviço, em vez de sermos nós a trabalhar para os dados (Peterson, 2011)!

E que mais pode fazer?

Elaborar relatórios "flash" com sínteses dos principais indicadores;

Dar exemplos de "causa-efeito";

Sublinhar a relevância dos dados nas opções de determinada decisão;

Criação de um glossário interno com conceitos-chave;

Estabelecer uma política de hierarquia na prioridade da informação;

Conferir diferentes níveis de acesso à informação;

Outros.

Big Data e o valor da informação

O excesso de dados que hoje nos é permitido recolher traz consigo desafios acrescidos na promoção de uma cultura de medição eficaz e fluída. Concordamos. Falamos em *Big Data*[36]. Este volume de dados comporta um extenso leque de acções para as quais nem todas as organizações estão preparadas: recolher; modelar; agregar; segmentar; aplicar; avaliar; interpretar... Mas se o valor dos dados implica recursos, investimento e competências, porque terá uma organização de juntar mais uma rubrica às suas despesas? A resposta é simples. Se não o fizer, o desperdício daquilo que investe em acções não monitorizadas pode surpreendê-lo, e levar a perder muito mais do que aquilo que poderá ganhar se der atenção a esta etapa importante do planeamento da comunicação.

Vejamos algumas vantagens da medição do investimento na avaliação de desempenho da comunicação digital e na interpretação dos dados:

---

[36] Refere-se a um conjunto de dados cujo volume vai além da capacidade que os *softwares* convencionais de bases de dados dispõem para os recolher, armazenar, gerir e analisar. A definição é intencionalmente subjectiva e varia em função do sector de actividade, da natureza dos instrumentos que determinada organização dispõe para processar dados e ainda da própria dimensão de dados que cada sector de actividade produz. Pela dimensão tecnológica, define-se "*Big Data*" por volumes de dados que ultrapassam os milhares de *gigabytes* (GB) (1 GB=10^9 *bytes*), em muitos casos falamos de dezenas de *terabytes* (TB) (1 TB=10^{12} *bytes*) ou mesmo em *petabytes* (PB) (1 PB=10^{15} *bytes*). A evolução deste volume de dados tem tendência para crescer em consonância com o desenvolvimento da tecnologia (Manyika, James *et al.*, 2011, Maio).

Eficiência comunicacional	Produtividade organizacional	Competitividade e crescimento
- Fornece *inputs* essenciais aos ajustes nas opções de comunicação; - Criação de valor e significado à comunicação; - Segmentação e eficácia nas opções; - Afirmação e/ou redefinição de tácticas; - Monitorização e ajustes no investimento; - Optimização de conteúdos; - Compreensão do posicionamento da imagem e identidade organizacionais; - (...)	- Optimização dos circuitos informativos; - Instrumento de gestão de procedimentos e de liderança; - Redução de custos operacionais; - Melhoria dos tempos de pesquisa; - Maior eficácia na gestão de processos; - Definição de melhores sistemas *"after-sales"*; - (...).	- Definição clara da política de dados; - Investimento e compreensão da tecnologia; - Inovação e melhoria nos produtos e serviços; - Promoção do talento por via da informação e do conhecimento; - Novos modelos de negócio; - (...).

Porém, hoje, erradamente, existe ainda um imenso volume de informação que não é monitorizada, recolhida e devidamente analisada. Muitos dados continuam presos em departamentos que adoram ficheiros extensos de incalculável valor, encarando-os como moeda de troca para manifestações de poder. Com a recolha de informações que a comunicação digital permite, aliada a fontes clássicas de obtenção de dados, as organizações aumentam a sua capacidade de elevar o diálogo com todas as partes envolvidas. E porquê deixar passar ao lado esta oportunidade?

Instrumentos de análise da presença *on-line*

Com o desenvolvimento das plataformas e *media* sociais *on-line*, assistimos igualmente a um *boom* na indústria de instrumentos e *softwares* de monitorização e avaliação da *performance* no digital. O leque de opções é quase tão diversificado quanto a tipologia de plataformas que existem na *Web*. Há *websites* que nos disponibilizam dados simples sobre o desempenho de acções numa rede social, mas outras plataformas mantêm ainda a simples contagem de visitas com um painel de informações pouco significativo. Outros ainda, prestam-nos informação desligada, isto é, sem relação com outros indicadores que podem alterar significativamente a interpretação que se faz de uma métrica isolada, como demonstraremos à frente.

Isto significa que para diferentes objectivos exigem-se diferentes métricas. E inclusive para o mesmo objectivos será sempre necessário o cruzamento de diferentes métricas. Está na hora de deixar de se deslumbrar apenas pelo número de fãs e seguidores. Isso continuará a ser a melhor métrica para aprovação social dos seus amigos, mas certamente que poderá significar pouco para a sua organização!

Mas falamos de plataformas gratuitas ou de avultados investimentos? O gestor de redes sociais pode fazer esse trabalho ou terei de contratar alguém? A resposta a estas questões não é simples. Uma vez mais, revisite os seus objectivos e tenha em mente todo o seu plano. Na verdade, existem indicadores muito úteis providos por instrumentos de análise que, gratuitamente, fornecem dados relevantes que nos permitem tirar algumas conclusões. É o caso do *Google Analytics*[37] que, devidamente integrado no seu *website*, fornecerá importantes relatórios de *performance* da navegação, das origens de tráfego, dados sociodemográficos dos utilizadores, tempos de visita, entre outros. Também grande parte das redes sociais *on-line* dispõe de um painel de informações que permite aos administradores monitorizarem o comportamento das suas histórias e das interacções dos seus seguidores, de forma gratuita. Veja-se também o exemplo do *Facebook Insights*[38]. Por outro lado, as análises de contexto; a "avaliação" do comportamento da concor-

---

[37] É uma plataforma gratuita, propriedade da Google, que fornece informações em tempo real sobre o desempenho de diversos produtos ou serviços *on-line*. Faculta estatísticas sobre o modo como os visitantes utilizam determinado *website*, como chegaram ao mesmo e o que pode fazer para que continuem a voltar. Ao mesmo tempo permite medir volume de vendas e taxas de conversão. No *Google Analytics*™, além de percebermos os comportamentos de navegação dos utilizadores, podemos ter acesso a análises de conteúdos, análises de redes sociais *on-line*, análise de dispositivos móveis e também análises de desempenho da publicidade. Inicialmente o serviço havia sido criado precisamente para facilitar os *webmasters* a optimizarem os seus *websites* para campanhas publicitárias, recorrendo em particular ao *AdWords*™ e ao *AdSense*™ (áreas de negócio de *Ads* (*Advertising*) – com publicidade paga em função do desempenho). A plataforma do *Analytics* permite assim extrair relatórios completos e personalizados em função das necessidades concretas. Os dados recolhidos são determinantes para a optimização da *performance* da presença *on-line*. O acesso à plataforma é possível através da simples criação de uma conta *Google* (*Gmail*). O *website* oficial disponibiliza tutoriais e instrumentos de aprendizagem de manuseamento da plataforma gratuitos e acessíveis para quem não é *webmaster*. *www.google.com/analytics*.

[38] Painel de controlo de informação estatística sobre o desempenho de uma página de "fãs" na rede social. *www.facebook.com/insights*.

rência; as taxas de *engagement* ou as interacções com os *posts*; as referências à marca ou ao produto; o alcance; a valorização (qualidade) dos comentários; a influência; entre outros, pode, muitas vezes requerer algum investimento nestas plataformas de monitorização da conversação na *Web*. O volume de investimento pode ser variável em função de diversos critérios. Assim como a sua opção pode variar em virtude do seu interesse relativamente às opções que determinada oferta dispõe. Há igualmente plataformas pagas que permitem uma assinatura "free", com acesso a um número limitado de indicadores, podendo no entanto, em função do plano e assinatura, ir recorrendo a serviços cada vez mais completos.

Se estiver a pensar em investir num destes instrumentos saiba quais os factores que podem condicionar as suas opções e o valor final no seu plano de comunicação:

a) As métricas que oferece;

b) Interface – usabilidade;

c) Painel de controlo (*dashboard*);

d) Interligação com outras ferramentas (exemplo, *Google Analytics*);

e) Número de *media* sociais que permite monitorizar;

f) Possibilidade de *update* e actualização constante das suas propriedades;

g) Relação e apoio da parte do comerciante;

h) Línguas nas quais o sistema está disponível;

i) Instrumentos de relatório: *e-mail*; *dasboard widgets*; PDF; CSV, SMS, outros;

j) Outras.

Para que servem?

De uma forma mais imediata é fácil compreender a abrangência e a validade destes instrumentos. Facilitando a sua compreensão decidimos apresentar-lhe algumas vantagens úteis se ainda hesita em reconhecer a importância das plataformas de monitorização e avaliação do desempenho no digital. Separamo-las em quatro áreas essenciais: *auscultar/ouvir*; *envolver*; *medir* e *aprender*.

LISTEN	ENGAGE	MEASURE	LEARN
- Monitorizar conversas em *social media* em tempo real; - Identificar influenciadores; - Análisar o conteúdo (*feelings analytics*) – tom e emoção; - Acompanhar acções da concorrência; - Caracterizar perfis sociodemográficos e geográficos dos utilizadores; - (…).	- Interagir com comunidades-chave e influenciadores; - Identificar e intervir em áreas de gestão de reputação; - Compreender tendências de mercado; - Influenciar tópicos e temas de conversa; - (…).	- *Reach* (alcance); - Exportar relatórios; - Avaliar o *brand engagement*; - Taxa de interacção; - Quantificar e localizar referências; - Avaliar a relevância de determinada referência ou acção; - Taxas de conversão; - Tráfego, tempos de visita, páginas visitadas, entre outros; - Indexar múltiplas fontes de informação; - Análise competitiva de performance com a concorrência; - Análise integrada de outras métricas provenientes de outras plataformas; - (…).	- Tutoriais; - Canais de apoio ao cliente/formação; - Apoio técnico; - Assistência; - Artigos e documentos relacionados com a gestão da plataforma e/ou sobre tácticas para melhoria da performance; - (…).

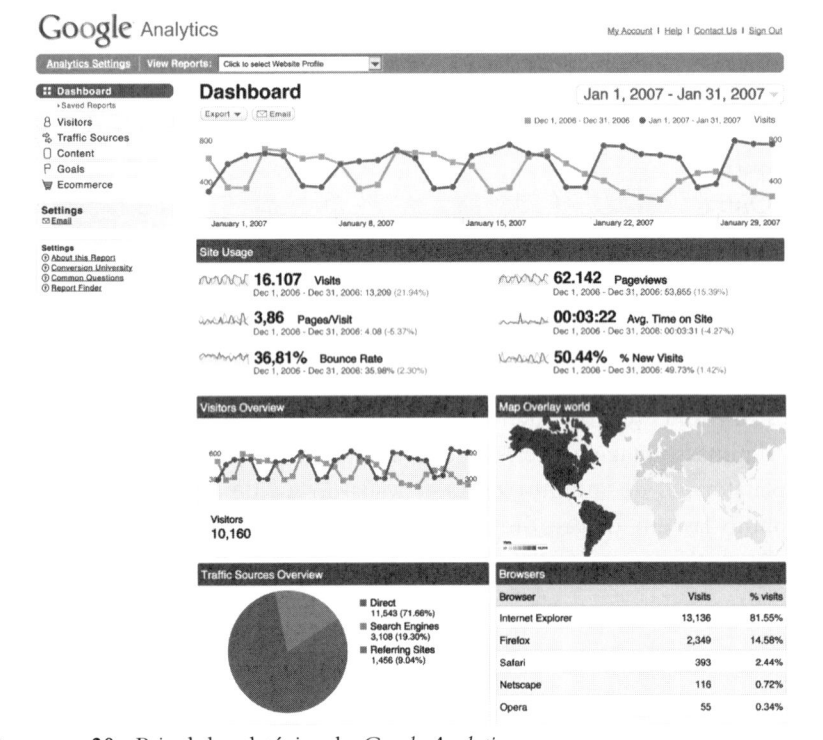

Imagem 20. Painel de relatórios do *Google Analytics*.

Parece-lhe muito confuso ou apresenta demasiada informação? Então experimente fazer os cálculos à mão apenas de uma métrica – Taxa de Interacção (*engagement*) – em apenas três das mais comuns redes sociais, Facebook, Twitter e Google +:

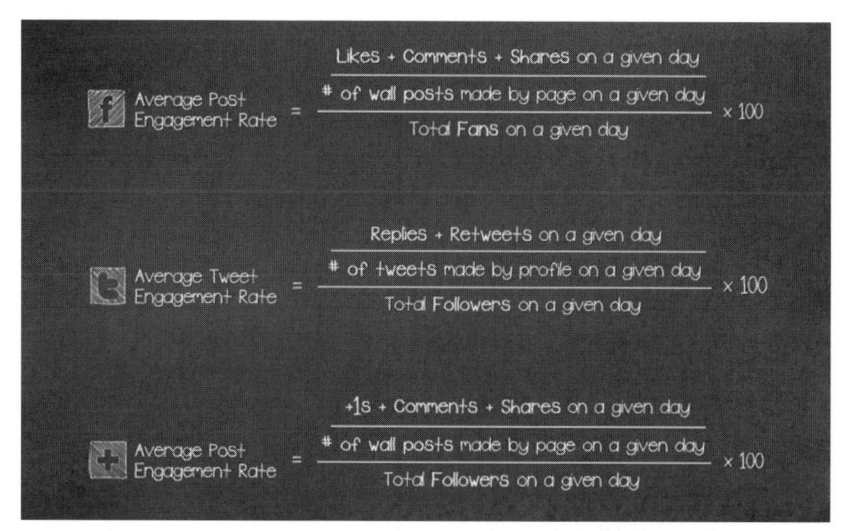

Imagem 21. Cálculo das taxas de interacção (*engagement*). Fonte: <http://www.socialbakers.com/blog/1844-marketers-pick-the-best-metrics-for-social-media-monitoring>.

Convencido? Então saiba que pode ter estes dados em segundos. E continue esta viagem. Tempo é dinheiro!

Que instrumentos existem e para o que são recomendados?

Apresentamos várias opções às quais poderá recorrer em função das suas condições de investimento e ainda, e mais importante, em função dos objectivos que pretende cumprir:

Para que é recomendada?	Plataforma	Disponíveis Gratuita/Demo	Disponíveis apenas ou também na Versão Pro (€)
Redes Sociais *On-line* (destaque para Twitter + Facebook)	Addict-o-matic	X	
	SDL Customer Analytics		X
	Hootsuite	X	X
	Facebook insights	X	
	Tweet Reach	X	
	Twazzup	X	
	Klout	X	
	Awareness Hub		X
	SocialFlow	X	X
	HowSociable	X	
	True Social Metrics		X
	Social Bakers	X	X
Campanhas em *social media (Ads)*	WildFire's Social Media Monitor	X	X
	SDL Campaigns		X
Alertas	Feedly	X	X
	Socialmention	X	
	Mention	X	X
	Digg Reader	X	
	Yahoo Pipes	X	
	Watch That Page	X	
Hashtags e *short links*	Hashtracking	X	X
	Bundle Post	X	X
	Goo.gl	X	
	Bit.ly	X	
	T.co	X	
Blogues, Comentários e Fóruns	Comment Sniper	X	
	Socialmention	X	
	Google Trends	X	
	Boardreader	X	
	Alltop	X	
	Technorati	X	

Tráfego/*Reach*	Google Analytics	X	
All-in-one	Google Analytics	X	
	Sysomos	X	X
	Hootsuite Pro		X
	SDL	X	X
	SalesForce	X	X
	Cision	X	X
	Vocus – PR Suite		X
	BrandChats		X

As métricas e a comunicação mensurável

Afinal existem métricas mais úteis do que outras? Não gostaríamos de colocar a questão desta forma. Mas na verdade existem métricas que prestam informação de maior valor acrescentado que outras. Se o "número de *likes*" ou o "número de cliques" é das métricas mais apetecíveis para uma acção de comunicação, não poderemos reprimi-las à partida. Por outro lado, se o objectivo de comunicação passa por gerar um determinado número de *leads*, por si só, mesmo que em grande número, aquelas métricas podem significar quase nada. O potencial da comunicação digital e dos instrumentos que a servem reside também na vantagem de poder integrar e relacionar informações que resultaram das suas opções de comunicação, sejam elas de carácter qualitativo ou quantitativo.

Voltando à questão anterior, a utilidade das métricas requer um exercício de concertação cuja interacção final possa fornecer explicações objectivas acerca do desempenho de uma acção de comunicação *on-line*. Não isole as métricas. Relacione-as. Do resultado desse esforço deverá poder extrair conclusões que lhe permitam tomar decisões: de reforço do investimento, de manutenção, de segmentação da campanha, da definição de conteúdos, da abordagem gráfica e composição visual, dos tempos de resposta, da frequência de actualizações do seu perfil ou, simplesmente, permitir-lhe-ão concluir que terá que refazer parte do seu plano para procurar um espaço mais contextualizado à sua comunicação.

Figura 6. Métricas.

Exposição	Interacção	Acção/conversão
Reach (alcance)	Taxa de interacção	Visitas
Impressões	Visualizações	Compras
Share of Voice	*Likes*	*Downloads*
Ranking orgânico (blogues)	Tempo de visualização	Votos
Taxa de clique (CTR)	*Pageviews*	Pedidos de informação
Cliques	Subscrições	Taxa de conversão
Likes	Taxa de resposta	*Uploads*
	Partilhas/*Retweets*	Novos utilizadores
	Visitantes/Utilizadores únicos	
	Membros activos	
	Bookmarks (favoritos)	
	Visitas repetidas	
	Comentários	
	Discussões	
	Contribuições (*uploads*)	
	Downloads	

Influência
Ratings
Reviews
Partilhas
Mudança de preferência
Posts
Trackbacks
Convites
Menções (*hashtag* ou @)

Hard & *Soft benefits* da mediação do ROI

Feitas as contas e medir, à primeira vista, parece mais complexo daquilo que na verdade é. É certo que tem de haver um processo de integração desta filosofia no modo de planeamento e operacionalização da comunicação digital. É como se falássemos de uma espécie de *accountability* para connosco próprios, para os nossos pares, para os nossos colaboradores, para os directores e para todos os *stakeholders*. Mas esta atitude de "prestar contas" na comunicação digital vai além da simples demonstração da simples equação entre aquilo que foi planeado e aquilo que foi executado. A avaliação de desempenho da presença *on-line* é fulcral para sabermos qual o nosso posicionamento, qual a percepção que os *outros* têm de nós, o que é um produto bem-sucedido, na verdade: em que é que resultou? É o retorno do investimento que está a ser apurado. E, em última instância, é a revelação da capacidade estratégica do seu plano de comunicação. Mas não se assuste já se as coisas tiverem corrido mal! Pode sempre verificar que a falha também pode estar no topo da sua organização e agora, com dados concretos, precisa de compreender qual a verdadeira posição que a comunicação deve ocupar na estrutura. Por outro lado, se o resultado for positivo celebre com a sua equipa e guarde algum entusiasmo para confortar o seu próprio ego. Corre sempre o risco de que nem toda a gente tenha percebido bem a importância daquilo que acabou de alcançar. Há efeitos na comunicação que não são imediatos e por isso terá de continuar a fazer aquilo que já faz bem e que os resultados lhe comprovaram.

No que à avaliação do *return on investiment* (ROI) diz respeito, bem como à medição da presença *on-line*, lembre-se sempre de que existem benefícios mais concretos e outros de alcance mais inatingível e não mensuráveis. Pelo menos de imediato. Há dados que facilmente se convertem em resultados claros com efeitos condicionantes num objectivo, outros simplesmente influem em processos cujos resultados não são tão directos. Daí distinguirmos os *hard benefits* (aqueles que são quantificáveis e mais imediatos), dos *soft benefits* (aqueles que provêm de processos intermediados, ou seja, indirectos, não existindo uma relação causa-efeito imediata e são mais difíceis de quantificar). No primeiro caso falamos de acções concretas que decorrem do desempenho, positivo ou negativo, que as acções de comunicação revelaram após a sua avaliação. Há uma informação tangível capaz de se converter, muitas vezes, em valores financeiros assumidos como a "receita" de determinada campanha − conversão. Vemos os exemplos nos quais compreendemos o sentido dos *hard benefits*, sejam em valor percentual, unitário, financeiro, ou outros:

a) Aumento/diminuição da **taxa de clique**;
b) Aumento/diminuição do **investimento publicitário**;
c) Aumento/diminuição do **número de *leads***;
d) Aumento/diminuição do **número de encomendas**;
e) Aumento/diminuição do **número de pedidos de informação**;
f) Outros.

Por outro lado, importa ter presente que o valor da informação que as ferramentas de monitorização 2.0 nos permite obter nem sempre se converte, imediatamente, em referências quantitativas. Mas uma cultura de medição enraizada e fluida, na qual a informação possa chegar a várias áreas de decisão e trabalho, traz consigo vantagens significativas. Com a aposta de um ambiente de informação partilhada, ajustada às necessidades particulares de cada área de actividade, incute valor acrescentado a operações cruciais no funcionamento da organização, nos processos de comunicação e no relaciomento com os *stakeholders*. Senão vejamos:

a) **Motivação dos colaboradores** – por receberem informação de como a sua acção influi no desempenho de um objectivo, produto ou serviço;

b) **Aumento de produtividade** (sem recurso a automatização e/ou extinção de etapa intermédia) – por terem acesso a dados que revelam áreas ideais de intervenção, necessidades de melhoria de produto, entre outras;

c) **Satisfação e fidelização do cliente** – por conhecerem o comportamento dos seus clientes e as suas necessidades e os seus sentimentos em relação à marca (CRM, *sales* e *after-sales*);

d) **Redução do tempo do ciclo de venda** – por terem identificadas áreas geográficas ou perfis de consumidores mais claros;

e) **Aumento da reputação** – tanto pelos colaboradores conhecerem o impacto das suas acções na comunicação individual, como também por prestarem melhor informação ao cliente.

Percebemos que a promoção de uma cultura de medição é quase tão importante quanto a definição rigorosa de um plano de comunicação no seu todo. No fundo, reconhecemos que por mais bem estruturado que esteja um plano de comunicação nas três primeiras fases, se descurar a sua última etapa, pode comprometer todo o trabalho de uma equipa e a própria organização. Avaliar a presença *on-line* resume uma atitude de seriedade perante a comunicação e, acima de tudo, pela consideração em prestar informação clara e concreta aos colaboradores e a todas as partes envolvidas, de forma a poderem optimizar as suas opções e a orientarem estrategicamente as suas decisões.

Vejamos agora a aplicação destes conceitos e perceba como pode melhorar as suas vendas. E lembre-se: a ideia é poder extrair estes contributos para todos os outros objectivos que possa ter no seu plano de comunicação!

Métricas para Desempenho no Digital

Metade métricas, metade *feeling* –
o suficiente para duplicar vendas
por FILIPE ALMEIDA

É importante medir, é fulcral medir, é determinante medir... E podíamos estar a tentar encontrar mais adjectivos para demonstrar a importância da medição do desempenho na comunicação digital. Não vamos insistir nesse ponto, vamos antes perceber como podemos, no mínimo, duplicar as vendas. No final do dia, é isso que interessa.

Analisemos esta página criada para um banco. A página em baixo era a *landing page*[39] de uma campanha que tinha como principal objectivo de comunicação: gerar *awareness* dos seus depósitos a prazo. Em termos de negócio o objectivo passava por aumentar a base de clientes.

Imagem 22. *Landing page* desenvolvida para campanha de depósitos a prazo de um banco (ilustrativo).

---

[39] Página *Web* de destino (ou página de entrada) à qual um visitante/utilizador chega após "clicar" num resultado de um motor de pesquisa, num anúncio de *banner* ou num *link* patrocinado, entre outros, com o objectivo de obter os contactos de uma pessoa ou empresa potencialmente interessados num determinado produto e/ou informação que essa mesma página anuncia.

A página incentivava o utilizador a contactar o banco para poder ser aconselhado e escolher o produto financeiro que mais se adequaria às suas necessidades. Como tal, a submissão de um formulário era uma das principais formas de um visitante se converter numa *lead*[40].

Neste formulário, o botão "Submeter" não foi o pensado e implementado inicialmente. Tivemos o *feeling* inicial de que o botão Pretendo ser aconselhado ▶ seria o mais indicado. Porquê este *feeling*? A página tinha uma linguagem muito orientada para o aconselhamento. O próprio formulário tinha como *headline*[41] "Quer um conselho?". Tivemos o *feeling* de que era um texto menos agressivo, mais suave, e que isso incentivaria uma pessoa a submeter os seus dados para ser contactado.

Quão errado estava o nosso *feeling*.

Para medir a eficácia da campanha e da *landing page*, foram *avaliados* os formulários submetidos com sucesso e foram também *medidos* os formulários submetidos com erro (ou seja, formulários submetidos sem preencher um ou mais campos do formulário).

O botão Pretendo ser aconselhado ▶ gerou dois formulários submetidos com erro por cada formulário submetido com sucesso. O formulário era um autêntico gerador de *leads* perdidos. Porquê tamanha perda de negócio por causa de um simples botão? Ao analisar estes resultados foi lançada a hipótese de que o texto "Pretendo ser aconselhado" estava a fazer com que os visitantes da página pensassem que ao "clicar" neste botão iriam para uma nova área do *website* onde pudessem ser aconselhados, sem necessitarem de preencher qualquer formulário. Teríamos então de dar a entender que teriam de preencher o formulário para poderem ser contactados e aconselhados. Surge então um novo botão Submeter ▶ que

---

[40] *Lead generation* é um termo ligado ao marketing, essencialmente em contexto digital, utilizado para designar o registo de contactos de uma pessoa ou empresa interessados num determinado produto, informação ou serviço. Os métodos para angariar *leads* são diversificados, mas recorrem maioritariamente a acções de publicidade contextual, *e-newsletters* ou pesquisas orgânicas. O objectivo último deste tipo de campanha é sempre converter a *lead* na acção para a qual foi pensada esta iniciativa de geração de *leads*: fazer *download* de cupões, inscrever-se numa *newsletter* ou, principalmente, adquirir um produto ou serviço.

[41] É por vezes entendido como "frase-acção" que incita o visitante a continuar o processo de conversação e interacção com o *website*, com vista a concretizar uma intenção que desejamos, neste caso, solicitar informações. Pode ter a configuração textual ou gráfica – um botão ou um *banner* – porém tende a ser sempre um elemento visual destacado que funcione como "*call-to-action*".

fez aumentar o número de *leads* em 100%. Os erros no formulário desceram significativamente. O texto "Submeter" fez com que o visitante percebesse que tinha que preencher o formulário antes de poder submetê-lo e ser então contactado para ser aconselhado. O negócio duplicou devido a um simples botão.

Por muito bons que julguemos ser e por muita experiência que possamos ter nem sempre o nosso *feeling* é o melhor. As *métricas* confirmam--no. No digital nasce uma nova cultura: metade métricas, metade *feeling*. O *feeling* é essencial para gerar novas ideias, romper com o que é *average* (comum), inovar. Mas no final do dia são as métricas que nos dizem se realmente estamos num bom caminho.

O que medir... sem cometer o maior erro?

O maior erro de quem mede a eficácia do negócio é basear as suas decisões em apenas uma métrica. Essa única métrica, seja ela qual for, analisada de forma isolada esconde muita história, esconde a realidade, esconde os reais motivos para o sucesso ou insucesso. Vamos analisar uma das métricas mais antigas do digital: número de cliques.

"Esta campanha está a ter um sucesso tremendo, conseguimos milhares de cliques!" é uma expressão comum que se ouve. Mas se reflectirmos bem sobre o *clique* em si, percebemos que este é apenas uma parte da história.

a) O que fez com que a pessoa "clicasse"? Será a mensagem, será uma imagem, será a promoção?

b) Depois do clique, teve interesse no produto que vendemos? Ou será que a pessoa clicou por engano e abandonou o *website*?

c) Depois de ter "clicado" e ter demonstrado interesse no produto, a pessoa comprou o produto? Ou perdeu-se no meio do processo e não formalizou a compra?

Todas estas questões podem e devem ser levantadas por quem realmente quer saber o que influencia o sucesso ou insucesso do seu negócio no digital. Tudo isto reflecte uma longa história que vai para além do clique.

Na prática, o que medimos tem que reflectir esta história. No fundo, o processo que o consumidor tem que traçar para chegar ao nosso produto e comprá-lo.

A história divide-se em três capítulos principais:

1) Exposição: o momento em que o consumidor está exposto à nossa marca, seja porque viu um *banner* promocional da nossa marca num qualquer *website* que costume visitar, ou porque recorreu a um motor de pesquisa no qual aparecemos nos primeiros resultados orgânicos. São estes alguns dos estímulos que podem fazer com que o consumidor entre nas nossas propriedades digitais.

2) Interacção: o momento em que o consumidor interage com a nossa marca nas nossas propriedades digitais como o nosso *website*. É nesta fase que ele demonstra interesse no nosso produto e procura toda a informação necessária para que se sinta confortável em tomar a sua decisão de compra.

3) Conversão: o momento em que o consumidor converte (*on-line* ou *off-line*). É a concretização de um processo de tomada de decisão.

Imagem 23. Três principais grupos de métricas: exposição, interacção e conversão.

Existem métricas associadas a cada uma destas fases que nos permitem saber o que realmente está a acontecer, do início ao fim. Vejamos as métricas que podemos ter de uma campanha *paid media* (por exemplo de uma campanha de *banners*):

Métricas de exposição

Reach – número de utilizadores únicos que são "impactados" pela nossa marca, por exemplo através de um anúncio. Um valor de *reach* elevado significa que a campanha está a alcançar muitas pessoas.

Impressões – número de vezes que o anúncio é servido. Um valor de impressões elevado significa que os anúncios estão a ser servidos com uma maior frequência.

Cliques CTR (Click through rate ou taxa de clique) – taxa que é calculada da seguinte forma: Cliques/Impressões*100. Um valor de CTR elevado significa que o anúncio está a potenciar o clique.

Analise os dois cenários seguintes:

	CENÁRIO A	CENÁRIO B
Reach	250.000	150.000
Impressões	1.000.000	900.000
Cliques	5.500	8.100
CTR	0,55%	0,90%

Analisando os cenários acima, verificamos que a campanha do *cenário A* atinge mais utilizadores (*reach*) e os anúncios são servidos mais vezes. Por outro lado, tem menos cliques e uma menor taxa de clique. A campanha do *cenário A* é, portanto, menos apelativa ao clique podendo dever-se a a uma ou mais razões:

a) *Banners* do *cenário A* pouco apelativos com uma mensagem pouco atractiva ao consumidor;

b) *Banners* do *cenário A* estão fora da área de acção do utilizador e estão pouco visíveis aos utilizadores;

c) *Banners* do *cenário B* são de um formato diferente e mais intrusivo que interrompe a navegação do utilizador no *website* que está a visitar, difícil de fechar, e por isso, origina cliques por engano;

d) *Banners* do *cenário B* estão a ser servidos a uma audiência com uma segmentação baseada na sua localização e no seu histórico de navegação que permite tornar a comunicação mais relevante;

e) *Banners* do *cenário B* estão a ser servidos em páginas de conteúdo semelhante aos *banners* tornando a comunicação mais contextualizada.

Entre tantas outras razões que podem causar um maior ou menor volume de cliques.

Contudo ainda não concluímos, nem sequer seria possível fazê-lo, se a campanha do *cenário A* foi mais ou menos eficaz que a campanha do *cenário B*. A história ainda agora começou.

Métricas de interacção

Páginas por visita – Média de páginas que um utilizador visualiza por cada vez que visita o *website*. Um valor de páginas/visita elevado significa que os utilizadores estão a visualizar muitas páginas de conteúdo quando entram no *website*.

Tempo médio no *website* – duração média da visita ao *website*. Um valor de tempo médio no *website* elevado significa que os utilizadores estão a dispender mais tempo a visualizar o conteúdo.

***Bounce rate* (taxa de rejeição)** – percentagem de visitas que visualizam uma só página do *website*. Um valor de *bounce rate* elevado significa que os utilizadores estão a abandonar o *website* pela mesma página em que entraram no *website* sem visitar qualquer outra página de conteúdo.

	CENÁRIO A	CENÁRIO B
Reach	250.000	150.000
Impressões	1.000.000	900.000
Cliques	5.500	8.100
CTR	0,55%	0,90%
Páginas/Visita	5,0	1,3
Tempo médio	4m45s	0m10s
Bounce rate	32%	93%

Analisando novamente os *cenários A* e *B*, adicionando mais uma parte da história, verificamos que a campanha do *cenário A* angaria utilizadores que interagem mais com o *website*. Visualizam mais conteúdo, dispendem mais tempo e são poucos os que abandonam o *website* na página de entrada. Por norma, estes valores de interacção (*cenário A*) são os que se pretendem. Uma das raras situações em que os valores do *cenário A* não são os ideais, é o caso de um *website* com objectivos de suporte/apoio ao cliente em que se pretende que o utilizador esclareça a sua dúvida o mais rapidamente possível sem ser necessário visualizar muitas páginas de conteúdo.

Como é possível que uma campanha que tem maior tendência para ser clicada (*cenário B*), angarie tráfego que interage pouco no *website*? Algumas das potenciais causas:

a) Já foi abordado anteriormente que os *banners* com um formato intrusivo podem gerar cliques por engano e, consequentemente, gerar tráfego pouco disponível para a interacção com o *website*;

b) A mensagem do anúncio não está reflectida na página de entrada do *website*. Por exemplo, o anúncio aborda uma promoção em "Computadores portáteis" mas o utilizador é direccionado para uma página do *website* referente a uma campanha de reutilização de "tinteiros". O utilizador naturalmente tem tendência a não querer continuar a navegar no *website* e abandona;

c) Entre tantas outras razões que podem causar uma maior ou menor interacção com a propriedade digital.

Nesta altura já conhecemos grande parte da história e estamos quase a poder concluir se uma campanha é realmente eficaz ou não.

Métricas de conversão

Conversão – acção final a qual se pretende que o utilizador efectue no *website*. Representa a concretização do objectivo da campanha. Pode ser uma encomenda *on-line*, um pedido de contacto, entre outras ações possíveis que representem a conversão.

Taxa de conversão – percentagem de visitas que efectuam uma conversão. Uma taxa de conversão elevada significa que a campanha é eficaz.

Valor da conversão – valor que a acção de conversão representa em termos de receitas. Num *website* de *e-commerce*, este valor representa a receita (*revenue*) gerada pelas vendas *on-line*.

	CENÁRIO A	CENÁRIO B
Reach	250.000	150.000
Impressões	1.000.000	900.000
Cliques	5.500	8.100
CTR	0,55%	0,90%
Páginas/Visita	5,0	1,3
Tempo médio	4m45s	0m10s
Bounce rate	32%	93%
Conversões	**2250**	**81**
Taxa de conversão	**50%**	**1%**
Valor da conversão	**200 075,00€**	**4 500,00€**

Analisando novamente os *cenários A* e *B*, adicionando uma outra parte da história, verificamos que a campanha do *cenário A* é de facto a mais eficaz. Os utilizadores convertem e, de facto, geram mais receitas à empresa.

Este cenário que pode parecer pouco comum, não o é na realidade e é um alerta para qualquer profissional que tome decisões. Sustentar as suas decisões apenas numa métrica (seja ela qual for) sem ter noção de toda a história e do seu contexto é como correr os "100 metros barreiras" de olhos vendados: ao primeiro obstáculo caímos e nem sabemos onde estamos.

Micro e macroconversões
Como medir o impacto das campanhas digitais no negócio

Independentemente de o cliente tomar a decisão e agir (converter) *on-line* ou *off-line*, é possível monitorizar o impacto que qualquer campanha ou propriedade digital tem na sua acção de comunicação e consequente negócio.

Dessa necessidade de avaliar o efeito ROPO (*Research On/Off-line Purchase On/Off-line*) – em que o consumidor pode começar o seu processo de decisão de compra no *on-line* e efectivar a compra no *off-line* – surgem os conceitos de *macro* e *microconversões*.

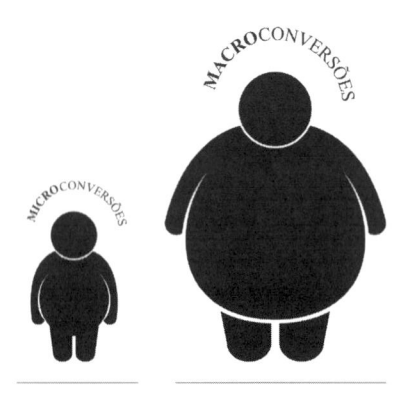

Imagem 24. Micro e macroconversões.

A *macroconversão* é o principal objectivo de conversão. Num *website* de *e-commerce*, por exemplo, a *macroconversão* é claramente a "encomenda". A *microconversão* representa um objectivo secundário de conversão. São claras demonstrações de interesse por parte do cliente em converter, mas que por qualquer razão não chegou a atingir a *macroconversão* naquele momento. Por exemplo, e continuando com a ideia de um *website* de *e-commerce*, o acto de "adicionar um produto ao carrinho de compras" é uma *microconversão* e uma demonstração de interesse naquele produto. Por uma questão de tempo, de preço, de preferência por outro canal de venda ou até mesmo devido a uma falha técnica no *website*, o utilizador pode não ter concretizado a compra naquele momento. Não significa que qualquer que tenha sido a campanha que tenha angariado este utilizador tenha uma má performance, antes pelo contrário.

Vejamos o exemplo da aplicação deste conceito de *microconversão* e a sua importância numa empresa de retalho em Portugal, dedicada à comercialização de produtos informáticos, tecnologia e consumíveis de escritório. Um dos principais objectivos de qualquer campanha digital é angariar clientes que façam uma encomenda *on-line*. É sabido que o cliente pode, ainda assim, fazer uma encomenda em qualquer outro canal de venda (telefone, loja física, catálogo, entre outros) e o importante, no final, é fazer crescer o negócio. Esta empresa mantém uma presença contínua no motor de pesquisa com uma campanha *Google Adwords* que lhe permite estar presente em pesquisas que os seus clientes e potenciais clientes efectuam para comprar os seus produtos. A determinada altura, a marca começou a activar um dos seus produtos "Leitor de Cartão de Cidadão" através de uma campanha *Google Adwords*.

Imagem 25. Página do produto "Leitor Cartão Cidadão" no *website* de *e-commerce* da empresa (ilustrativo).

Aquando da monitorização da performance da campanha, verificaram-
-se dois comportamentos atípicos:

1) Em dois meses de campanha *on-line*, foram registadas 0 encomendas
on-line;

2) Este produto "leitor de cartão de cidadão", de todos os produtos que
estavam incluídos na loja *on-line*, era o produto em que os utilizadores mais clicavam na opção "Ver Stock Lojas" para visualizar a
disponibilidade do produto nas lojas físicas.

Caso a campanha fosse apenas monitorizada em função das encomendas que gera *on-line*, esta seria uma campanha para ser dada como ter-
minada. No entanto, a monitorização com base na microconversão "Ver
Stock Lojas" indica-nos que existe uma elevada intenção em comprar este
produto nas lojas físicas. Vejamos o impacto que esta campanha *Google
Adwords* teve nas vendas deste produto específico nas lojas físicas:

Imagem 26. Representação dos efeitos ROPO na campanha de promoção de "Leitor de Cartão de Cidadão".

Nos primeiros dois meses em que *o leitor de cartão de cidadão* foi activa-
do através da campanha *Google Adwords*, não foi efectuada qualquer promoção, a disposição do produto na loja não foi afectada e o produto não
foi comunicado em qualquer outro meio a não ser via campanha *Google
Adwords*. Para além disso não existe qualquer sazonalidade associada à
compra deste produto.

Nos primeiros dois meses da campanha em que foram registadas 0 encomendas *on-line*, a venda deste produto na loja quase que triplicou afectada única e exclusivamente pela campanha digital.

Comprovamos três pontos:

1) O efeito ROPO existe e tem de ser considerado e monitorizado.

2) À semelhança do que já foi exemplificado anteriormente, basear as nossas decisões em apenas uma métrica (neste caso a encomenda *on-line*) seria um erro enorme, pois afectaria o negócio negativamente.

3) A importância das *microconversões*, acções que demonstram uma forte intenção por parte do utilizador em converter seja *on-line* ou *off-line*.

Obsessão na optimização da conversão

Existe a ideia generalizada de que quanto mais se investe em *paid media* mais negócio geramos, o que não é necessariamente verdade, principalmente se o produto for efectivamente mau.

Uma aplicação para o iPhone demoninada "Mirror" cuja promessa era tornar o telemóvel num espelho, com o custo de £0.59, colocava a imagem de uma moldura no écrã e a pessoa via o seu reflexo no écrã escuro do seu iPhone. Muitos dos seus utilizadores não gostaram do produto.

A publicidade é responsável pela primeira venda. O produto é responsável pelas vendas subsequentes.

Esta afirmação é válida tanto para produtos como para *websites*. *Websites* fracos não incentivam a compra e, consequentemente, influem negativamente no sucesso do negócio.

De acordo com a agência e consultora Monetate[42], a taxa de conversão média é de cerca de 2%, isto é, apenas dois em cada 100 utilizadores que entram num *website* fazem aquilo que as marcas querem que eles façam (converter). No fundo, 98% dos utilizadores que entra num *website* não está a converter o que, na prática, se traduz numa grande oportunidade de optimização. Por muito que se invista em *media* e publicidade e se gere muito tráfego às propriedades digitais, a taxa de conversão pouco se altera. Se entram poucos utilizadores no *website*, 2% deles convertem; se entram muitos utilizadores no *website*, a taxa mantém-se. O segredo para gerar

---

[42] Mais informação disponível em www.monetate.com.

mais negócio, não é gerar mais tráfego, mas sim optimizar o tráfego que já entra. Precisamos de conseguir convencer o utilizador de que no nosso *website* encontrará a melhor solução para ele. O utilizador tem que se sentir convencido e motivado a concretizar a nossa intenção no nosso *website*.

Se aumentarmos a taxa de conversão de 2% para 4% acabámos de duplicar conversões. É um potencial aumento de 100% nas receitas! É por isso que devemos ser obcecados em optimizar a conversão.

Vejamos o exemplo de uma seguradora, líder em Portugal no seu segmento, para a qual foi levado a cabo um teste relacionado com a página de entrada que seria mais adequada para quem pesquisa por "simulação seguro automóvel". Na imagem 27 temos a *homepage*, e na imagem 28 temos o *simulador on-line*. Qual foi a página de entrada que gerou mais simulações?

Imagem 27. Representação da *homepage* do *website* da seguradora.

Resultado: a *homepage* gerou um aumento de 20% de simulações quando comparado com o *simulador*. Entre algumas das causas apontadas para este comportamento estão:

a) O primeiro impacto no simulador é a solicitação de dados, algo que normalmente é rejeitado pelos utilizadores.

b) O primeiro impacto na *homepage* é mais "romântico", o utilizador sente-se convencido a manter-se numa "relação" com a marca e com este *website* e aprofundar esta "relação" (no caso, simular).

Imagem 28. Representação da página do *website* com o simulador do seguro automóvel.

O nosso *feeling* – que neste caso poderia ser o contrário, tendo em conta que o utilizador pesquisava explicitamente por uma simulação do seguro automóvel – é facilmente posto à prova e são as métricas que podem guiar as nossas decisões.

Surpreendidos com quão fácil é aumentar negócio? Metade métricas, metade *feeling*.

Modelo Teórico de Maturidade em Comunicação Estratégica Digital

Do cenário descrito em todo o livro e do contacto profissional quotidiano – de convergência multimédia, aprofundamento de capacidades das plataformas resultantes do processo de digitalização e de optimização da força das marcas/serviços através da gestão da presença *on-line* – percebemos que muitas organizações procuram cada vez mais lançar iniciativas a fim de retirar partido das vantagens das ferramentas digitais *on-line* e, desta forma, envolver no mesmo processo, todos os *stakeholders*.

No sentido de auxiliar este processo de monitorização das organizações para fundamentar os seus projectos de reestruturação/modernização e actualização, bem como documentar as estratégias definidas ao nível da comunicação organizacional, propomos a definição de um Modelo Teórico de

Maturidade em Comunicação Estratégica Digital. Este modelo teórico é, naturalmente, uma abstracção de uma realidade existente e pretende assumir-se como um ponto de partida de discussão e aperfeiçoamento, enquanto ferramenta de acção e decisão organizacional. Pretende-se que esta ferramenta se traduza num elemento prático, para pequenas e grandes organizações conhecerem o seu posicionamento actual e poderem antever o caminho, que terão que trilhar para atingir as etapas consequentes, (re) organizando objectivos e procedimentos funcionais, para transitar de uma fase para outra.

A elaboração deste modelo prevê, adicionalmente, que cada organização possa traçar o caminho mais ajustado às suas particularidades, bem como aprovisionar competências, recursos e marcos necessários para operacionalizar as respectivas transições entre os diferentes estádios. É um instrumento de monitorização e uma oportunidade de voltar as atenções para dentro e compreender qual é o seu posicionamento e a sua atitude perante a comunicação: a sua maturidade ao nível da comunicação 2.0.

Concentrando as mais-valias desta ferramenta, podemos indicar que o modelo:

1. Determina em que estádio de maturidade cada organização se posiciona;
2. Identifica os passos necessários para optimizar e/ou evoluir para um estádio superior;
3. Oferece às organizações os benefícios de *benchmarking* interno, por oposição à comparação cruzada com outras instituições semelhantes/ /concorrentes, identificando pontos conquistados e áreas com necessidades especiais de melhoramento;
4. Apoia a tomada de decisões estratégicas e a gestão de meios e recursos;
5. Reforça o posicionamento estratégico da identidade e imagem institucionais;
6. Introduz no dia-a-dia da organização um sentido de melhoramento e de progresso sucessivos e cumulativos.

O modelo apresentado inspira-se em vários contributos disponíveis em documentos *on-line* e/ou artigos científicos, elaborados por autores e profissionais ligados à Comunicação Estratégica Digital, como Gijsbert van der Sleen (2011), R. Wang (2011), E. Gattiker (2011), John Hernandez (2011), Ken Chen (2010), Emanuele Quintarelli (2010), Gavin Heaton (2011) ou Rachel Happe (2011). O modelo sistematiza alguns contributos, introduz

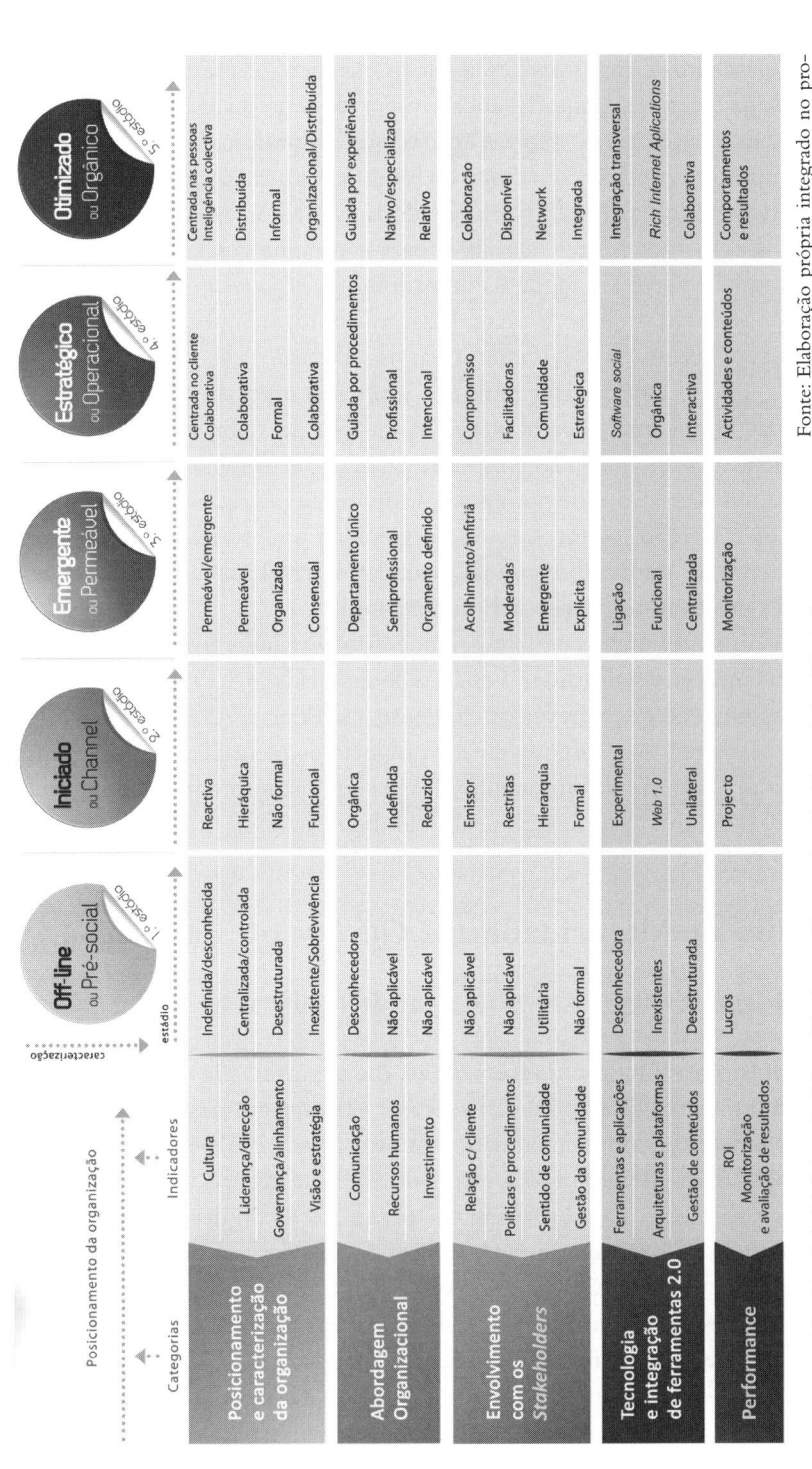

Categorias	Indicadores	Off-line ou Pré-social (1.º estádio)	Iniciado ou Channel (2.º estádio)	Emergente ou Permeável (3.º estádio)	Estratégico ou Operacional (4.º estádio)	Otimizado ou Orgânico (5.º estádio)
Posicionamento e caracterização da organização	Cultura	Indefinida/desconhecida	Reactiva	Permeável/emergente	Centrada no cliente / Colaborativa	Centrada nas pessoas / Inteligência colectiva
	Liderança/direcção	Centralizada/controlada	Hierárquica	Permeável	Colaborativa	Distribuída
	Governança/alinhamento	Desestruturada	Não formal	Organizada	Formal	Informal
	Visão e estratégia	Inexistente/Sobrevivência	Funcional	Consensual	Colaborativa	Organizacional/Distribuída
Abordagem Organizacional	Comunicação	Desconhecedora	Orgânica	Departamento único	Guiada por procedimentos	Guiada por experiências
	Recursos humanos	Não aplicável	Indefinida	Semiprofissional	Profissional	Nativo/especializado
	Investimento	Não aplicável	Reduzido	Orçamento definido	Intencional	Relativo
Envolvimento com os Stakeholders	Relação c/ cliente	Não aplicável	Emissor	Acolhimento/anfitriã	Compromisso	Colaboração
	Políticas e procedimentos	Não aplicável	Restritas	Moderadas	Facilitadoras	Disponível
	Sentido de comunidade	Utilitária	Hierarquia	Emergente	Comunidade	Network
	Gestão da comunidade	Não formal	Formal	Explícita	Estratégica	Integrada
Tecnologia e integração de ferramentas 2.0	Ferramentas e aplicações	Desconhecedora	Experimental	Ligação	Software social	Integração transversal
	Arquiteturas e plataformas	Inexistentes	Web 1.0	Funcional	Orgânica	Rich Internet Aplications
	Gestão de conteúdos	Desestruturada	Unilateral	Centralizada	Interactiva	Colaborativa
Performance	ROI / Monitorização e avaliação de resultados	Lucros	Projecto	Monitorização	Actividades e conteúdos	Comportamentos e resultados

Posicionamento da organização — caracterização — estádio

Fonte: Elaboração própria integrado no projecto D-Motions 2.0 (*www.d-motions.com*).

Imagem 29. Modelo Teórico de Maturidade em Comunicação Estratégica Digital.

novos elementos e integra ainda algumas das ideias elaboradas e colocadas em prática em países como Estados Unidos da América, Austrália ou Itália, por consultoras e outras agências ligadas a estes domínios.

Definimos o modelo com cinco estádios de maturidade, ajustando à nossa realidade nacional. Para o compreendermos melhor, estabelecemos cinco variáveis e 15 indicadores relevantes para cada uma das fases. A definição deste modelo prevê a integração de padrões de *performance* da organização: internos (posicionamento e caracterização; abordagem; tecnologia; performance); e externos (envolvimento com os *stakeholders*).

Cada estádio está caracterizado por um certo nível de compreensão do papel das plataformas sociais *on-line* na criação de valor, em organizações com estruturas diferenciadas e específicos níveis de integração entre os sistemas de informação e de comunicação interna e a gestão da presença *on--line* e da migração digital. A evolução plena de um estádio para outro está dependente de um melhoramento cumulativo em todas as variáveis, com reacções positivas nos respectivos indicadores.

Não obstante, importa sublinhar que não pretendemos assumir que o objectivo máximo será atingir o estádio de maturidade 5. O desempenho de cada organização deve prever os elementos particulares dos seus produtos//serviços, os recursos disponíveis e os objectivos identificados. A presença no estádio "optimizado ou orgânico" não significa necessariamente que os objectivos de uma organização sejam nais bem servidos.

Estádio de Maturidade 1 – *Off-line* ou Pré-Social

Relação com plataformas sociais digitais: **desconhecido**.

Posicionamento e caracterização da organização: com uma liderança muito centralizada e controladora, revela uma governança desestruturada. A cultura organizacional não é assunto prioritário, nem faz parte dos activos materiais. Por esta razão, é acessório pensar nisso. A visão e a estratégia orientam-se para a sobrevivência e para a gestão do dia–a–dia.

Abordagem organizacional: inexistência de departamento responsável pela área da comunicação, muito menos pela manutenção da marca em contextos digitais. Não é prestada a devida atenção às solicitações dos clientes, oportunidades e sugestões que vão sendo deixadas *on-line*. Não existem, por conseguinte, recursos humanos dedicados a esta actividade, nem orçamento dedicado no contexto global da ténue estratégia global da organização.

Envolvimento com os *stakeholders*: a organização está centrada nela própria. Não existe qualquer intenção de relacionamento em contextos digitais com qualquer que seja o interveniente.

Tecnologia e integração de ferramentas 2.0: os colaboradores revelam uma falta de conhecimento da existência de ferramentas digitais 2.0 para integrar na optimização dos negócios. A direcção/chefias, quando tem conhecimento da sua existência, encara-as como uma ameaça à produtividade dos seus colaboradores. A existir utilização de ferramentas e plataformas sociais *on-line*, trata-se de uma utilização individual, em contexto não profissional.

***Performance*:** a única métrica existente traduz-se no saldo. A diferença entre receita e despesa: o lucro.

Estádio de Maturidade 2 – Iniciado ou *Channel*

Relação com plataformas sociais digitais: **descoberta**.

Posicionamento e caracterização da organização: a organização conta com uma liderança hierarquizada e a governança e o alinhamento são *não-formais*. Isto é, há uma percepção de quem governa, mas não está estabelecido formalmente. A visão e a estratégia da empresa definem-se apenas por necessidades funcionais, mas estabelecem-se objectivos. Não existe ainda uma cultura organizacional receptiva à introdução de grande agitação nos processos estabelecidos. É uma cultura reactiva. Tem conhecimento da existência de novas tecnologias e plataformas digitais *on-line* e começa a olhar para estas iniciativas com curiosidade e oportunidades das quais "já ouviu falar".

Abordagem organizacional: existem recursos humanos que tratam de questões mínimas de comunicação, mas a actuação nesta área ainda não é estratégica. É uma necessidade orgânica, inerente à organização, mas não está centralizada e devidamente profissionalizada. Os recursos dedicados à comunicação ainda se dividem, eventualmente, entre serviços de naturezas completamente distintas. A organização entende manter ainda uma posição superior e distanciada face à sua audiência, pretendendo controlar a mensagem. Está presente *on-line* e assume o portal institucional na *Web* como um passo importante, mas não existe a integração de aplicações de *feedback* e colaboração.

Envolvimento com os *stakeholders*: alguns dos decisores da organização (essencialmente com responsabilidades nos canais de comunicação) começam a olhar para as plataformas sociais *on-line* como canais para enviar mensagens a clientes ou potenciais clientes. A comunicação ainda é unilateral e difundida em massa, sem segmentação e critérios de emissão. Não há uma iniciativa organizada em torno de *social businesses*. Não existe ainda uma comunidade. Resiste uma hierarquia no relacionamento entre *stakeholders*. São emanadas directrizes do topo da hierarquia, chegando mesmo as chefias a ser indiferentes às sucessivas experiências que diferentes colaboradores e departamentos vão ensaiando *on-line*. Os fluxos de informação e comunicação são gerados apenas pela organização (*top-down*).

Tecnologia e integração de ferramentas 2.0: pequenos grupos de indivíduos/colaboradores iniciam o processo de descoberta das oportunidades das ferramentas digitais 2.0. A organização encontra-se ainda numa fase experimental e começa a sua migração para o digital. A abordagem da sua presença *on-line* é ainda movida por princípios da *Web* 1.0: mera presença, ausência de diálogo. A gestão de conteúdos é unilateral. Não existe uma integração formal da tecnologia e das ferramentas 2.0 na gestão de processos e na optimização de recursos. Qualquer departamento tem oportunidade de definir a sua experiência em plataformas sociais. Não há coordenação entre os diferentes projectos, nem uma política de integração e coerência entre as diferentes áreas funcionais, nem uma homogeneização da mensagem para os recetores.

Performance: há uma tentativa de iniciar a monitorização dos dados da organização e dos resultados de algumas iniciativas de comunicação pontuais e não formais. A validação destes resultados está comprometida à partida, na medida em que não existe uma participação efectiva da audiência. A promoção da comunicação começa a merecer mais atenção, mas ainda não é estratégica. Os valores apurados apenas ajudam a tomar decisões em acções de comunicação tradicionais, em massa e maioritariamente *off-line*.

Estádio de Maturidade 3 – Emergente ou Permeável

Relação com plataformas sociais digitais: **evangelização**.

Posicionamento e caracterização da organização: culturalmente, os gestores estão receptivos à mudança e às novas tecnologias e começam à procura de processos bem-sucedidos e de apoio para projectos-piloto, fundamentados em novas aplicações, preferencialmente, em contexto digital, novas ferramentas e plataformas. Existe maior permeabilidade e abertura para novas apostas e redefinição de estratégias, essencialmente por meio do aprofundamento de ideias espontâneas, que tenham surgido isoladamente entre departamentos ou através da imitação de exemplos bem-sucedidos de organizações concorrentes. A estrutura de gestão é organizada. Cada departamento conhece os seus objectivos. Quanto à visão e à estratégia, embora estejam definidos objectivos funcionais, podem ser reorganizadas, a qualquer momento, mediante o encontro de um consenso, após a introdução de novas ideias e a obtenção de alguns resultados das iniciativas experimentais.

Abordagem organizacional: ainda não existe um desenvolvimento profundo e em larga escala das estratégias de comunicação, muito embora se inicie a documentação e o planeamento das actividades previstas neste contexto. A presença *on-line*, e os perfis institucionais, já estão organizados de forma a receber contributos de clientes e outros colaboradores. Está constituído um departamento focado na estratégia de comunicação, responsável por enquadrar a direcção de novas perspectivas e actividades para a optimização do posicionamento. Trata-se de um departamento semiprofissionalizado, embora com um orçamento limitado para investir em áreas de comunicação segmentada, como seria o caso da comunicação digital. Não obstante, embora exista uma escuta activa dos clientes e demais *stakeholders*, não está ainda presente uma estrutura capaz de suportar uma grande reestruturação organizacional.

Envolvimento com os *stakeholders*: há uma comunidade emergente que resulta da actividade da organização para estimular uma estratégia de *empresa 2.0* e começa a operacionalizar padrões de gestão de processos para o efeito. A audiência deixa de ser encarada como um alvo meramente passivo, atingido por campanhas de marketing *top-down* elaboradas com dados gerais, para começar a ser entendida como um parceiro na definição da estratégia de comunicação, para o melhoramento da performance da organização. Inicia-se um processo de escuta das conversações *on-line* para melhor a compreensão das necessidades e das expectativas dos clientes. Os resultados da avaliação das mensagens produzidas na rede nem sempre são devidamente monitorizados, para retirar daí proveito e definir estratégias e/ou desenvolver iniciativas em plataformas sociais. O cliente/audiência, com a posição que começa a ganhar dada a sua presença *on-line*, estimula a organização a ser mais aberta, transparente e mais precisa nas mensagens que emite. O cliente ganha um novo destaque enquanto parceiro da organização. Todavia, as interacções são, nesta fase, estabelecidas essencialmente entre o departamento de comunicação e o cliente. Ainda não existe uma integração da estratégia de comunicação digital externa com os processos internos e as diferentes áreas funcionais.

Tecnologia e integração de ferramentas 2.0: existe, pela primeira vez, a definição de contas e perfis institucionais em plataformas sociais: Facebook, Twitter, LinkedIn, e YouTube, por exemplo. A organização adopta ferramentas 2.0 capazes de interceptar e recolher, sistematizadamente, conteúdos relativos à sua marca/produto. Contudo, as conversações e a produção de matéria gerada nas plataformas sociais *on-line* estão ainda desligadas dos circuitos internos. As respostas que a organização dá com base nestes dados recolhidos não têm impacto nos procedimentos estabelecidos dentro da organização e dos departamentos.

Performance: assistimos, muitas vezes, nos perfis oficiais das redes sociais a uma mera colecção de fãs, não existindo qualquer estabelecimento e manutenção de conversação. Neste estádio, as métricas são básicas e regem-se essencialmente pelo número de participantes em redes sociais; visualizações e páginas vistas; comentários, entre outros, que são compilados e reportados aos gestores funcionais das actividades de comunicação.

Estádio de Maturidade 4 – Estratégico ou Operacional

Relação com plataformas sociais digitais: **formalização**.

Posicionamento e caracterização da organização: neste estádio a organização já está para além da mera conexão com o cliente. Há um verdadeiro compromisso com os *stakeholders* para efectivar conversações com significado e valor e daí retirar o devido proveito. Há uma abertura real à colaboração onde de facto se produzem efeitos e consequências: resultados. As chefias estão dispostas – e entendem a necessidade – a colaborar. Abandonam a filosofia *top-down*, na definição de objectivos e processos, para se nivelarem à altura de todos os *stakeholders* a fim de auscultar experiências e resultados positivos da execução de políticas e procedimentos, e optimizá--los. Existe um ambiente formal saudável na organização dos departamentos, e uma integração sistematizada entre as diferentes valências com o objectivo de gerar uma homogeneização nas mensagens produzidas e incutir força de marca.

Abordagem organizacional: graças à melhor compreensão dos comportamentos, preferências e necessidades, bem como à maior compreensão relativa às oportunidades geradas pelas conversações *on-line*, a organização tem a intenção de envolver todos os *stakeholders* externos como influen-ciadores-chave de acções como: desenvolvimento de produtos; (re)*branding*; melhoramento de serviços e procedimentos; campanhas de *marketing* e comunicação; posicionamento de marca; entre outros. Isto é, a estratégia de comunicação é guiada por procedimentos, muito embora resulte essen-cialmente do sentido de colaboração de todos os intervenientes. A abor-dagem às questões comunicacionais é profissionalizada, de tal forma que o objectivo passa por recolher os contributos e sistematizá-los, trabalhá-los e produzir novas mensagens que respondam às necessidades e expectativas dos que participaram neste processo: directa ou indirectamente, interna ou externamente, profissionalmente ou não. Já não se fala apenas num sentido unilateral no qual a organização emana uma mensagem a uma audiência. A monitorização é levada a cabo nas relações que se estabelecem de "dentro para fora", entre *stakeholders* e entre os próprios departamentos internos. Há, pela primeira vez, uma integração na monitorização e avaliação de pro-cedimentos, estratégias e métricas.

Envolvimento com os *stakeholders*: os fluxos de informação gerados entre *stakeholders* e os resultados provenientes destas trocas de contributos são devidamente recolhidos, analisados e organizados, num processo cíclico contínuo que em cada etapa envolve um elevado nível de organização e planeamento. Os elementos envolvidos (clientes, parceiros, gestores, forne-cedores, entre outros) reclamam uma participação activa nos processos de decisão e de execução e não se resignam a receber mensagens pré-for-matadas de forma passiva. Todavia, o tipo de intervenientes e as áreas de actuação permanecem confinados a cenários de colaboração bem definidos. A comunidade *on-line* é construída e gerida profissionalmente, com normas e processos definidos, mas flexíveis.

Tecnologia e integração de ferramentas 2.0: os departamentos de comunicação e marketing e de tecnologias da informação interligam com-petências e estão implicados, ao mesmo nível mas em áreas de actuação dife-rentes, nas estratégias de comunicação digital definidas. Entendem o con-ceito de *software as a service* (SaaS) e aplicam este princípio na gestão das suas redes informáticas e respetivos *softwares*. As plataformas sociais são entendi-das como ferramentas de trabalho do dia-a-dia, a par de outras ferramentas mais básicas e comuns. Fazem parte da gestão de processos e da orgânica da gestão de tarefas e de canais de conversação e trabalho. As ferramentas digitais 2.0 são entendidas sem qualquer receio de desvirtuar a prossecução dos objectivos individuais dos colaboradores. A *inteligência colectiva* é canali-zada para aprofundar a estratégia e gestão de relacionamento com o cliente

(CRM) a fim de providenciar uma resposta "1 para 1", quer para *stakeholders* externos, quer para apoio contínuo nos processos internos.

Performance: a avaliação do desempenho do investimento em torno das estratégias de comunicação digital adoptadas é efectuada por contratação de agências e/ou integração de sistemas computorizados de análise de métricas de desempenho *on-line*. Podemos falar da mais simples/comum como a *Web Analytics (Website Tracking Tools)* que permite conhecer o perfil do visitante dos *websites* e plataformas sociais *on-line*, entre outros indicadores: profundidade da visita, duração, fontes de tráfego, navegação, páginas de saída, entre outros. Há ainda lugar à solicitação e encomenda de estudos: barómetros, avaliações de hábitos de consumo e comportamento, perfis, relatórios, entre outros.

Não obstante, trata-se de métricas naturais para avaliação do desempenho. A estratégia de comunicação digital é desenvolvida com pleno conhecimento da existência destas valências de avaliação. A necessidade de monitorizar e quantificar os benefícios da integração das plataformas digitais *on-line* na estratégia comunicacional é uma realidade crescente. A medição de resultados, neste estádio, vai para além da pura estatística. Relaciona-a antes com uma avaliação qualitativa das actividades e dos conteúdos gerados e partilhados pelos diferentes intervenientes no processo de comunicação, desde o planeamento à execução.

Estádio de Maturidade 5 – Optimizado ou Orgânico

Relação com plataformas sociais digitais: **realização**.

Este estádio de desenvolvimento está associado, essencialmente, a organizações *start up*. É um estádio no qual uma organização com muitos anos de existência e com quadros antigos dificilmente consegue estar presentemente. Muitas vezes, uma organização pode nem sequer desejar alcançar este estádio ou não ter necessidade de o atingir para os objectivos que se propõe.

Posicionamento e caracterização da organização: estas organizações funcionam com base nos princípios da *empresa 2.0*. Vivem e respiram projectos *on-line* e aplicações multicanais, multissensoriais e colectivos. São organizações centradas nas pessoas e no melhor que resulta da interacção entre si: *inteligência colectiva*. A liderança existe, mas é distribuída. O alinhamento interno e a governança são flexíveis e mesmo informais. A visão e a estratégia são globais e partilhadas. Existe um sentimento de pertença organizacional. Os objectivos não são meros indicadores funcionais a conquistar. Existe uma partilha de esforços e valores em torno do melhoramento contínuo e cumulativo das técnicas e dos procedimentos, em função da optimização da marca e do posicionamento da organização. Esta filosofia opõe-se à defesa individual das posições dos colaboradores, motivada pelas orientações rígidas e tácitas emanadas por uma liderança conservadora ou excessivamente controladora.

Abordagem organizacional: embora possa existir um departamento central de comunicação, na eventualidade de se tratar de uma grande organização, as questões relativas à estratégia de comunicação são intrínsecas a qualquer sector de atividade. A comunicação é omnipresente e acolhida por todos os colaboradores e intervenientes externos. A estratégia de comunicação é guiada por experiências, *know-how* e conhecimento de caso. Existe inovação, naturalmente, mas há um conhecimento espontâneo dos meios digitais, dos processos e das aplicações. Não existe resistência à tecnologia. Os recursos humanos são altamente especializados. O investimento em comunicação estratégica digital é relativo e, muitas vezes, difícil de quantificar. Não existe um orçamento rígido para criar e manter um perfil numa rede social, criar um *website* ou lançar um produto *on-line*. Muitas vezes, estas tarefas nem geram custos financeiros adicionais porque cada um dos colaboradores dá conta de uma das tarefas necessárias à concretização de um projecto. O investimento é permanente e vai sendo ajustado em função dos resultados que vão sendo obtidos. Este investimento não é apenas e necessariamente material. É também afectivo e sensorial.

Envolvimento com os *stakeholders*: existe, com o cliente, uma relação de colaboração, que vai para além do compromisso. O sentido de comunidade ascende ao nível de *network* e parceria. A gestão desta *network* não é apenas estratégica, mas acima de tudo uma gestão integrada. O conceito de *rede* é parte da estrutura da organização. Cada departamento está impregnado com a mesma filosofia, visão, valores, entre outros, numa proximidade real com os clientes e os demais interlocutores. De tal forma que rapidamente podem gerar valor, maior eficiência e maior sentido de inovação. A organização tem como princípio o incremento e a optimização dos processos auxiliados por plataformas sociais *on-line* e ainda gerar um *ecossistema* de modo a servir e escutar cada vez melhor os *stakeholders*. Existe uma atenção especial em "prestar contas" (*accountability*), no contexto digital. De tal forma que os canais de criação de valor – clientes, fornecedores, colaboradores, parceiros, e outros – são afectados, quase em tempo real, pelas conteúdos veiculados *on-line* e por todo o ecossistema comunicacional da organização. Estratégias de comunicação e marketing, linhas de produto, inovação, serviços, são actualizados em curtos espaços de tempo, em função dos contributos das partes envolvidas e/ou impactadas. Não existe apenas um canal de vendas. A atenção da organização prende-se com a qualidade de vida dos seus interlocutores e intervenientes para gerar *updates* dos seus produtos, marcas e/ou serviços e contribuir para essa qualidade de vida. Há uma compreensão efectiva entre todas as partes, com benefícios mútuos multidirecionais.

Tecnologia e integração de ferramentas 2.0: a integração da tecnologia e das ferramentas digitais 2.0 é transversal a toda a estrutura da organização. Existe uma sinergia interna tal, que departamentos e colaboradores são capazes de revolucionar a experiência com o cliente e os demais parceiros, comerciais e/ou institucionais. Ter disponível *software* e acesso a aplicações é um dado adquirido. O sentido prevalecente é o do *update*. A actualização é constante e permanente, com extensão para além da circunscrição do espaço físico inerente à organização. Há uma integração multiplataforma: computador, *smartphone*, *mobile*, *tablet*, entre outros.

Performance: existe uma acumulação de métricas. Mas o essencial reverte no comportamento (acção) e nos resultados que advêm desse mesmo comportamento.

A avaliação deste *Modelo Teórico de Maturidade em Comunicação Estratégica Digital* fica, naturalmente, condicionada pela realidade particular que se pretende analisar. Para ela influem factores como a dimensão da organização, a sua história, o perfil dos quadros técnicos e administrativos, a própria natureza orgânica, a localização, o produto, o orçamento, entre muitos outros elementos. O modelo pretende, precisamente, contribuir para a sistematização de todos estes componentes e auxiliar a avaliação da organização a fim de conhecer qual a sua posição actual e quais os esforços necessários para atingir um estádio superior.

Do modelo exposto, podemos ainda aferir alguns aspectos comuns que poderão assumir-se em desafios centrais na adopção de políticas e medidas para a optimização das suas estratégias organizacionais, em geral, e das estratégias de comunicação digital, em particular. Desta forma, identifica-se: 1) a diferenciação entre o *hype* (individualização, efémero, *o que dá que falar*, hipérbole) e a realidade; 2) a obtenção de apoio executivo; 3) a promoção da colaboração e apoio internos; 4) a opção pelas ferramentas certas e adequadas; 5) a incorporação de aplicações e plataformas sociais a modelos de negócio já existentes; 6) a identificação de métricas concretas; 7) a introdução de uma escala para corresponder à procura; 8) a garantia do financiamento a longo prazo (manutenção); 9) a manutenção da inovação em aplicações sociais; 10) o desenvolvimento do sentido de governação de *social businesses*.

Teste a posição da sua organização em: *www.d-motions.com*

O que pretendemos salientar com a abordagem às métricas e à avaliação na comunicação 2.0 situa-se entre duas dimensões importantes a considerar: por um lado a dimensão tecnológica e por outra a dimensão humana. Na primeira evidencia-se a panóplia de instrumentos que hoje reconfiguram a natureza mensurável da comunicação, quantitativa e qualitativamente. Há um leque de oportunidades que facilitam a tomada de decisões quando a urgência por gerir eficientemente recursos escassos e obter resultados domina o topo das prioridades. Paralelamente, uma cultura de medição, de monitorização e avaliação não será bem-sucedida se ficarmos à espera que a tecnologia por si só traga resultados.

As pessoas são elementos críticos neste processo da construção orgânica desta cultura. A partir daqui importa-nos então entender as pessoas, os colaboradores, enquanto activos económicos e estratégicos na definição de um plano de comunicação digital. Tudo isto numa relação interdependente entre analistas peritos, a colaboração de todos os *stakeholders* e ainda com o apoio inequívoco quer da direcção executiva na comunicação, quer do topo da organização.

Há um esforço colectivo e transversal que dita a abolição de fortificações em torno das políticas da comunicação em rede. O sucesso vem com esclarecimento, sentido, parcerias e compromissos em torno do entusiasmo das novas formas de encarar as ferramentas, os circuitos e as mensagens neste ambiente virtual. O melhor será voltar à realidade, conhecer as oportunidades, mas também identificar os riscos e trabalhar no sentido de os mitigar.

Os números, as ferramentas, os indicadores – as métricas – que neste capítulo lhe apresentámos dão uma ajuda significativa. No último capítulo inspire-se para a definição de princípios de auto-regulação e governação da presença *on-line*. Seja digital ou não, o sucesso de uma estratégia de comunicação reside nas pessoas. Não esqueça esta parte.

Questões de auto-avaliação

1. A auditoria é um processo comum na organização?
2. Qual o valor da monitorização nas suas campanhas?
3. Diferencia os conceitos de monitorização, métricas, indicadores e avaliação?
4. Como pensa avaliar as campanhas digitais? *Outsorcing* ou com recurso a plataformas que pode adquirir?
5. Qual o orçamento disponível para avaliação de campanhas digitais?
6. Que canais tem disponíveis para distribuir os relatórios?
7. Que instrumentos já dispõe para a monitorização e avaliação da presença *on-line*?
8. Qual a importância que as métricas mereceram na definição do seu plano de comunicação?
9. Conhece o desempenho do seu *website* institucional?
10. Deslumbra-se com métricas simples: *likes*; visualizações; partilhas; outros?
11. Que informação dispõe sobre os seus públicos?
12. Que resultados serão bons para si? E óptimos?
13. Que indicadores de desempenho já dispõem? Como influem na avaliação de desempenho individual e colectivo?
14. Distingue métricas de exposição, de interacção e de conversão?
15. Que taxa de conversão o deixará satisfeito e confortável com as suas opções?
16. Obcecado pelos números? E a avaliação qualitativa que lugar ocupa na sua estratégia de avaliação?
17. Que efeitos práticos tem a monitorização do desempenho da comunicação *on-line*?
18. Qual a disponibilidade para ter que rever uma campanha e alterar opções em função dos indicadores que for obtendo?
19. Admite romper com opções de comunicação com base nos dados recolhidos?

Referências bibliográficas

ARIELY, Dan (2010). *Predictably Irrational, Revised and Expanded Edition: The Hidden Forces That Shape Our Decisions*. New York: Harper Perennial.

CHEN, Ken (2010, 6 de Agosto). "Social Media Maturity Model – Where is your company?". *Svprojectmanagement*. Página consultada a 30 de Abril de 2014,

<http://svprojectmanagement.com/social-media-maturity-model-where-is-your-company>.

CLIFTON, Brian (2012). *Advanced Web Metrics with Google Analytics*. Indiana: John Wiley & Sons, Inc..

DAVENPORT, Thomas H. (2006, Janeiro). "Competing on Analytics". *Harvard Business Review*. Página consultada a 30 de Abril de 2014, <http://spotfire.tibco.com/assets/blt2220621f78b00d7f/harvard-business-review.pdf>.

GATTIKER, E. (2011, 21 de Fevereiro). "Social business: The maturity model". *Commetrics*. Página consultada a 30 de Abril de 2014, <http://commetrics.com/?p=13703>.

GOWARD, Chris (2013). *You Should Test That: Conversion Optimization for More Leads, Sales and Profit or The Art and Science of Optimized Marketing*. Indiana: John Wiley & Sons, Inc..

HAPPE, Rachel (2011, 14 de Julho). "Assessing Social Business Maturity – Getting to Stage 2/Emergent Community". *community-roundtable.com*. Página consultada a 30 de Abril de 2014, <http://community-roundtable.com/2010/07/cmm-stage1-emergent-community/>.

HEATON, Gavin (2011, 17 de Junho). "Social Business Maturity Model". *servantofchaos.com*. Página consultada a 30 de Abril de 2014, <http://www.servantofchaos.com/2011/06/social-business-maturity-model.html>.

HERNANDEZ, John (2011, 17 de Março). "The Social Media Maturity Model – Are You Listening?". *Thesocialcustomer*. Página consultada a 30 de Abril de 2014, <http://thesocialcustomer.com/john-hernandez/35484/social-media-maturity-model-are-you-listening>.

KAUSHIK, Avinash (2008, 26 de Março). "Excellent Analytics Tip #13: Measure Macro AND Micro Conversions". *MaxxOnline*. Página consultada a 30 de Abril de 2014, <http://www.kaushik.net/avinash/excellent-analytics-tip-13-measure-macro-and-micro-conversions/>.

KAUSHIK, Avinash (2009). *Web Analytics 2.0: The Art of On-line Accountability and Science of Customer Centricity*. Indiana: Wiley Publishing.

KOOLSTRA, Cees M. e BOS, Mark J.W. (2009). "The development of an instrument to determine different levels of interactivity". *International Communication Gazette*, 71 (5), 373-391.

LOVETT, John (-). "Building a Culture of Measurement". *Webtrends*. Página consultada a 30 de Abril de 2014, <https://webtrends.com/files/whitepaper/Whitepaper-BuildingACultureOfMeasurement-Webtrends.pdf>.

MANYIKA, James *et al.* (2011, Maio). "Big Data: The next frontier for innovation, competition, and productivity". *McKinsey Global Institute*. Página consultada a 30 de Abril de 2014, <http://www.mckinsey.com/insights/business_technology/big_data_the_next_frontier_for_innovation>.

McCAWLEY, Paul F. (1997). "The Logic Model for Program Planning and Evaluation". *University of Idaho Extension*. Página consultada a 30 de Abril de 2014, <http://www.uiweb.uidaho.edu/extension/LogicModel.pdf>.

PETERSON, Eric T. (2008, Fevereiro). "Measuring Multimedia Content in a Web 2.0 World". *Web Analytics Demystified, Inc.*. Página consultada a 30 de Abril de 2014, <http://robertoigarza.files.wordpress.com/2008/11/rep-measuring-multimedia-content-nedstat-2008.pdf>.

PETERSON, Eric T. (2011, 31 de Março). "Advanced Site Optimization. Second-Generation Digital Analytical Tools in Action". *Web Analytics Demystified, Inc.*. Página consultada a 30 de Abril de 2014, <http://media.dmnews.com/documents/24/5-29_tealeaf-whitepaper_advanc_5839.pdf>.

PETERSON, Eric T. (2014, 20 de Março). "Ten Tips to Better Leverage Your Existing Investment in Digital Analytics and Optimization". *Web Analytics Demystified, Inc.*. Página consultada a 30 de Abril de 2014, <http://www.sweetspotintelligence.com/documents/digital-insight-management/>.

QUINTARELLI, Emanuele (2010, 12 de Novembro). "A social business maturity model". *Socialenterprise*. Página consultada a 30 de Abril de 2014, <http://www.socialenterprise.it/en/index.php/2010/11/12/a-social-business-maturity-model/>.

SLEEN, Gijsbert van der (2011, 9 de Fevereiro). "Using the Enterprise Social Media Maturity Model (ESM3)". *MaxxOnline*. Página consultada a 30 de Abril de 2014, <http://www.maxx-online.eu/blog/enterprise-2-0/enterprise-social-media-maturity-model>.

STERNE, Jim (2010). *Social Media Metrics: How to Measure and Optimize Your Marketing Investment*. New Jersey: John Wiley & Sons.

WANG, R. (2011, 23 de Janeiro). "Best Practices: Applying Social Business Challenges To Social Business Maturity Models". *Enterprise Irregulars*. Página consultada a 30 de Abril de 2014, <http://www.enterpriseirregulars.com/31603/best-practices-applying-social-business-challenges-to-social-business-maturity-models/>.

CAPÍTULO V

Governação e gestão de risco da comunicação *on-line*

Não é difícil gerir social media. *O verdadeiro desafio para os decisores na organização é lidar com o seu medo do desconhecido, o seu medo de abdicar do controlo da informação e de serem claros quanto às expectativas de cada um. As empresas que usam* social media *para ter vantagem no seu negócio desenvolveram programas de treino e formação eficazes e publicam as suas linhas de orientação – quer lhes chamem políticas, linhas de orientação, dicas, ou o que melhor se adequar ao seu modo de fazer as coisas – irão descobrir que haverá mais probabilidade de os seus funcionários defenderem os seus produtos e serviços e se tornarem embaixadores da marca. As pessoas querem trabalhar ali porque se demonstrou que há confiança mútua.*

CHRISTER HOLLOMAN (2012:12)
The Social Media MBA

Aquilo que apresentámos até esta etapa foram cenários que lhe davam conta de novas oportunidades para a dinamização da comunicação enquanto elemento estratégico para a competitividade das organizações. Depois realçámos a necessidade de prever recursos, gerir expectativas e definir tácticas. Neste percurso de planeamento estratégico da comunicação 2.0 desafiámo-lo ainda a construir uma cultura de medição, demos-lhe dicas, levantámos equações e situações de causa-efeito, considerando os seus objectivos concretos. O que procurámos dar-lhe a conhecer foram instrumentos que, de forma mais ou menos gratuita e/ou domínio profissionalizado, podem criar respostas mais interessantes do que outras abordagens menos efectivas e relevantes no percurso de vida de uma marca, de um produto ou de um serviço.

As opções perfeitas entre este leque imenso de solicitações digitais são difíceis de equacionar sem margem de erro. Em grande parte porque são pessoas que as utilizam e as manipulam e, como tal, por razão da natureza humana, introduzem-lhe uma margem de relatividade significativa, considerando que cada indivíduo é necessariamente diferente. Por isso mesmo, há um grau de imprevisibilidade com o qual terá de saber lidar. Cada um dos seus colaboradores tem certamente uma vivência e interpretação do mundo singulares que define as suas diferenças e a sua individualidade.

No fundo, é como acontece na música: para uns o encanto está na melodia do *jazz*, na batida do *rock* ou na tranquilidade do *blues*. Na essência, cada um destes géneros tem por base os mesmos instrumentos, mas o que resulta deles é absorvido por cada um de nós de forma muito particular. Em boa verdade, há sempre um risco inerente de a mesma música, com os mesmos instrumentos, não ter sempre o mesmo resultado. Ou porque a sensibilidade pessoal influenciou a sua interpretação ou simplesmente porque um instrumento desafinou e condicionou a harmonia.

Também na definição do plano de comunicação digital há que contar com a susceptibilidade a todo um conjunto de factores que influenciam o sucesso ou o fracasso da sua implementação. Lembre-se que um plano de comunicação 2.0 é um processo movido *por* e *para* pessoas, com expectativas, com competências, experiências e visões da realidade quase sempre não consensuais. É uma fatalidade incontornável, mas controlável.

Por isso, se pretende castrar a liberdade que os fluxos comunicacionais *on-line* introduziram no quotidiano dos indivíduos e das organizações como forma de evitar os riscos, terá de perceber que uma política de comunicação digital tem de ser governada definindo mecanismos de colaboração e participação. É determinante mitigar os riscos e evitar que a gestão da migração para o digital seja gerida em "piloto automático".

Trabalhe para que fique claro que o facto de agora os seus colaboradores poderem estar em plataformas que julgavam serem apenas para distração e entretenimento implica a aceitação de regras que dirigem essa oportunidade. A governação da presença *on-line* deve ser estabelecida pela assunção clara de uma liderança que estabeleça direcções, regras de conduta e se envolva genuinamente com os seus pares, inspirando boas práticas. Simultaneamente, o papel da liderança passa essencialmente por clarificar os riscos, sem fazer deles um bloqueador. O desafio passa por amenizá-los. Prepare-se então para cumprir a missão de estabelecer normas e procedimentos, serenar conflitos e dificuldades ou converter os resistentes à mudança. Estará obrigado a inspirar, a motivar e a entusiasmar as comunidades, a absorver as oportunidades e a evidenciar a influência do desempenho individual dos seus colaboradores no processo colectivo final. Ao mesmo tempo requer-se uma governação honesta e aberta que providencie informações, orientações e permita a participação crítica e confiante que desenvolva o sentido de responsabilidade e incuta princípios de auto-regulação.

Tenha os riscos controlados e não deixe que o entusiasmo da migração para o ambiente digital seja esmorecido. Se assim for, limitará a criatividade e o sucesso da sua comunicação que comprometerá o retorno de todo o seu investimento feito até aqui. Praticamente todas as suas opções quotidianas acarretam riscos ou dificuldades. E depois? Supere-as!

Desafios de implementação estratégica de uma organização 2.0

Quando falamos de uma comunicação em rede mediada pelo ambiente digital, para lá do inúmero leque de oportunidades associam-se outros tantos desafios. O melhor é conhecê-los antecipadamente. Os desafios de implementação da filosofia *empresa 2.0* incidem essencialmente em seis áreas identificadas e englobam um conjunto de elementos nos quais podem ser originados e/ou identificados maior permeabilidade à ocorrência de riscos. Dividem-se entre desafios de ordem técnica (técnicos, operacionais, imagem institucional) e outros de natureza humana (recursos humanos, liderança e legais). Embora estejam todos relacionados, estes últimos são no entanto de maior dificuldade na identificação e resolução.

A figura seguinte está propositadamente desenhada no sentido de conferir primazia visual às oportunidades que, depois de dirimidos os riscos, pode atingir com o sucesso das suas opções *on-line*. É importante que encare esta etapa tendo presente que aquilo que poderá obter será certamente maior, do que os riscos que – potencialmente – poderão condicionar o seu plano de comunicação e o seu próprio entusiasmo. Supere o receio de falhar e abrace as oportunidades que está prestes a alcançar, quer ao nível da estrutura interna (informação e conhecimento; produtividade e eficiência; auto-regulação), quer da estrutura externa (inovação e crescimento; reputação; competitividade).

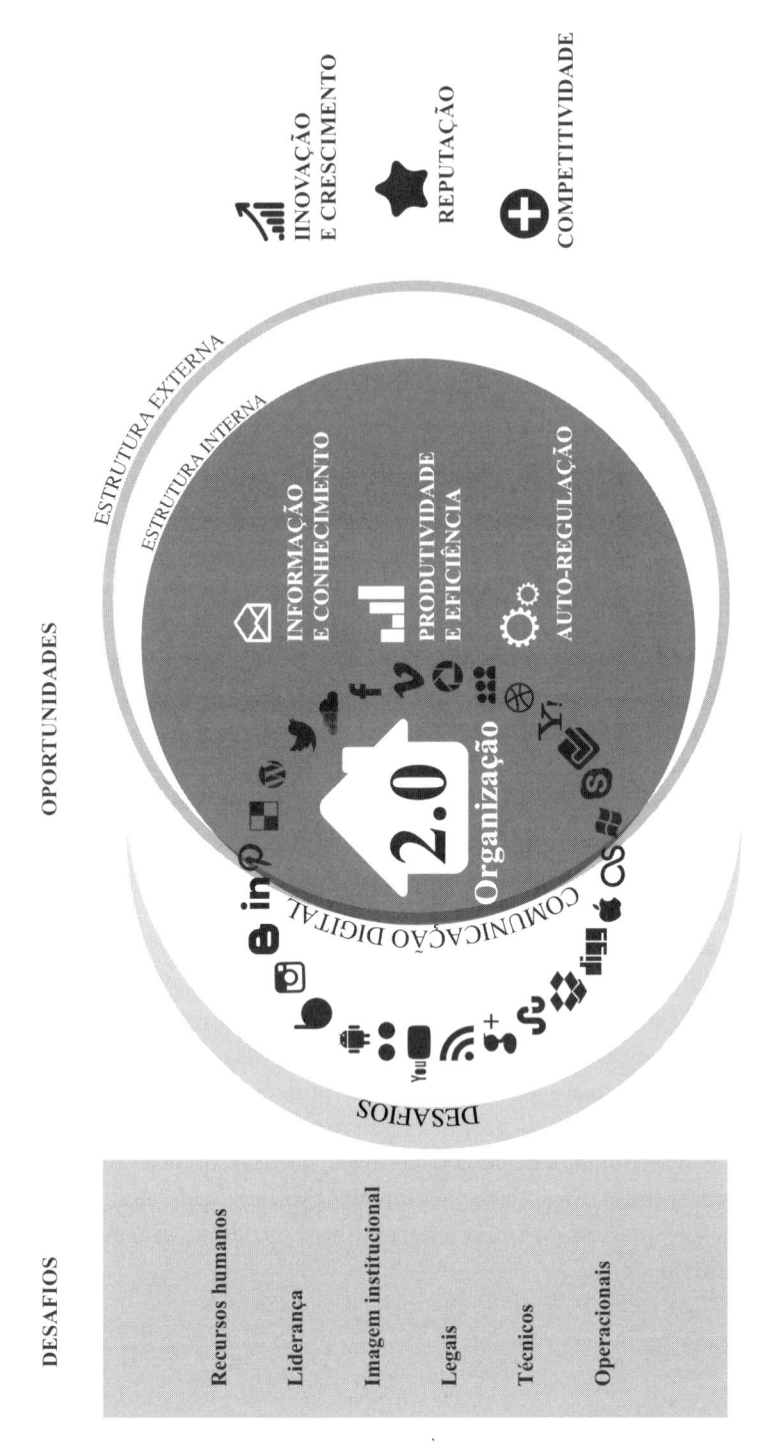

Figura 7. Desafios e oportunidades numa *organização 2.0*.

RECURSOS HUMANOS	**Formação de competências:** procure levar os colaboradores a perceberem as funcionalidades e evite que digam "não" logo à partida; **Motivação:** compreenda de que forma as novas ferramentas 2.0 lhes permite fugir à rotina; **Domínio pessoal e profissional:** a separação entre ambos pode ser indispensável; **Gestão de tempo:** saiba que estar presente *on-line* pode implicar uma vigilância sem horário! Ainda relacionado com o tempo, defina a gestão das plataformas onde a organização está presente e os horários dos colaboradores.
LIDERANÇA E ORGANIZAÇÃO FORMAL	**Liderança:** não desista de dar orientações nem de coordenar. Assuma a migração para o digital e a comunicação 2.0 como desafios difíceis e complexos, mas com potenciais efeitos muito positivos; **Estruturas técnicas e administrativas:** esforce-se por demonstrar a transversalidade da comunicação; **Controlo:** possibilidade de formação de grupos (consumidores, associações, por exemplo) – capazes de ter impacto suficiente no discurso e nas políticas tomadas: manifestações, preços, reputação, entre outros.
IMAGEM INSTITUCIONAL	**Perfis não oficiais:** dispersando públicos e provocando incerteza quanto à veracidade de informações veiculadas; **Protecção da imagem institucional:** possibilidade de apropriação indevida para efeitos negativos; **Reputação:** riscos potenciais derivados do aumento de abertura organizacional e transparência na informação.
LEGAIS	**Propriedade intelectual:** produção de conteúdos desprestigiosos e erróneos ou divulgação não intencional de informação; aproveitamento indevido de conteúdos de autoria alheia; **Privacidade:** controlo e segurança de sistemas informáticos; **Protecção de dados:** garantia da segurança dos mesmos e capacidade de gestão desta informação.
TÉCNICOS	**Equipamento:** poderá existir necessidade de investimentos para suportar a inovação na comunicação; **Spam:** controlo apertado das tentativas de transmissão de mensagens falsas ou acessos ilegais. Apostar em boas práticas como, por exemplo, o LinkedIn que solicita o *e-mail do amigo* para confirmar que efectivamente o conhece; **Vírus:** ter presente a necessidade de realizar *backups* e assegurar a protecção da informação.
OPERACIONAIS	**Produção de conteúdo:** é necessária a participação e a dinamização da presença *on-line*; **Processos de decisão:** saiba se tem a sua direcção a apoiar a migração para o digital. A dinâmica deste contexto exige processos de decisão céleres sob pena de comprometer acções ou perder o controlo sobre determinada informação.

O desafio é grande, mas, contas feitas, no final perceberá que poderá ser inevitável estar *on-line*. O melhor é saber com aquilo que pode contar.

Estar preparado para enfrentar os desafios que se colocam na migração para o digital e na implementação de campanhas de *comunicação 2.0* pode significar um grande envolvimento pessoal se acredita mesmo que tem condições para vingar *on-line*. É importante ter presente que apesar de já ter dado alguns passos de sucesso, gerar contextos propícios à comunicação digital não basta. A validade do seu trabalho será comprovada quando sentir que se respira *Web* 2.0 por todo o lado. Essencialmente quando houver uma partilha (quase) generalizada de que o acto de comunicar em ambiente 2.0 representa uma forma distinta de pensar o papel dos colaboradores, de gerir relações com clientes, de ser criativo na promoção de produtos e serviços e, acima de tudo, representa uma nova forma de realização do trabalho, de expressão da marca, da sua identidade e dos valores que passam então a habitar um novo ambiente.

Gestão de risco e integração da comunicação 2.0

Governar uma acção de comunicação digital, definida e orientada para fluir *on-line*, compromete-nos com uma aliança permanente e actualizável, com um diálogo constante e com uma integração duradoura com os nossos públicos. Sensibilizar os nossos pares para a importância da comunicação digital é um trabalho que se inspira em princípios basilares da gestão da comunicação: ligar pessoas. A gestão dos riscos associados à presença de uma organização *on-line* estabelece-se com recurso a estratégias essenciais de promoção da conversação, da transparência da informação e da formação de competências. Certamente que há uma exigência em torno da compreensão da tecnologia e do seu manuseamento que é determinante. No entanto, a essência da gestão dos riscos de uma organização que procura investir em contextos digitais *on-line* pode passar muito mais por integrar os públicos--alvo das suas acções, em particular o seu público interno. O público interno é concreto e mensurável, controlável de alguma forma. Nesta fase importa-nos perceber como é que uma organização pode mitigar os riscos da migração para o digital, bem como a integração de ferramentas da *Web* na gestão das relações e do trabalho, orientando-as para os resultados. Importa, uma vez mais, "arrumar a casa" e sensibilizar os públicos internos para esta evolução que se pretende incutir no seu dia-a-dia. Este passo determinará a sua capacidade de entrar na competição com os seus concorrentes pela conquista do mercado. Posteriormente, igual atenção terá que ser dada aos públicos externos.

Estamos em crer que a integração da comunicação 2.0 far-se-á tanto melhor quanto maior for a disponibilidade das estruturas da organização para promoverem uma comunicação interna bem estruturada e consciente das particularidades dos seus colaboradores. Estas acções de comunicação interna serão mais bem sucedidas quanto mais alimentada for a cultura de diálogo existente. A conversa regular fomenta a proximidade entre protagonistas e elementos cruciais que veiculam a informação e o conhecimento e, simultaneamente, constroem um sentimento de confiança, entreajuda e parceria. Contudo, o sucesso da construção da relevância da comunicação digital numa organização bem orientada e governada, com gestão de riscos calculados, não pode ser depositado à actuação de um departamento de comunicação interna ou mesmo de gestão de recursos humanos ou da comunicação integrada, individualmente. Depende também, e em grande parte, de uma liderança bem-intencionada e comprometida com um novo desafio comunicacional que ocupa novos ambientes e contextos.

Qualquer tentativa de implementação de uma estratégia de comunicação 2.0, que pretenda aproximar uma organização à filosofia do que definimos por *empresa 2.0*, falha sem participação. E temos que a explicar e promover "cá dentro", em primeiro. lugar

A governação da introdução do *ecossistema* de ferramentas digitais 2.0 na gestão de processos clássicos, na promoção da conversação e da colaboração requer uma política estratégica de comunicação, essencialmente interna, assente:

a) na regulação das acções e na criação de manuais de normas e procedimentos;

b) no incentivo à participação aproximando os colaboradores à utilização das plataformas e *media* sociais *on-line*;

c) na revisão e actualização dos padrões culturais que sustentam o *modus operandi* do trabalho e dos fluxos de informação;

d) na monitorização das actividades, valorizando boas práticas, avaliando lacunas de actividade e promovendo a formação de competências e o acompanhamento dos colaboradores para que lhes seja transmitida a confiança dos seus superiores nesta missão.

Governação da organização 2.0: mitigar os riscos

A adaptação à actual natureza da comunicação pode ser mais ou menos difícil, entre outros factores, em função da atitude que os indivíduos manifestem sobre a sua disponibilidade para a aprenderem e participarem ou simplesmente para a aperfeiçoarem. Neste processo de integração da filosofia da *empresa 2.0* numa organização há um receio de evidenciar incompetência e de expor fragilidades que revelem a inadaptação dos intervenientes – natural na maioria dos casos – a uma nova realidade, desta feita, virtual. Há, por isso, a probabilidade de vir a encarar um cenário no qual terá de lidar com a rejeição de alguns colaboradores e chefias em querer aprender a dominar um novo contexto que até aqui lhes foi desnecessário. Em paralelo, a comunicação ainda é entendida por muitos directores, gestores e dirigentes intermédios como uma ameaça à mentalidade de comando, autoridade e controlo. Reconhecem de facto que *comunicação* e *informação* são *poder*, mas não aceitam ou compreendem, convenientemente por vezes, que quando estas são bem distribuídas os efeitos podem ser ainda mais profícuos para a organização à qual se dedicam.

Quanta informação ainda se limita a circular entre um número reduzido de intervenientes na gestão de uma organização? Que conhecimento e ideias ficam aprisionadas em centenas de trocas de *e-mails*? Quantos colaboradores ainda executam as suas tarefas sem compreender qual o seu real contributo para os objectivos do seu empregador? Quantos colaboradores resistem à inovação tecnológica e logo que ganham espaço de experimentação se rendem? Pensar em transferir os princípios da *empresa 2.0* para a gestão corrente das nossas organizações não pretende impor uma revolução organizacional, nem comprometer a validade de recursos humanos tecnologicamente datados e/ou ainda inadaptados. Nem mesmo promover a abolição de hierarquias ou estruturas, se necessárias. Pretende antes contribuir para extrair o potencial individual e colectivo e colocar a sua organização na competição pelo mercado. Este processo deve, por isso mesmo, ser progressivo, evolutivo e adaptável. Pois numa perspectiva mais funcional, *empresa 2.0* pode muito bem significar a acção de tornar a tecnologia menos complexa e assumi-la como um aliado permanente e ajustável na superação do seu dia-a-dia. Hoje podemos de alguma forma dizer que vivemos uma era na qual as tarefas rotineiras estão já substituídas – muitas delas – por máquinas. Este pressuposto dá-nos condições sem precedentes para compreender e explorar o facto de residir nas pessoas a possibilidade de se tornarem trabalhadores do conhecimento, gestores de projectos e ideias, "vestirem a camisola" e transformarem-se em motores de inovação.

Os males e os antídotos para os riscos potenciais da *empresa 2.0*

Tenha consciência de que os riscos existem, não tente omitir esta realidade. Perceba antes como deve conviver com eles e saiba intervir, antecipar e responder convenientemente.

Estes riscos podem incidir essencialmente:

Controlo da informação:
Ao democratizar o acesso à informação há uma margem de controlo que deixa de estar ao seu alcance, podendo nalguns casos ocorrerem fugas de informação ou partilha intencional/não intencional de informação classificada ou iterna, por exemplo.

Decréscimo da produtividade:
No caso de persistir um entendimento errado de utilização e acesso às plataformas *on-line*, evidenciando uma tendência de utilização meramente lúdica e não profissional.

Segurança dos sistemas de informação:
Susceptíveis a necessidades de *updates* constantes nos programas de protecção anti--vírus ou *spam*, armazenamento, cópias de segurança ou simplesmente utilizações ilícitas no acesso não autorizado a áreas protegidas e privadas.

Permeabilidade entre o domínio pessoal e o domínio profissional:
Interpretação errónia entre aquilo que facilmente se poderá alegar enquanto liberdade de expressão e dever de sigilo, confundino tempos e espaços de participação pessoais em ambientes *on-line* profissionais e vice-versa.

Falta de participação ou *oversharing*:
Típicos pela resistência à aceitação de mudança e/ou integração de instrumentos 2.0 na gestão de processos operacionais ou excessivo entusiasmo com a partilha e participação desregrada e, por vezes, abusiva e inconsequente.

Volume de informação/*Big Data*:
Capacidade de recolher, analisar, interpretar e agir em função da informação recolhida pelos sistemas de informação e comunicação que sustentam a comunicação 2.0.

Possíveis soluções:

1. Concretize, sinteticamente, manuais de normas e procedimentos e comunique-os;
2. Explicite que plataformas e *media* sociais *on-line* podem ser acedidos;
3. Esclareça o intuito dessa participação: que informação institucional pode ser transmitida individualmente; que tipos de opiniões podem ser emitidos sobre outras organizações; eventuais tempos de utilização das plataformas *Web*; número de acessos; outras;
4. Recorra a definições do sistema para limitar acessos a locais indesejados;
5. Defina claramente a natureza da informação: confidencial, interna e pública;
6. Invista em sistemas de alerta na *Web* por palavras-chave, por exemplo quando forem referidos assuntos que deveriam ser apenas confidenciais;
7. Sensibilize para as consequências da utilização errada das plataformas sociais na *Web*, antevendo cenários;
8. Não tenha tendência para dizer: "Governem o recurso e a utilização das plataformas digitais como se fossem pessoais!". O resultado pode ser desastroso atendendo ao perfil de utilização desregrada com o qual muitas pessoas estão presentes em redes sociais, por exemplo;
9. Implemente políticas de actualização e força para *passwords*;
10. Defina restrições a servidores e estabeleça serviços de identificação nos acessos a páginas, pastas ou ficheiros digitais;
11. Opte por sistemas de encriptação de mensagens ou informações, mas certifique-se de que o receptor(es) tem a competências para tornar estes conteúdos legíveis;
12. Instale uma *firewall* e faça actualizações dos *softwares* de antivírus;
13. Nas redes sociais demore-se nas configurações de privacidade;
14. Promova o diálogo constante e conheça as dúvidas e as dificuldades. Organize *workshops* e torne a mensagem o mais visual possível. Ao mesmo tempo valorize, incentive e premeie as boas práticas – dê-as como exemplo, sem exageros para não despertar invejas, em vez de uma competição saudável;
15. Seja optimista e saliente os aspectos positivos de uma utilização regrada das ferramentas 2.0. Fale aos seus colaboradores na importância das suas acções para a sua própria organização e para a sua própria realização.

Como evitar ou minimizar os riscos?

1. Defina etapas para uma gestão eficaz da introdução de plataformas e *media* sociais *on-line* na organização

Identificar os riscos	Estabelecer boas práticas	Evoluir culturalmente	Monitorizar
- Conhecer os colaboradores, as suas relações, os seus papéis e o grau de familiarização com as TIC; - Avaliar condutas de utilização de instrumentos já implementados; - Avaliar políticas e normas estabelecidas; - Acompanhar situações de vírus e atentados à segurança dos sistemas informáticos; - Realizar cópias de segurança das informações; - Rever a política de protecção de dados, direitos de autor e informações classificadas; - Outras.	- Dinamizar projectos-piloto; - Criar grupos de foco; - Concretizar regulamentos e manuais de boa utilização das ferramentas digitais; - Definir um manual de conduta de participação nas plataformas e *media* sociais; - Distribuir tarefas e responsabilidades; - Motivar a participação; - Dar exemplos de sucesso e de fracasso na adaptação às novas ferramentas; - Fazer pausas do *on-line* e promover contacto físico e interpessoal; - Outras.	- Reavaliar a estrutura hierárquica da organização; - Definir/actualizar os fluxos e canais de informação; - Promover a transparência da informação; - Capitalizar as relações informais; - Estabelecer como princípio uma cultura de liderança por oposição à autoridade; - Sensibilizar, formar e envolver as chefias; - Valorizar o conhecimento dos colaboradores e integrar os seus *inputs* na promoção da inovação; - Outras.	- Acompanhar a integração e utilização dos colaboradores no contexto digital; - Realizar relatórios simples (*flash-reports*) sobre o desempenho e comunicá-los aos colaboradores e às chefias; - Dar o exemplo, envolver-se nos processos de aprendizagem e motivar todos os seus contactos; - Antever situações e riscos e acautelar soluções ou guias de procedimentos; - Manifestar confiança e optimismo nas equipas e nos colaboradores; - Organizar *workshops* e acções de formação; - Outras.

2. Envolva os seus colaboradores

Curiosidade	Paixão	Empatia	Compromisso	Parceria

Torne todas as partes envolvidas em embaixadores da sua organização (Edmondson, 2013):

1. Curiosos: em saberem o que os seus pares conhecem; que ideias têm e como podem associar-se e contribuir acrescentando valor, estabelecendo novas redes de trabalho e expandindo as suas relações e os seus papéis dentro da organização;

2. Apaixonados: porque a paixão permite fluir o entusiasmo pelo esforço de realizar bem o seu trabalho e ainda torná-los em evangelizadores da integração das ferramentas *2.0*;

3. Empáticos: disponíveis para compreender outras perspectivas e tornarem-se permeáveis às divergências de opiniões, condições críticas para que o espírito de colaboração flua em momentos de maior pressão;

4. Comprometidos: conscientes dos esforços de optimização dos procedimentos, com objectivo de os valorizar, o que se transfere para o entusiasmo e a valorização do seu contributo para os objectivos gerais da organização ("vestir a camisola");

5. Parceiros: a assunção de que o seu contributo e a sua conduta são fundamentais para o sucesso individual e colectivo, promovendo uma auto-regulação na utilização dos instrumentos que agora tem disponíveis, à qual associa uma faceta de "supervisor" daquilo que é dito sobre a sua organização, em verdade, sobre aquilo que também lhe diz respeito.

3. Transforme a comunicação num activo económico

Honestidade	Desempenho	Responsa-bilidade	Colaboração	Adaptabilidade	Inovação	Resultados

E a comunicação transforma-se num activo económico determinante.

Para que a comunicação flua na sua organização e a transformem num activo indispensável para a gestão da sua estrutura e identidade, deve ser orientada estrategicamente para (Mankins, 2013):

Ser honesta: a clareza da informação e da comunicação determina a integridade com a qual são abordados todos os intervenientes no seu processo comunicacional: colaboradores, clientes, fornecedores, *media*, entre outros;

Ser focada na optimização do desempenho: reconhecimento de que a melhoria do processo de comunicação prevê um compromisso pela superação dos objectivos individuais e colectivos em prol dos objectivos globais da organização. Importa reconhecer e premiar boas práticas como forma de estímulo entre os pares e a promoção do bom desempenho;

Incutir responsabilidade e auto-regulação: a promoção da participação individual nos objectivos gerais da organização, a valorização do conhecimento dos indivíduos, aliados agora a um manancial de instrumentos *on-line*, deve conferir-lhes responsabilidade pelas funções que desempenham, com o objectivo também de reforçar o seu comprometimento sobre a sua conduta, o seu trabalho e os seus próprios resultados;

Ser colaborativa: ao permitir a aproximação e o contacto entre partes interessadas, proporcionando a troca de ideias e agilizando o trabalho de equipa;

Ser ágil e adaptável: permitindo preparar todos os intervenientes para processos de mudança, transformação ou simplesmente inovação, provocados muitas vezes por forças externas e não controladas;

Sugerir inovação: facilitando a integração de *inputs*, por exemplo, de colaboradores que até então não tinham oportunidade de opinar ou transmitir um acrescento a uma ideia central para um novo produto que a empresa está prestes a lançar. A inovação através do melhoramento da comunicação 2.0 não fica limitada à reacção do que é proposto superiormente, mas ganha agora um novo ambiente que permite indivíduos ou grupos tomarem as suas próprias iniciativas e quebrarem a linearidade na hierarquia (*top-down*) na apresentação de novas soluções inovadoras;

Estar orientada para vencer: reconhecendo que há uma natural predisposição necessária para alcançar o sucesso na concretização de objectivos. A comunicação bem estruturada e embrenhada nos modos de funcionamento, de forma integrada, de todos as partes envolvidas, promoverá ainda um desejo de superação da própria concorrência ou ainda a superação de padrões de excelência que se julgavam inultrapassáveis, canalizando estas sinergias para a competitividade geral da organização.

Capitalização das relações informais: inspiração para a auto-regulação

Uma das melhores maneiras de garantir estabilidade e sucesso na implementação de acções de comunicação 2.0 e levar uma nova abordagem aos canais e aos fluxos informativos que moldam a sua organização é através da valorização do capital humano. Se já compreendemos que o valor e o sucesso de grande parte das plataformas sociais na *Web* reside pelo potencial em estabelecer relações dinâmicas entre indivíduos e aproximá-los, envolvê-los em torno de valores e ideias que partilham, importa fomentar estas interacções, compreendendo como se estabelecem entre os públicos para os quais está a trabalhar.

Esta ideia não significa apenas que as redes que se estabelecem na sua organização subsistem apenas se forem reconhecidas institucionalmente ou promovidas pela própria organização. Está na hora de compreender o real significado produtivo e económico contido em redes informais que, por norma, não são tão explícitas quanto as redes formais. A acção individual de cada elemento da sua organização ganha vida própria para além das relações funcionais que lhe estão atribuídas à partida: de colega, de chefe de equipa, de coordenador, de operacional, de técnico, de dirigente, de encarregado, entre outros. E fora deste mapa relacional estabelecido vão-se determinando elos e ligações, os quais não se previam inicialmente. Vão surgindo, internamente, redes informais que são estruturadas por combinações entre *laços fortes* (amigos que já se conhecem, relações formalmente estabelecidas e que ganham um carácter mais informal, por exemplo) e *laços fracos* (técnicos, coordenadores de diferentes departamentos ou operacionais) que não seria suposto virem a relacionar-se para a realização das respectivas tarefas. Mas na verdade estas redes informais obedecem a outros imperativos além da simples necessidade de realizar uma tarefa. Nelas a informação e as ideias circulam mais livremente e há lugar a maior espontaneidade na participação. Tendencialmente existem nestas redes indivíduos mais "sociais" que tendem a assumir-se como elos de ligação e vão aproximando novos elementos. E são estes elos que, muitas vezes, acabam por ser mais influentes na disseminação de normas e procedimentos, na promoção da conversação, na partilha e desenvolvimento de ideias e projectos, do que os respectivos superiores hierárquicos.

Veja-se o exemplo:

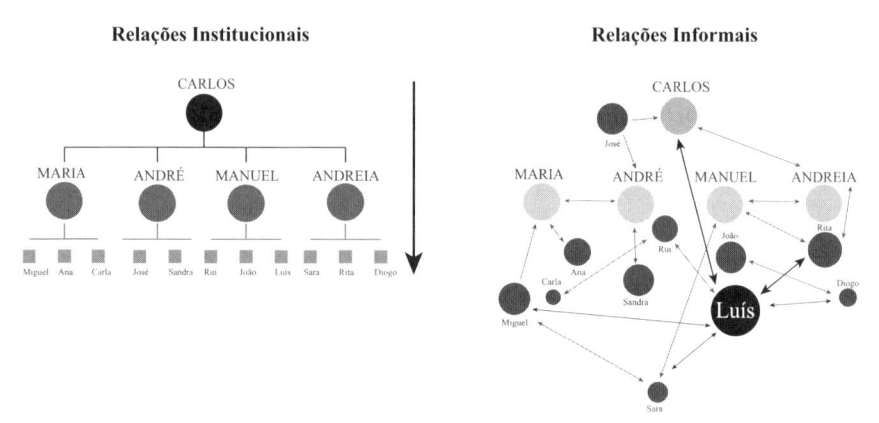

Figura 8. Relações institucionais *vs.* relações informais. Battilana, Julie e Casciaro, Tiziana (2013, 5 de Junho), adaptado.

Na referência às relações institucionais, a figura estabelece uma hierarquia formal, típica na organização clássica das estruturas de governação *top-down*. O *Carlos*, entendido como líder de uma organização, conta com uma equipa claramente definida de chefias intermédias, cada uma delas responsável pela gestão de diferentes departamentos. Por sua vez, cada um deles tem a seu cargo um grupo de colaboradores que compõem as diferentes equipas. Formalmente, o circuito de informação é ditado do topo, seguindo os níveis subsequentes até chegar à base. Porém, ao analisarmos a imagem referente às relações informais, percebemos que no processo de comunicação informal o *Luís*, que na estrutura não desempenha qualquer papel de coordenação ou liderança, é bem mais influente, assumindo-se como elo de ligação entre dirigentes intermédios e o próprio *Carlos*. O *Luís* no estabelecimento de circuitos informacionais interpessoais, tem mais significado e representa um potencial elo fundamental para advogar e esclarecer importantes tomadas de decisão que foram tidas a um nível superior e que, provavelmente não chegariam claramente à base. Porquê desprezar esta realidade?

Estas redes informais podem evidenciar maior proximidade e afectividade, dando azo a iniciativas que se estendem, por exemplo, para além do ambiente profissional. Por outro lado, podem ser simplesmente utilitárias e funcionais, cuja participação permite ter acesso a informação, esclarecer dúvidas ou até solicitar apoio na resolução de um determinado problema que o colaborador não quer expor imediatamente ao seu chefe sem pensar primeiro numa solução. A integração de dirigentes intermédios ou superiores nestas redes deve acontecer espontaneamente, não devendo por isso pressupor-se que pelo facto de o chefe "tomar um café" com uma equipa indica, inequivocamente, que estes já se encontram perfeitamente integrados.

A identificação destas redes não é tarefa fácil. Se as quiser compreender formalmente poderá ser malsucedido. Procure aceitar naturalmente que existem relações informais dentro da sua organização. Alimente-as, valorizando o seu encontro. Promova iniciativas que "quebrem o gelo" entre os seus colaboradores e aproximem os dirigentes aos demais públicos com os quais trabalha. Faça com que lhes seja dada flexibilidade para que cada um procure trabalhar com quem mais se identifica e/ou complementa. Permita ainda que quebrem a rotina, possam participar em iniciativas complementares às suas funções e incentive-os a cumprirem os outros papéis sociais: pais, avós, tios, marido e mulher.

Sempre que identificarmos um problema na implementação de acções de comunicação digital *on-line* a primeira reacção não poderá passar por culpabilizar a falta de vontade e/ou resistência. Concentre-se em conseguir uma primeira abordagem motivadora e integradora. O desafio, para organizações já estabelecidas, pode ser imenso, mas será também um desafio com uma margem de aprendizagem muito estimulante para quem gere os processos comunicacionais.

Um primeiro objectivo pode passar por valorizar as relações informais. E nesta missão temos as plataformas digitais a nosso favor. Esteja consciente de que a resistência à mudança origina-se, muitas vezes, pela fraca expressividade do sentimento de partilha e de equipa. A reunião de esforços em torno de objectivos comuns e claramente comunicados pode fazer a diferença. A promoção de canais e espaços de partilha e colaboração pode contribuir significativamente para a capitalização das relações informais no melhoramento de resultados. Nenhuma organização conseguirá vingar sem relações de *networking* devidamente estabelecidas e funcionais. Por acréscimo, o aumento da produtividade resulta, em parte significativa, dos exercícios de interacção. Esta interacção ganha hoje uma nova expressão se reduzirmos canais de comunicação *one-to-one*, privilegiando canais *many-to-many*.

Circuito	Canais	Exemplos
One-to-one	*E-mail* Arquivos Pastas partilhadas SMS	
Many-to-many	Redes sociais *on-line* *Wikis* Fóruns Blogues	Yammer Jive Telligent Q8A Platform Awareness ...

Figura 9. Canais *one-to-one vs. many-to-many*.

O que esta tabela nos sugere é que a comunicação estabelecida num circuito *one-to-one* acaba por ser muito mais simplista e limitada por estar a ser veiculada informação em canais individuais. Contrariamente, a disponibilização da informação em contextos propícios a desafiar uma maior dinâmica e intervenção colectivas gera oportunidades de participação cumulativas. Oportunidades de partilha e interacção que podem contribuir para o esclarecimento de algum tópico ou simplesmente gerar *inputs* para a concretização de um novo projecto. Há informação que está presa em canais unidireccionais e que não precisa estar. Essas ideias e esses dados podem assumir um novo protagonismo se houver uma partilha de informação crítica no sentido de gerar a tal *inteligência colectiva* e com isso garantir maior competitividade.

A definição de estruturas de comunicação que convidem à colaboração tendem a demonstrar maior amplitude quer nas oportunidades, quer nos riscos. Coloca à consideração de um público mais extenso, de forma regrada, a inclusão de contributos individuais capazes de fomentar novos pontos de vista e novas abordagens. Esta ampliação e quase democratização no processo de comunicação e informação não significa que se promova a supressão de uma hierarquia formal estabelecida e, muitas vezes, indispensável. Nem tão-pouco procura desvalorizar a autoridade formal enquanto fonte considerável de influência. Simplesmente, importa-nos reconhecer de igual forma a validade e o peso das hierarquias informais na comunicação entre partes envolvidas, sejam elas estabelecidas entre colaboradores, directores, fornecedores, clientes ou parceiros.

Perceba então como as plataformas sociais na *Web* podem contribuir para a promoção destas redes e oriente uma acção de comunicação interna para promover a sua utilização. Mas, em paralelo, obrigue-os a fazerem pausas do mundo *on-line* e promova os encontros interpessoais.

Faça pausas da presença *on-line*

Seguir à risca o conselho de Fernando Pessoa – "Para ser grande, sê inteiro: nada / Teu exagera ou exclui"[43] – pode trazer bons resultados para a gestão da presença *on-line*. Procurar implementar uma *comunicação 2.0* na sua organização não implica uma devoção acrítica a tudo aquilo que estiver na moda pela *Web*. Há regras que terá de sugerir aos seus colaboradores para que se evitem apatias ou excessos relativamente aos meios digitais. Há valores e princípios inabaláveis na comunicação. Entre eles o direito à liberdade de expressão. Sabe que vai ter de criar regras. A utilização de plataformas sociais na *Web*, em contexto profissional, não pode simplesmente ser deixada ao arbítrio. Não se trata de oprimir, mas sim de regrar e estabelecer procedimentos de acção e gestão da presença individual de quem, simultaneamente, lida com informação e conhecimento e que tem acesso a novos meios de expressão.

Caberá a cada organização estabelecer os limites de utilização das plataformas sociais *on-line* para efeitos pessoais. Não podendo, contudo, esquecer que o objectivo é fazer com que o estímulo de criar uma nova atitude perante a comunicação digital possa contribuir para que cada um dos colaboradores e/ou públicos seja um embaixador daquilo que pretende promover. Agora que a informação tem mais canais, de controlo mais frágil, a alternativa pode passar então pela sensibilização. Lembre-se que aquilo que individualmente cada pessoa colocar *on-line* é da sua responsabilidade, mas pode ajudá-lo a tomar melhores opções. E nesse caso, importa-lhe que falem bem da sua organização, sempre! Por vezes recomende: faça uma pausa da presença *on-line*. Esteja atento a algumas das tendências do comportamento individual em plataformas *on-line*.

---

[43] Versos de Ricardo Reis em *Odes de Ricardo Reis*, Lisboa: Ática, 1946 (1994). página 148.

Os seus colaboradores…
* Partilham conteúdos apenas para alimentar o ego;
* Procuram constantemente a validação superficial de que alguém goste deles;
* Partilham "tudo" de forma descontrolada;
* Procuram aumentar, sem critério, o número de amigos e/ou seguidores;
* Comentam todas as publicações;
* Ou não partilham histórias e não têm registos de actividade *on-line*?
…

Para contrariar estas tendências procure, por exemplo, recomendar:
* Que voltem à realidade e redefinam outros pontos de interesse;
* Leve-os a questionarem-se sobre o quê, porquê e se é que interessa o que têm para dizer;
* Promova o contacto com as pessoas e volte a olhar "olhos nos olhos";
* Partilhe momentos com pessoas reais;
* Recomende que conheçam as reacções das pessoas reais;
* Sugira que interajam *on-line* com pessoas que partilhem interesses como forma de aumentar a interacção;
…

Porque não desafiá-los a partilharem momentos de felicidade? Estranho? Não diríamos. Damos agora alguns exemplos de como a vida real inspira a presença *on-line* e alimenta a natureza social que hoje é característica da maioria das plataformas na *Web*.

HAPPIER *app*

Vejamos o exemplo da aplicação (*app*) HAPPIER.

Imagem 30. Página do *website* da versão *beta* da *app* HAPPIER. Fonte: https://www. happier.com/home.

Partilhar momentos de felicidade, é o convite desta *app*: **"Life is made of moments. Choose to create and collect the happy ones."** Uma aplicação gratuita que promete ajudar os seus utilizadores a serem mais felizes todos os dias, a coleccionar momentos memoráveis e a partilhá-los com as pessoas que mais gostam. É uma rede social de sucesso com um investimento inicial de mais de 2 milhões de dólares. É um convite digital ao espírito positivo e à partilha de coisas boas. O projecto assenta numa base teórica sólida, com estudos científicos que comprovam que pequenas coisas podem fazer-nos sentir mais positivos, menos stressados e ansiosos e levar-nos a fazer mais da nossa vida e, consequentemente, do nosso trabalho. A fundadora Nataly Kogan procura agora precisamente incutir a filosofia da rede social *Happier* na gestão da cultura da sua empresa, criando o "Happier Hour". Um momento de reunião de todos os seus colaboradores que, descontraidamente, desligam por momentos das suas actividades rotineiras e desfrutam de um copo de vinho e de uma conversa descomprometida e leve. É uma inspiração para que o conceito se alastre às actividades e opções organizacionais de forma a melhorarem os sentimentos de confiança, partilha, felicidade e compromisso entre colaboradores, chefias e outras partes envolvidas. Um passo certo para o aumento da produtividade. Recentemente, a área de negócio da empresa prevê também cursos interactivos de Ioga, Motivação e Meditação, com o intuito de cultivar o equilíbrio individual e assim promover mais momentos de felicidade que possam reveter-se em mais-valias individuais e, consequentemente, em mais-valias colectivas.

Um exemplo de sucesso paradigmático que encontra o melhor de dois mundos: o *on-line* e o real.

Coca-Cola: The Social Media Guard

Com sentido disruptivo na lógica de promoção comercial da marca, também a Coca-Cola surpreendeu com o vídeo "The Social Media Guard", convidando as pessoas a fazerem pausas dos meios sociais *on-line* e a focarem a sua atenção na vida real: **"It takes the 'social' out of media and puts it back into your life"**. A sugestão passava então por fazer pausas *refrescantes* do mundo virtual aludindo à opção pela bebida mundialmente conhecida, destacando que a dimensão social reside verdadeiramente na ligação com os outros e que o "mundo real" é a única coisa que existe quando alguém fica sem bateria! A ideia criativa do guião passou então por recorrer a um funil milagroso que quando colocado à volta do pescoço das pessoas estas passariam a olhar em frente, a dar importância aos que estavam perto de si, obrigando-as a levantarem os olhos do ecrã. Apesar de a Coca-Cola saber lidar bem com os seus seguidores nas redes sociais *on-line*, a marca tem-se preocupado em transmitir os seus cuidados com uma vida activa e na vivência de momentos reais preciosos. A ideia passou então por lembrar os seus clientes que era importante sentir e desfrutar momentos de felicidade, antes de os partilhar na rede. A ironia do vídeo destaca precisamente a força dos *social media*, tornando-se viral em pouco espaço de tempo: mais de 2 milhões de visualizações no YouTube, em menos de uma semana.

Imagem 31. *Frame* do vídeo "Coca-Cola: The Social Media Guard". Fonte: https://www.youtube.com/watch?v=_u3BRY2RF5I.

VICTORINOX Swiss Army – Companion for life

Numa perspectiva diferente, foram também as histórias reais que inspiraram a acção da mais conhecida marca de canivetes suíços, a Victorinox. Tradicionalmente associada a satisfazer necessidades militares, a marca evoluiu, procurando estar presente no dia-a-dia das pessoas, valorizando a sua utilidade. A solução passou então por inspirar as pessoas a contar as suas histórias de vida na qual o protagonista foi o equipamento e os produtos que hoje a marca comercializa. Num trabalho que reúne em áudio e em imagens histórias reais daqueles que foram de alguma forma *heróis* evitando acidentes ou fatalidades graças ao arsenal de instrumentos que o canivete dispõe ou simplesmente porque a sua vida profissional mudou após o contacto com as facas da marca que inspiraram uma carreira ligada à cozinha. Estas histórias alimentam hoje as campanhas de *social media*, mas acima de tudo permitiram à marca aproximar-se do seu público convidando-o a viver e partilhar as suas histórias pessoais nas quais tenham tido presentes os produtos da Victorinox que promete ser uma *companhia para a vida*. Presentes no Twitter, no Facebook e no YouTube, as histórias alimentam a estratégia de comunicação *on--line*, ao mesmo tempo que aproximam a marca à vida real e aos seus actores. No museu oficial da marca, na Suíça, as histórias foram reproduzidas visualmente e podem ser conhecidas num simulador sensorial. Hoje, as características da marca expandiram-se além das facas e servem de referência também em vestuário e em relógios de qualidade reconhecida, o que amplia o leque de oportunidades para protagonizar o próximo *conto*.

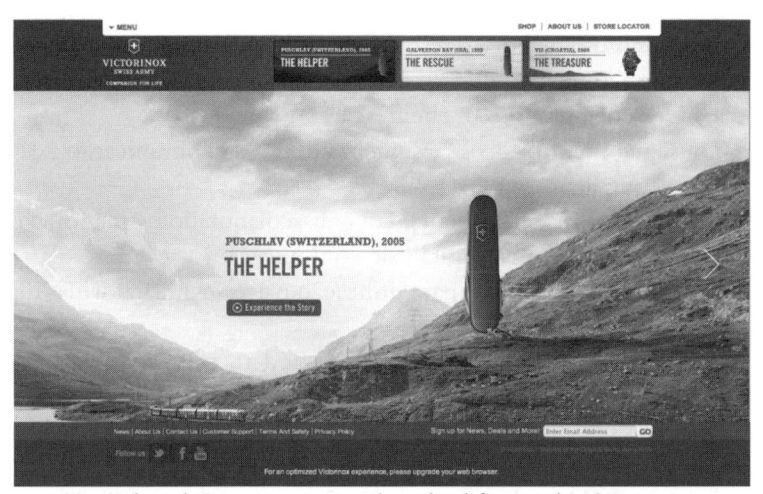

Imagem 32. *Website* da *Victorinox* com o *player* das diferentes histórias reais que a marca conta. Fonte: http://www.victorinox.com/stories/thehelper.

O equilíbrio que cada indivíduo possa ter na sua vida particular estará necessariamente ligado ao seu comportamento profissional, bem como à sua predisposição para se comprometer com eventuais mudanças introduzidas por novas formas de trabalho *on-line*. Na realidade muitos destes riscos que identificámos são já potenciais há alguns anos. O que pode circular num *e-mail*? Ou o acesso a uma informação privada não protegida? Na verdade as plataformas sociais na *Web* expandem o âmbito de circulação à escala global. Mas contra isso, teríamos que admitir que não se deveria então promover o desenvolvimento tecnológico ou a promoção das relações em contextos digitais. Algo que já nos parece pouco provável! A missão de transformar a sua organização numa *organização 2.0* exige que tenha plena consciência dos riscos, para além do entusiasmo que as oportunidades lhe podem provocar. Grande parte da informação hoje é desenhada para ser pública, o que não significa que não existam regras no que respeita a assuntos em desenvolvimento ou informações financeiras e pessoais, patentes, entre outras.

Mas atenue a ansiedade e, por fim, acompanhe e monitorize os passos que estão a ser dados. Seja um parceiro na fase de aprendizagem e um supervisor exemplar na fase de utilização regular. Tenha os riscos controlados e leve toda a organização a abraçar os benefícios que o mundo digital pode oferecer, convertendo as suas convicções/opções em resultados.

Questões de auto-avaliação

1. Que estratégias pondera para potenciar os efeitos de participação *on--line* dos seus colaboradores? E dos gestores/líderes?
2. Em que actividades está disposto a conceder total liberdade de acção aos seus colaboradores e clientes?
3. Consegue identificar os "evangelizadores" da comunicação 2.0 da(s) sua(s) equipa(s)?
4. Que problemas fundamentais os seus colaboradores identificam no recurso a plataformas digitais de comunicação?
5. Tem manual de normas para utilização e acesso a plataformas digitais e à Internet em geral?
6. Os seus colaboradores sabem o que podem ver, ouvir, partilhar ou comentar *on-line*?
7. Qual é o seu plano de acção para o caso de existir um acesso ilegítimo a dados confidenciais ou a informação privada?
8. Quais as políticas de protecção de dados que tem em curso ou pondera implementar?

9. Como procura transmitir segurança aos seus colaboradores?
10. Que acções prevê desenvolver de aproximação e envolvimento físico/real entre a marca e os seus colaboradores? E para os outros *stakeholders* qual é a estratégia?
11. Definiu uma política de boas práticas na participação dos seus colaboradores nas plataformas 2.0?
12. Consegue identificar boas e más campanhas de comunicação digital dos seus concorrentes? Aproveita-as como exemplo para explicar as suas opções?
13. Que significado tem para si a comunicação interpessoal?
14. Está familiarizado com conceitos como: propriedade intelectual; direitos de autor; vírus; privacidade; entre outros?
15. E depois do digital?

Referências bibliográficas

BACON, Jono (2009). *The Art of Community: Building the New Age of Participation.* Sebastopol: O'Reilly Media.

BATTILANA, Julie e CASCIARO, Tiziana (2013, 5 de Junho). "The Network Secrets of Great Change Agents". *Harvard Business Review (July-August)*, 2-8. Página consultada a 30 de Abril de 2014, <http://hbr.org/2013/07/the-network-secrets-of-great-change-agents/ar/1>.

BERNAL, Joey (2010). *Web 2.0 and Social Networking for the Enterprise. Guidelines and Examples for Implementation and Management Within Your Organization.* Boston: Pearson Education, IBM Press.

BILHIM, João (2011). *Questões Actuais de Gestão Estratégica de Recursos Humanos*, 2.ª ed.. Lisboa: ISCSP.

BURGESS, Stephen *et al.* (2009). *Effective Web Presence Solutions for Small Businesses: Strategies for Successful Implementation.* Hershey: Information Science Reference.

CGI.br (2013). "O CGI.br e o Marco Civil da Internet". *Comitê Gestor da Internet no Brasil.* Página consultada a 30 de Abril de 2014, <https://pimentalab.milharal.org/files/2013/09/CGI-e-o-Marco-Civil.pdf>.

EDMONDSON, Amy C. (2013, 17 de Dezembro). "The Three Pillars of a Teaming Culture". *Harvard Business Review.* Página consultada a 30 de Abril de 2014, <http://blogs.hbr.org/2013/12/the-three-pillars-of-a-teaming-culture/>.

FRENZEL, C.W., e FRENZEL, J. C. (2006). *Management of Information Technology*, 4.ª ed.. Canada: Thomson Course Technology.

HINCHCLIFFE, Dion (2006, 26 de Julho). "Enable richer business outcomes: Free your intranet with Web 2.0". *ZDnet.* Página consultada a 30 de Abril de 2014, <http://www.zdnet.com/blog/hinchcliffe/enable-richer-business-outcomes-free-your-intranet-with-web-20/57>.

HOLLOMAN, Christer (2012). *The Social media MBA: your competitive edge in social media strategy development and delivery*. Padstow: TJ International, Ltd..

KAPLAN, Andreas M., HAENLEIN, Michael (2010). "Users of the world, unite! The challenges and opportunities of Social Media". *Business Horizons*, 53 (1), 59-68.

KIETZMANN, Jan H. *et al.* (2011). "Social media? Get serious! Understanding the functional building blocks of social media". *Business Horizons*, 54 (3), 241-251.

LIEVROUW, Leah A. (2006). "New media design and development: Diffusion of innovations vs. social shaping of technology". *In* L.A. Lievrouw e S. Livingstone (Eds.). *The Handbook of New Media*. London: Sage, pp. 246-265.

MANKINS, Michael C. (2013, 19 de Dezembro). "The Defining Elements of a Winning Culture". *Harvard Business Review*. Página consultada a 30 de Abril de 2014, <http://blogs.hbr.org/2013/12/the-definitive-elements-of-a-winning-culture/>.

MCQUIVEY, James L. (2013, 5 de Junho). "CMOs: Build Digital Relationships or Die". *Harvard Business Review*. Página consultada a 30 de Abril de 2014, <http://blogs.hbr.org/2013/06/cmos-build-digital-relationships-or-die/>.

MITROFF, Ian I. e ANAGNOS, Gus (2001). *Managing Crises Before They Happen: What Every Executive Needs to Know About Crisis Management*. New York: AMACOM.

MOYE, Jay (2014, 24 de Fevereiro). "Phones Down, Cokes Up! Video Reminds Us to Enjoy Life's Real Moments". Página consultada a 30 de Abril de 2014, <http://www.coca-colacompany.com/stories/phones-down-cokes-up-video-reminds-us-to-enjoy-lifes-real-moments>.

NEWMAN, Aaron C. e THOMAS, Jeremy (2009). *Empresa 2.0 Implementation: Integrate Web 2.0 Services into Your Enterprise*. USA: McGraw Hill.

OLIVER, Mary e RANEY, Arthur A. (2014). *Media and Social Life*. New York: Routledge.

PETERSON, Eric T. (2013, 24 de Outubro). "How to Get Employees to Embrace Social Media". *Social Media Examiner*. Página consultada a 30 de Abril de 2014, <http://www.socialmediaexaminer.com/develop-your-internal-social-media-structure/>.

SCHEIN, Edgar (1971). *Pshycologie at organizations*. Paús: Hommes et Techniques.

SCHNEIDER, Gary (2007). *Electronic Commerce*, 7.ª ed.. USA: CENGAGE Learning.

SCHUBERT, P., KUMMER, M., e LEIMSTOLL, U. (2006). "Legal Requirements for the Personalization of Commercial Internet Applications in Europe". *Journal of Organizational Computing & Electronic Commerce*, 16(3), 203-221.

SUCHAN, Jim (2006). "Changing Organizational Communication Practices and Norms: A Framework". *Journal of Business and Technical Communication*, 20 (1), 5-47.

TUCKER, Mary L. *et al.* (1996). "Organizational Communication: Development of Internal Strategic Competitive Advantage". *Journal of Business Communication* 33 (1), 51-69.

Conclusão

*O baixo custo e a alta conectividade da web significam que facil-
mente se pode experimentar construir uma aplicação para descobrir um
público inicial, e depois continuar a aperfeiçoar em direcções que acha
(talvez com ajuda da sua base de utilizadores) que aceleram o crescimento. Pode não conseguir prever exactamente o que os utilizadores
querem até que eles se interessem pelo que tem, e assim que lho fornecer, vão ajudá-lo a promover o seu trabalho, a contribuir para o valor
do seu projeto e ajudá-lo a descobrir a próxima grande oportunidade.
Por isso, porque não se prepara? Está a um clique de distância…*

AMY SHUEN (2008: 173)
Web 2.0: A Strategy Guide

Ainda se recorda da história sobre a campanha digital para a eleição de
Obama? Esta representa a permeabilidade que um plano de comunicação
2.0 deve evidenciar. A tarefa da equipa de comunicação do actual Presidente
dos EUA não foi dada por concluída após a sua eleição. E esta atitude marca
a diferença e justifica o título que Obama recebeu como o "Presidente da
Internet". O sentido de coesão no percurso desta história é evidente e hoje
continua em plena actividade, após tantos anos volvidos desde a criação
da comunidade virtual em torno do projecto *My.BarackObama.com*. Hoje,
quem visitar este *website* acede a uma página renovada que dá conta do
desempenho da governação de Barack Obama, mas continua a incitar o
envolvimento e participação dos cidadãos. Há um diálogo contínuo, estabelecido num gesto de prestação de contas e proximidade com aqueles que
o ajudaram a eleger, envolvendo-os e chamando-os à participação cívica e
colectiva no projecto político que ele lidera. A participação acontece por
via de voluntariado, pela subscrição de petições, pela partilha de ideias, pela
votação de propostas de lei ou pelo reforço de donativos que são canalizados
para dar vida a políticas concretas nos diferentes Estados. O digital é parte
integrante de uma máquina maior que não esmoreceu por ter cumprido

um objectivo. Pelo contrário, reconfigurou-se para manter a porta aberta
àqueles que se sentiam afastados da vida política e, com a transparência possível (naturalmente questionável), fazerem parte de um projecto colaborativo, mais democrático, interactivo e com objectivos renovados, personifi-
cado numa das figuras incontornáveis da política mundial, da história dos
EUA e agora, da história da Internet.

O entusiasmo que a *natureza 2.0* da *Web* trouxe à dinâmica da comunicação fascina, em grande parte, pela acessibilidade e pela democratização na
participação individual em estratégias de marcas e empresas globais que, até
há alguns anos, apenas ditavam aos seus clientes e/ou colaboradores o que
deviam comprar ou como deviam agir. Ao mesmo tempo, este entusiasmo
trouxe consigo (e na mesma proporção) uma dose de ansiedade às *lideranças*. Estas viram abaladas a sua autoridade e as suas teorias hipodérmicas da
comunicação. Os monopólios de informação e de conhecimento fragiliza-
ram-se e os *anónimos* – cada um se nós com a sua participação individual –
foram subvertendo a linearidade dos processos de informação, comunicação
e decisão. De tal forma que um único indivíduo, ao ter as portas abertas ao
mundo com apenas um clique, intimida gigantes empresariais, implica a reputação mundial de organizações, destrói um produto em segundos ou condiciona facilmente um negócio milionário. Por outro lado, com o mesmo
único clique, cria uma onda de solidariedade universal, coloca na boca do
mundo produto da *loja lá do bairro* ou protagoniza a próxima história plane-
tária. O que importa por isso é reconhecer como o poder da *Web* influencia
decisões e condiciona modelos de negócio. E se tal ansiedade foi (e ainda
é) originada por falta de conhecimento, hoje o que importa não é tanto
ficar a equacionar a potencialidade da *Web* ou a viabilidade da comunicação
digital. Mais do que isso deve procurar aceitar e entender o *digital* enquanto
activo estratégico ao serviço do aumento da competitividade, da inovação e
da criação de valor, quer para os indivíduos, quer para as organizações.

A única fatalidade que o advento da comunicação digital impõe é precisamente a sua compreensão clara. O entendimento do seu enquadramento,
da sua natureza, das suas tácticas e das suas oportunidades e ameaças. A opção
de querer estar *on-line* pode estar já longe de ficar nas suas mãos. E por aqui
clarificámos que deixa de estar sob controlo absoluto da organização aquilo
que os clientes, os parceiros ou os colaboradores pensam e dizem sobre *ela*.
O processo de democratização quer no acesso, quer na produção e edição da
informação desprende-se da autoridade inquestionável das entidades (*emissor*). A institucionalização da informação ficou mais frágil e abandonou os
monopólios de conhecimento, permitindo à *Web* distribuí-lo e canalizá-lo
em circuitos multidireccionais com fins, tantas vezes, imprevisíveis.

Este poder distribuído impõe reconfigurações no processo comunicacional e obriga a uma renovação dos papéis clássicos de emissor e receptor, ao mesmo tempo que centra as atenções na mensagem. Aliás, a definição da filosofia da *empresa 2.0* inspira a que hoje voltemos as atenções para a comunicação com *valor*. É isso que prevê o planeamento e a configuração estratégica de uma acção de comunicação: gerar significado. Este significado é a substância daquilo que anunciamos e partilhamos com aqueles a quem nos dirigimos. E é a reunião destes princípios que formam e traduzem a *autenticidade* da nossa comunicação. Por isso, a posição da comunicação nas organizações deve ser equacionada de forma integrada na sua visão estratégica global. É esta atitude que permite, entre outras coisas, estimular a socialização, incentivar a interacção, delegar responsabilidades e estabelecer um sentido de orientação. Determina tácticas de influência, informa, coordena, negoceia, estimula a opinião e gera *feedback*.

Sem verdades absolutas, como é típico da comunicação, falámos-lhe então da única regra que nos atrevemos a dar-lhe: *planear*. É no planeamento, entendido como processo contínuo e permeável, que a dimensão estratégica da comunicação se revela. E neste processo, é conveniente clarificar a envolvência das novas tecnologias, interpretar as valências das suas diversas aplicações, simplificar a sua abordagem e providenciar orientações indispensáveis para tomada de decisões estratégicas, esclarecidas e sustentadas. Pois a vitalidade dos negócios não está no volume de investimento em *software*, nem são as tecnologias que ditam o que está certo ou o que está errado. O sucesso da presença na *Web* não reside numa concreta e simples migração para o digital, mas na sua estratégica manutenção. A partir deste momento, mais do que nunca, interessa saber o que dizem e o que pensam *sobre si*. E mais importante que controlar este facto é *influenciá-lo* positivamente. A *influência* é a energia que move o seu negócio, orienta a conversação e condiciona a tomada de decisões.

Agora a *Web* dá-lhe a possibilidade de correr riscos sem grandes consequências. Oferece-lhe um manancial de instrumentos 2.0 gratuitos ou de baixo custo e ajusta-os às suas opções. Permite-lhe lançar ideias, conhecer os públicos e tomar direcções em busca do desejado crescimento e notoriedade. Durante esta fase experimental você pode, inclusive, nem saber bem se a sua ideia será bem-sucedida ou se o seu público estará interessado no seu produto. Mas ouvindo o que eles têm para dizer, envolvendo-os no processo e levando-os a acrescentar valor aos seus projectos, quem sabe não são "eles" a ajudá-lo a encontrar a próxima grande oportunidade? Percebe-se que hoje falamos de uma economia dirigida por pessoas e que a transformação digital de uma organização passa essencialmente por se estabelecerem novas experiências com os utilizadores/clientes; novos processos operacionais (digitalização, reajustamento de serviços, sentido de comunidade; gestão de performance) e novos modelos de negócios. Uma utilização esclarecida da tecnologia e das aplicações destinadas à comunicação e à informação podem suportar a eficiência operacional, a coerência comunicacional e a boa gestão da identidade e imagem institucionais, convertendo-se num forte contributo para os objectivos de eficiência de custos, aumento de rentabilidade e competitividade das nossas organizações. Ao mesmo tempo esta realidade interfere significativamente com uma cultura organizacional enraizada em procedimentos *analógicos* instituídos, bem como uma definição clara da personalidade da organização no sentido de comunicar, sem ambiguidades e desperdícios, a sua missão e atingir os seus objectivos.

Hoje lidamos com economias de escala, lidamos com dados em tempo real e gerimos organizações guiadas pelo conhecimento. A viabilidade da evangelização do digital apenas se revelará com compromisso, parcerias, sentido de pertença, confiança, entusiasmo, colaboração e espaços criativos. A comunicação 2.0 hoje facilita o cumprimento destes objectivos por ser dinâmica; escalável; inovadora; multi-sensorial e mensurável. No fundo, traduz uma certa polivalência que hoje parece querer ser também imputada a quem gere a comunicação e coloca nas suas mãos a permanente exigência de dar um rosto (*tácticas e conteúdos*) à marca na abordagem ao mercado, na interacção com o seu público e no convite à conversação. Esta polivalência é também um convite ao entendimento dos *players* da comunicação interna enquanto actores multidimensionais, aos quais o digital trouxe de novo o seu papel central na dinamização dos processos de fortalecimento dos padrões culturais da organização e no estabelecimento de novos embaixadores da identidade da marca. A comunicação 2.0, ao gerar maior transparência, partilha conhecimento, transfere responsabilidade e transforma cada elemento em "directores" da organização.

Paralelamente a todo este entusiasmo, os riscos. Mas eles existem. E não querer enfrentá-los ou mitigá-los seria colocar em causa todo o mar de oportunidades que o advento da tecnologia e progresso da *Web* nos oferece. Uma economia competitiva sairá certamente reforçada se a inspiração e a criatividade reverterem as adversidades e as transformarem em matéria-prima para as organizações superarem os desafios e crescerem mais fortalecidas.

Mas o futuro é promissor e reinventa-se todos os dias. O futuro é hoje. No entanto, este não seria tão estimulante se também a comunicação digital não tivesse que lidar com um conjunto de desafios significativos, lançando o debate e a reflexão sobre a própria capacidade de o Homem se continuar a superar a si próprio. A extensão da sua existência para uma realidade aumentada implica com aspectos que continuam a não gerar consenso entre empresas, indivíduos e negócios. E embora tenhamos a dimensão tecnológica por base de todo este entusiasmo digital, a superação dos seus limites e a realização da potencialidade da *Web* implica essencialmente com aquilo que lhe é mais próximo: a sua condição humana. Salientamos então, em remate final, alguns dos desafios que se impõem nos próximos anos, enquanto continuamos a superar todos os *records* tecnológicos e continuamos a ter que lidar com a dimensão individual e social do Homem que, agora e para sempre, coexiste em duas realidades que se interligam (*on* e *off-line*).

Desafios, oportunidades e tendências:

1. O custo do *custo zero* da comunicação 2.0: profissionalização e gestão estratégica
2. "Gen C": *Creation, Curation, Connection* e *Community*
3. Economia criativa e do conhecimento ou a ressurreição de *Gatekeeping on-line*
4. A competitividade nas "nuvens"
5. Actividade regulatória, dinâmica e pró-activa
6. A resistência do *mobile*
7. *Big Data* e dispersão
8. O *Big Brother* e a *Web* semântica (3.0)
9. "E-Gov": desmaterialização *vs* comunicação
10. Criar experiências memoráveis

1. O custo do *custo zero* da comunicação 2.0: profissionalização e gestão estratégica

A compreensão da dimensão estratégica da comunicação 2.0 influi determinantemente na relação positiva entre *investimento* e *retorno*. E este entendimento pressupõe que saibamos compreender claramente que, não obstante a gratuitidade das ferramentas *on-line*, o recurso às mesmas tem implícito o investimento em recursos adicionais indispensáveis à sua manutenção e dinamização. Há medida que o mercado desafia as organizações a superarem-

-se constantemente e vai convidando a optar por novas soluções digitais, é importante que as opções *low-cost* de comunicação estejam no topo das preferências. Todavia, *low-cost* não significa "custo zero". E neste campo é ainda evidente esta confusão que leva gestores, por exemplo, a ignorarem processos de formação de competências dos seus recursos humanos ou ainda a entenderem como não prioritária a relevância da profissionalização de conhecimentos na área da comunicação digital. E isso requer investimento. O custo do "pensamento custo zero" na comunicação é elevado se analisarmos as consequências devastadoras que esta atitude pode implicar na inovação de produtos, na gestão das relações com clientes ou simplesmente na reputação da marca. A comunicação digital pode inspirar-se no autodidactismo pela facilidade de acesso individual às plataformas de informação e comunicação. Mas não subsiste sem o aprofundamento de *know-how* capaz de acompanhar a dinâmica que o meio digital vive. Se assim não for, a dimensão estratégica fica seriamente comprometida e a ânsia pela economia de recursos invalidará qualquer plano de comunicação a médio ou longo prazos.

À primazia que a profissionalização de competências tem no domínio do digital, juntamos ainda a necessidade de esclarecer inequivocamente qual o verdadeiro objectivo de estar presente *on-line*. E a gestão de plataformas digitais ou de redes sociais em particular, em demasiados exemplos que encontramos, permanece ainda numa lógica relacional com os públicos típica da versão 1.0 da *Web*. A gestão de perfis não se pode resumir a replicar, sem valor acrescentado, aquilo que o *website* institucional já diz. A sua intenção primordial não deverá ficar circunscrita à colecção de métricas isoladas e inconsequentes. E, por fim, a natureza estratégica da migração para o digital não se pode resumir à reacção a comentários negativos numa qualquer rede social. Antes pelo contrário, gerir redes sociais não é dar resposta a queixas e reclamações. Em última instância, esta deve ser uma etapa à qual não deve querer chegar. Estar presente *on-line* é existir, é influenciar e relacionar-se, para o bem e, prevenir ou minimizar o mal.

Também no âmbito da profissionalização serão aprofundadas as necessidades de formalizar novas profissões, com conteúdos funcionais específicos para o digital. Será insuficiente continuar a "dar um jeito" nas coisas que se passam na rede. Esta realidade determinará uma nova abordagem das instituições de ensino, em particular as instituições de ensino superior, que terão de trabalhar no sentido de gerar uma oferta formativa competente, especializada e, simultaneamente, multidisciplinar no domínio da realidade *on-line*. Esta nova oferta formativa deverá incidir na formação avançada para a qual as instituições de ensino têm maior autonomia de proposta e realização, mas também, ao nível dos ciclos reconhecidos pelas entidades governamentais: licenciatura (1.º ciclo), mestrado (2.º ciclo) e doutoramento (3.º ciclo). A oferta actual é ainda limitada, com configurações que não respondem a desafios concretos do meio e não se revestem verdadeiramente de uma dimensão profissionalizante altamente necessária. Em parte porque o corpo docente não dispõe de formação e/ou competências suficientes, muito menos da experiência empírica que estas matérias exigem, o que tem dado uma margem de crescimento significativo a escolas tecnológicas e centros de formação aplicada, dinamizando a concorrência na formação. O digital ganha pela sua transversalidade científica e académica, mas requer agilidade e flexibilidade das instituições de ensino superior em poder contratar corpo docente especializado, desburocratizarem-se, gerando, inclusive, sinergias com o tecido empresarial na área. Estas respostas terão de ser equacionadas para novas áreas de actividade como sejam, entre outras: gestor de redes sociais; analistas de *social media*; relações públicas/ gestores de crise *on-line* ou gestores de comunicação interna 2.0 ou mesmo "líderes 2.0".

2. "Gen C": *Creation, Curation, Connection* e *Community*

Ao desafio anterior ligamos um dos maiores duelos que a implementação da comunicação digital continuará a enfrentar nos próximos anos: o choque e a transição entre gerações. Actualmente, os processos de decisão em algumas grandes organizações estão ainda entregues a líderes com uma baixa predisposição para a mudança de paradigmas informacionais e comunicacionais estabelecidos. Quer seja pelo desconhecimento, pela indisponibilidade para evoluir ou, simplesmente, por receber estímulos indolentes por parte de quem realmente pode fazer alguma coisa para mudar. O *digital* surge ainda como ameaça a um estado de tranquilidade que cristalizou no tempo a organização e os seus membros. A opção passa por ignorar aquilo que a rede vai produzindo e o que as pessoas vão dizendo publicamente quando os processos de relacionamento com o cliente são demorados e, por vezes, inconclusivos.

A verdade é que a dinâmica da *Web* se inscreve de dia para dia, dando azo inclusive à definição de novas terminologias para classificar gerações que partilham atitudes e modos de estar perante o progresso tecnológico e evolução das funcionalidades *on-line*. É o caso do conceito "Gen C"[44], proposto

---

[44] Mais informações sobre o "Gen C" em: http://www.thinkwithgoogle.com/research-studies/introducing-gen-c-the-youtube-generation.html.

pela *Google*, que é utilizado para descrever um conjunto de pessoas que estão profundamente comprometidas com a criação, gestão, conexão e sentido de comunidade *on-line*. Não designa um grupo de idades. É como se se tratasse de um gene que atribui aos indivíduos uma característica particular para estar ligado em rede e que habita no mundo *on-line*. É um consumidor para quem a ligação à Internet é uma condição inquestionável de sobrevivência social e à qual estão permanentemente ligados, em múltiplos ecrãs e equipamentos. Grande parte dos indivíduos englobados neste grupo "Gen C" são nativos digitais com hábitos de consumo de informação instantânea e essencialmente visual, mas ao mesmo tempo valorizam a relevância e a originalidade. São *uploaders* activos e estabelecem as suas acções de interacção essencialmente através de redes sociais *on-line*. Simultaneamente, são importantes influenciadores de opinião e ditam aquilo que será o próximo sucesso na *Web*. Não são adversos à publicidade caso esta seja contextualizada e se relacione com os seus interesses. Subvertem ainda a linearidade dos processos de acção, já que são dependentes da aprovação dos seus pares para a tomada de decisão.

Esta divergência de posturas perante o mundo virtual colidirá se de facto uma política de comunicação digital não tiver nada de inovador e significativo a acrescentar. Existem muitas situações nas quais as lideranças ainda mal trabalham com o *e-mail* e recusam-se a aceitar a existência dc novos perfis sociais porque os consideram inexistentes atendendo à sua virtualidade. Os *líderes imperfeitos* terão de reconhecer essa sua condição e abandonar a reclamação do posto que atingiram sem capacidade de acompanhamento do progresso nestes domínios. Devem ser estimulados a convergir com novas realidades que, na verdade, coabitam com necessidades tradicionais. Mas a necessidade de crescimento e inovação ditam esta abertura e este investimento. Muitos deles são anteriores às designadas gerações Y e Z e, por razões que a história se cumpre explicar, não acompanharam os evidentes impulsos desta realidade. Se não o fizerem algum concorrente o fará. E os efeitos são perniciosos e o leitor poderá imaginar.

3. Economia criativa e do conhecimento ou a ressurreição do *gatekeeping on-line*

A flexibilização das estruturas organizacionais que o advento da comunicação digital proclama deixa de fazer sentido se estivermos a criar novos monopólios de conhecimento exclusivo e competências não distribuídas, que pouco contribuem para a dinâmica geral de uma organização. Com muita facilidade se formam profissionais e atribuem competências que são facilmente transportáveis. Do "outro lado da rua" pode bem estar o nosso concorrente a querer aliciar o nosso recurso mais qualificado. E o que ganhou a nossa organização se aquilo que ele sabia não foi partilhado? É do encontro de diferentes protagonistas e na partilha solidária da informação que se funda conhecimento, corroborando ou rejeitando algumas hipóteses e soluções.

Também ao nível da competitividade internacional será determinante que exista disponibilidade das organizações para partilharem infra-estruturas e projectos, aceitando a diversidade e o conhecimento particular dos indivíduos para a construção global de significado e valor. Os modelos de negócio serão cada vez mais colaborativos e com tendências de agregação de serviços, à escala mundial. A *Web* permanecerá como um meio de participação individual, mas esta enfrentará uma forte presença de marcas multinacionais que vão solidificar a sua presença *on-line* e embrenhar o digital enquanto actividade orgânica da sua estrutura e da sua base económica. Os *websites* temáticos especializar-se-ão fortemente, mas facilmente deixarão de ser patentes individuais ou projectos delimitados para serem geridos e absorvidos por empresas globais que se encarregarão de ganhar terreno em diferentes áreas de actuação. As *ideias* e a *criatividade* terão um valor de mercado exponencial, correndo o risco de ser tratados como processos instrumentais. Não sabemos se o Facebook está perto do fim, como alguns querem fazer crer, mas temos uma forte convicção de que não estará. Marcas como o Facebook, em certos momentos, deixarão de ser "sexy" para parte do seu público, mas os seus modelos de negócio estão já longe de se resumir àquilo que vemos apenas no nosso mural. As gerações actuais terão estas marcas presentes, como muitos de nós temos presentes marcas clássicas da nossa infância, da culinária, de roupa, de brinquedos que nos chegam até aos dias de hoje. São gigantes mundiais que expandiram as suas áreas de negócio à publicidade, ao comércio electrónico, às telecomunicações, à responsabilidade social, à música, à fotografia ou à economia verde. As marcas de redes sociais deixarão de sobreviver dependentes de apenas uma plataforma, para integrarem serviços à escala mundial. Os princípios do *branding* estarão ao rubro. O volume de negócios será exponencial no *mobile* e os mercados africano e asiático continuarão a ser apetecíveis para as afamadas empresas ocidentais.

Porém, todo o vigor que se prevê para a economia digital traz consigo igualmente um reforço de posicionamento das grandes organizações *on-line*. Estas trabalharão a influência sem precedentes e estimularão guerrilhas pelo topo de referências, pelo número de partilhas e pelo alcance da sua mensagem.

Esta necessidade de domínio poderá significar ironicamente um decréscimo na democratização da *Web* enquanto meio. Isto porque as grandes marcas terão a capacidade de funcionar como novos *gatekeepers* que terão a habilidade de definir não apenas aquilo que será notícia, mas também aquilo que – de acordo com os seus critérios económicos – vai ser veiculado, influenciado, impulsionado na rede e convertido no próximo fenómeno viral.

4. A competitividade nas "nuvens"

A necessidade de cada um de nós poder transportar o seu escritório para qualquer parte do mundo é uma condição irrefutável para o sucesso do digital, na medição e na realização do potencial efectivo da comunicação 2.0. Viajar sem ter de levar dispositivos de armazenamento de ficheiros, poder dar resposta a um *e-mail* sem ter de ter o seu computador pessoal no qual estava instalado um *software* ou simplesmente poder efectuar actualizações importantes sobre um relatório de desempenho comercial e disponibilizá-lo em segundos a toda a equipa é apetecível. A melhor parte da história é que isso é possível através dos serviços *cloud*. A *cloud* ou a *computação nas nuvens* designa uma nova forma de fornecer serviços de utilização de memória e de recorrer às capacidades de armazenamento e processamento de computadores e de servidores interligados e acessíveis através da Internet. O computador servirá apenas de dispositivo de acesso às informações, arquivos ou programas disponíveis em qualquer parte do globo. No fundo falamos em minimizar ou dispensar alguns dos equipamentos que hoje certamente ocupam grande parte do departamento de redes e sistemas informáticos, para passar a adquirir a prestação dos mesmos serviços a empresas que providenciem esta funcionalidade.

Para o consumo em menor escala ou mesmo individual são várias as ofertas gratuitas no mercado, como são o caso dos serviços do *iCloud*, do *Dropbox*, do *MEO Cloud* ou da *Microsoft Cloud*. As mesmas que oferecem serviços empresariais, mediante *upgrades* do serviço, e desenvolvem plataformas específicas para fins profissionais, como é o caso do conhecido sistema *Office 365*, da Microsoft. As grandes vantagens da *cloud* sobressaem pelo facto de dirimir os conceitos de tempo e espaço; pela actualização automática de *softwares*; pelas funcionalidades de trabalho colaborativo e social; pelo controlo de custos e necessidades de manutenção das estruturas físicas e ainda outras vantagens de economia verde que podem ser elencadas. A verdade é que este serviço vem definir e ampliar novos espaços de criação e inovação, permitindo ter presente tudo aquilo que sustenta os seus negócios, das suas decisões e, no fundo, tudo aquilo que serve de base à sua comunicação.

Não obstante, o entusiasmo da *cloud* é frequentemente posto em causa quando se fala dos actuais (elevados) preços em vigor praticados pelas empresas que comercializam o serviço. Em grande parte justificados pelos avultados investimentos que o sistema requer, naturalmente. Contudo, este parece até nem ser o principal obstáculo dos próximos tempos. As inquietações agudizam-se quando se coloca em evidência a gestão da segurança da informação da nuvem. Quando falamos na *cloud*, de forma comum, não sabemos efectivamente onde estão os equipamentos e os servidores, tão-pouco o país onde eles se encontram. Esta realidade virtual acarreta consigo incertezas naturais de quem quer e precisa de investir neste recente serviço. Entre os riscos destacam-se: a localização dos dados; a segregação dos dados; o acesso à informação (quem acede e com que grau de privilégios); a regulamentação (confidencialidade, auditorias externas e certificações de segurança); a colaboração em acções de investigação (resultantes de actividades ilegais); a recuperação de dados, entre outras. Porém, todas estas questões poderão ser mitigadas com sistemas de regulação transparentes, claros e de conhecimento mútuo entre quem presta e quem subscreve o serviço.

5. Actividade regulatória, dinâmica e pró-activa

Este continuará a ser um dos mais controversos aspectos a considerar na governação da presença *on-line*. A actividade de regulação terá de trilhar um caminho ténue entre o controlo da legalidade daquilo que se diz e produz na *Web*, sem, no entanto, desafiar a liberdade e a democratização no acesso à informação e ao conhecimento que a ligação em rede facultou aos indivíduos. Esta situação deverá estimular a actividade legislativa esclarecida e especializada, que se afaste do tratamento da Internet à semelhança de um *medium* igual a qualquer um outro meio de comunicação clássico. A regulação das actividades *on-line* deverá contemplar um diálogo alargado e praticamente universal que preveja precisamente as particularidades da configuração digital destas novas formas de comunicação 2.0. Será inócuo legislar em Portugal se, como vimos anteriormente, a jurisdição dos servidores e, consequentemente, dos dados e informações, pode muito bem pertencer a um qualquer país, de um outro continente.

Simultaneamente, a mesma necessidade tem sido levantada sobre questões de direitos de autor, levando a longos e mediáticos processos judiciais entre gigantes da Internet e editoras, órgãos de comunicação social e outras entidades, com vista à protecção da propriedade intelectual. Neste domínio ganham também destaque as guerras por apropriação e comercialização de patentes que estão muitas vezes associadas a processos de inovação tecnológica. Tendo por referência outros exemplos, apesar dos esforços mantêm-se as questões do acesso ilegítimo a dados e informações, a invasão do domínio privado, protecção de menores ou por exemplo certificados de segurança bancária, apostas, esquemas de *phishing* ou pornografia infantil e tráfico de estupefacientes. Ainda neste campo, e fruto da crise, começam ainda a ganhar especial destaque as questões formais do comércio electrónico que convive de perto com a fuga e evasão fiscais, com o digital a alimentar processos de compra mediados através de *websites* de classificados que promovem o comércio paralelo ou a prestação de serviços não estabelecidos legalmente.

A produção de normas que governem um meio que reclama a sua liberdade, o qual gera milhares de milhões de lucro a pequenas e grandes empresas, continuará a apresentar o desafio de os Estados continuarem a estabelecer regras que medeiem a saudável dinâmica e expressão da *Web* e a protecção dos interesses individuais e empresariais na rede. Neste ponto, salienta-se ainda a importância de as autoridades reforçarem os seus sistemas de alerta e as suas acções de formação e sensibilização junto da população em geral, podendo, por exemplo, associarem-se a organizações especializadas e universidades que combinassem sinergias de transferência de conhecimentos e experiências. Ao mesmo tempo, seria importante reforçar os técnicos especializados em crime informático e *on-line*, ao mesmo tempo que do lado dos advogados seria importante gerar maiores esforços de especialização nos domínios do direito e da ética na Internet. Em alta estarão assuntos sobre o "direito ao esquecimento" e o "direito à memória", de mãos dadas com o direito à informação e à liberdade de impresa.

6. A resistência do *mobile*

O *mobile* é sem dúvida o elemento de um futuro anunciado que é já presente! Uma dimensão da tecnologia e da comunicação que se proclamou como possibilidade e agora, em tão curto espaço de tempo, realizou-se e surpreende todos os dias. O número de *tablets* e de *smartphones* vendidos supera-se anualmente, o que tem permitido baixar os preços dos equipamentos e alinhar a produção de modelos que se superam em curtos espaços de tempo, apresentando novas funcionalidades. O número de planos de subscrição de Internet *mobile* continua a crescer e o volume de aplicações descarregadas é colossal.

Todavia, a realidade do *mobile* para um gestor de comunicação 2.0 ainda levanta algumas questões fundamentais: a dependência de fontes de alimentação; o acesso à Internet com ligações e largura de banda óptimas e a configuração da presença *mobile* no que respeita aos conteúdos. Os dois primeiros aspectos respeitam essencialmente a questões técnicas que os gigantes das telecomunicações anseiam por resolver. Mas até chegar a bateria milagrosa que dure eternamente, a fraca durabilidade dos dispositivos em ampla actividade de utilização continua a ser manifestamente um problema. A esta evidência junta-se o custo da subscrição dos serviços de dados para *mobile* e ainda os problemas de cobertura no acesso à Internet que condicionam a experiência do utilizador em áreas geográficas mais remotas, longe das grandes cidades, tendencialmente mais bem servidas do ponto de vista tecnológico. Por fim, o problema a resolver implica necessariamente uma mudança de atitude em relação ao pensamento convergente da presença *on-line* multiplataforma, na medida em que muitas organizações persistem em não produzir conteúdos ajustados aos formatos *mobile*, que enriquecem a experiência do utilizador e evitam que este abandone a sua utilização. Estes elementos conjugados podem muito bem explicar o desfasamento que os relatórios de consultoras nacionais e internacionais hoje apresentam entre o número de *apps* descarregadas e adquiridas e o nível (baixo nalguns casos) da sua utilização.

7. *Big Data* e dispersão

Depois os dados e a informação. O volume de material que a presença *on-line* permite recolher implica, como vimos, uma atenção particular, não apenas à sua recolha, mas essencialmente ao seu tratamento e interpretação. A dimensão dos dados recolhidos e processados no contexto digital absorverá grande parte do tempo de analistas e profissionais que terão de encontrar neles tendências, soluções ou informações relevantes para a tomada de decisões. As organizações estão preparadas? Os públicos estão cada vez mais dispersos e fornecem informações a cada clique. A alimentação da presença *on-line* rege-se por processos de decisão ponderados, mas essencialmente imediatos, por vezes, sem grandes margens de reflexão e amadurecimento da informação. Os dados que o desempenho na *Web* fornece têm de ser facilmente compilados, digeridos e comunicados nos centros de decisão cruciais na orgânica da organização. Para uns esta matéria poderá ser uma perda de tempo. Para outros, a informação que se obtém do processo de *Big Data* é determinante para operacionalização de projectos de inovação, optimização de recursos e melhoria da produtividade. Por isso, desprezar o valor da informação será deitar fora volumes de investimento e contributos de valor significativo para a dimensão estratégica particular da comunicação digital.

A etapa de monitorização e avaliação de desempenho estará em alta, porque o reforço da presença em plataformas digitais irá requerer, continuadamente, investimentos de manutenção e melhoria. O carácter mensurável da informação digital está em ascensão e condicionará tomadas de decisão. O contrário conduzirá inevitavelmente a um estado de dispersão altamente desastroso e, potencialmente, irremediável.

8. O *Big Brother* e a *Web* semântica (3.0)

Conhecida como *Web 3.0* ou a *terceira vaga da Web*, a *Web semântica* vem estruturar os conteúdos que hoje estão disponíveis, relacionando-os com os nossos comportamentos de navegação na rede, e armazenados em gigantescas bases de dados conectadas entre si. Uma vez mais, não são conceitos consensuais, mas são utilizados para se referirem a uma nova etapa da natural evolução da plataforma, como se esta ganhasse vida e revelasse a sua *inteligência*. No fundo são aperfeiçoamentos de linguagens de programação que, de forma aparentemente orgânica, permitem aos sistemas dar respostas mais concretas às nossas necessidades e comportamentos de navegação, de tal forma que a tecnologia se torna mais eficiente ao entender aquilo que nos motiva numa determinada investida *on-line*. Contrariamente à versão 2.0 da *Web*, na sua fase semântica voltamos novamente as atenções para a compreensão da sua estrutura tecnológica. Os desenvolvimentos ocorrem por via do aprofundamento das ligações entre bases de dados disponíveis na *Web*, de forma a gerarem melhores resultados para o utilizador. Esta fase é determinante para a melhoria dos sistemas de recomendação e ainda da publicidade contextual. Por exemplo, a rede recebeu a informação de que procurámos um "hotel em Marrocos", logo, na próxima vez que eu fizer uma pesquisa num motor de busca ou entrar no meu perfil do Facebook, a probabilidade de me aparecerem anúncios (*advertising*) com referências a Marrocos é muito elevada. Depois de muitas interacções o sistema fica a conhecer as nossas preferências e chega mesmo a antecipar as nossas necessidades. São exemplos paradigmáticos os casos dos modelos de negócio do eBay ou da Amazon que, com base nas listas de desejos ou o rasto da navegação nos vai fazendo chegar promoções ou recomendações com as quais à partida nos identificamos totalmente.

Porém, para que esta experiência seja enriquecedora para o utilizador, do ponto de vista da navegação as solicitações para disponibilizarmos dados e informações ao sistema são frequentes. Indicações de género ou georreferenciação serão regulares, bem como o convite à memorização de senhas de acesso para agilizar o processo de navegação em determinados portais. Esta realidade traz consigo os recorrentes problemas relativos à privacidade e à protecção de dados, uma vez que a usabilidade nos vai vencendo a capacidade de resistência e verificação de configurações básicas de segurança ou simplesmente gera necessidades e condiciona o modo de actuar e/ou pensar. Ao experienciarmos a "facilidade de navegação" criamos dependências da *Web* porque a nossa satisfação vai adormecendo o nosso sentido crítico. A responsabilidade de assegurar estes pressupostos passará para o domínio das empresas responsáveis por governar a acessibilidade na *Web*? Ou até que ponto e em que condições estão os utilizadores dispostos a entregar a sua vida *on-line* a uma espécie de *Big Brother* em prol de uma melhoria da experiência virtual?

9. "E-Gov": desmaterialização *vs* comunicação

Os contributos para a concretização de uma *Agenda Digital*, seja nacional ou europeia, não devem ficar confinados à actuação dos governos ou a *políticas-bandeira* de proclamação do modernismo e progresso tecnológico. Devem antes permitir interligar pessoas e organizações de naturezas distintas e com experiências particulares. A digitalização ganhou força nos últimos anos nos serviços do Estado. A Administração Pública encontrou assim no digital uma oportunidade sem precedentes para corresponder positivamente ao tão almejado objectivo da desmaterialização. Os serviços *on-line* servem hoje tarefas determinantes na gestão de necessidades quotidianas resultantes da relação entre o Estado e os seus cidadãos. Contudo, apesar da superação do atraso crónico na inovação da prestação de serviços *on-line*, com todas as vantagens que daí advêm para ambas as partes, a relação entre aqueles é, em grande parte dos casos, reduzida a situações de satisfação funcional de tarefas. O processo comunicacional é, em grande parte dos serviços, inoperacional e indisponível para gerar os tão ambicionados processos de participação cívica e democrática dos indivíduos, num gesto de aproximação e democratização das instituições com aqueles que justificam a sua razão de existir.

É importante que Portugal defina uma *Agenda Digital*, tal como continuam a ser determinantes os esforços da União Europeia neste mesmo objectivo. Porém, o erro reside precisamente na confusão entre aquilo que se designa por processo de digitalização dos serviços do Estado (migração para o digital), daquilo que é comunicação entre estes e os seus beneficiários. Apesar dos esforços e apesar de mais facilitado o acesso a alguma informação ou simplesmente ao contacto com os serviços, o distanciamento mantém-se revelando grande parte dos serviços total indisponibilidade para travar diálogos e gerar *feedback* ajustados às novas atitudes e comportamentos *on-line*. São ainda demasiadamente frequentes as vezes que as redes sociais institucionais ou os serviços de atendimento *on-line* se revelam incompletos no processo informacional e ausentes no processo comunicacional.

10. Criar experiências memoráveis

Aquilo que inspirou este livro foi também a incapacidade evidente que a produção literária actual tem evidenciado para sistematizar contributos, ideias e interpretações do desenfreado desenvolvimento da tecnologia e da *Web*. Em Portugal os esforços são residuais, em parte porque a facilidade com que se desactualizam os conteúdos esmorece, por vezes, o entusiasmo e a tentativa de traduzir numa obra os passos que o crescente desenvolvimento e progressos nestas áreas vão registando. Parece que os hábitos de consumo instantâneo nos impedem de nos demorarmos a reflectir, a sistematizar e a escrever sobre a realidade que nos é imposta virtualmente. Mas não é apenas na literatura. Também o mercado não tem evoluído da mesma forma que os conceitos, a teoria e a tecnologia. Apesar de muitas vezes existirem tentativas de fazer acreditar que o mundo é todo digital e que esta realidade é democrática e distribuída de forma igualitária. Bastaria apenas percebermos quantos lares ainda não possuem ligação à Internet e, daqueles que possuem, qual o grau de entendimento sobre o assunto ou a capacidade de concretizar uma simples actividade *on-line*. Mas se hoje estas são questões que se impõem, amanhã serão dados adquiridos e datados.

Sem intenções de profetização, o digital é uma realidade incontornável que será surpreendentemente diferente a partir do momento em que as mais recentes gerações (Y e Z) liderarem as organizações e poderem falar a mesma língua com todos os departamentos e colaboradores. E ainda poderem estabelecer diálogos e parcerias com outros iguais a eles, sem barreiras ou resistências. Vejam-se as *start ups* e o perfil de literacia digital de cada membro. Mas hoje trabalhar a comunicação 2.0 parece ainda distante das suas potenciais capacidades. Os esforços pela formação de competências têm que ganhar espaço dentro das organizações. A literacia digital fará a diferença entre o sucesso ou o fracasso na superação dos objectivos de comunicação e na optimização de modelos de negócio. Ignorá-la pode ser fatal se isso significar que permanecerá a reclamar o "tempo que ficou para trás". É pois no factor humano das TIC que está a fórmula do sucesso digital. É pelas pessoas que conseguirá distinguir aquilo que é real comunicação, daquilo que é apenas ruído.

O entusiasmo dos *social media* tem revelado enormes potencialidades da criatividade dos indivíduos quer seja na definição de estratégias de comunicação arrebatadoras, quer seja pela capacidade empreendedora e inovadora baseada no poder da *Web*. Por isso, delegue a dimensão tecnológica para os colegas das TIC e lembre os seus pares que continua a haver vida real que inspira o mundo virtual. A *Web* é feita de vivências e a Internet permite ampliá-las para uma realidade aumentada. Esforce-se por viver, ter experiências, ligue-se a pessoas, a vidas e a histórias. Construa relações, crie encontros e olhe nos olhos. Lembre-se como é bom levantar a cabeça, ver, cheirar, sentir. Contemplar. Não despreze as sensações. O mundo dos sentidos enriquecerá qualquer experiência *on-line*. Acima de tudo a comunicação liga pessoas, que criam ideias, expõem projectos, alimentam-se de sentimentos e de expectativas e superam-se. A comunicação preenche os sentidos e alimenta o encontro entre cada um de nós, em resultados maiores. Por isso mesmo, para vencer *on-line* viva e inspire-se! Crie experiências memoráveis e depois saboreie o prazer de ser bem-sucedido naquilo que o motiva todos os dias: comunicar.

Lista de figuras

Lista de imagens

Imagem 17 – Campanha digital *Iglo Portugal*. Fonte: https://www.youtube.com/watch?v=2uc_ifb45aY&list=PLE61502CE0E23C914&index=24.

Imagem 18 – Campanha *Peugeot's Pinterest Car Showcase*. Fonte: http://www.pinterest.com/peugeotofficial/.

Imagem 19 – *Website* da campanha *Milka: Le Dernier Carré*. Fonte: www.ledernierecarre.fr.

Imagem 20 – Painel de relatórios do *Google Analytics*.

Imagem 21 – Cáculo das taxas de interacção (*engagement*). Fonte: http://www.socialbakers.com/blog/1844-marketers-pick-the-best-metrics-for-social-media-monitoring.

Imagem 22 – *Landing page* desenvolvida para campanha de depósitos a prazo de um banco.

Imagem 23 – Três principais grupos de métricas: exposição, interacção e conversão.

Imagem 24 – Micro e macroconversões.

Imagem 25 – Página do produto "Leitor Cartão Cidadão" no *website* de e-*commerce* da empresa.

Imagem 26 – Representação dos efeitos ROPO na campanha de promoção de "Leitor de Cartão de Cidadão".

Imagem 27 – Representação da *homepage* do *website* da seguradora.

Imagem 28 – Representação da página do *website* com o simulador do seguro automóvel.

Imagem 29 – Modelo Teórico de Maturidade em Comunicação Estratégica Digital.

Imagem 30 – Página do *website* da versão *beta* da *app* HAPPIER. Fonte: https://www.happier.com/home.

Imagem 31 – *Frame* do vídeo "Coca-Cola: The Social Media Guard". Fonte: https://www.youtube.com/watch?v=_u3BRY2RF5I.

Imagem 32 – *Website* da *Victorinox* com o *player* das diferentes histórias reais que a marca conta. Fonte: http://www.victorinox.com/stories/thehelper.

Websites consultados

anacom.pt
andrewmcafee.org
awpagesociety.com
blog.facebook.com
blog.webanalyticsdemystified.com/we-blog
blogs.hbr.org
commetrics.com
communityroundtable.com
digitalmediabuzz.com
dwilkinsnh.wordpress.com
enterpriseappstoday.com
enterpriseirregulars.com
enterprisenetworkingplanet.com
forbes.com/technology
futureexploration.net
google.com/adsense
google.com/analytics
googleenterprise.blogspot.pt
idc.pt
implementingenterprise2.com
ine.pt
informationweek.com
internetworldstats.com
kaushik.net
mashable.com

mckinsey.com/insights
melcrum.com
nngroup.com
nuriavilanova.com
obercom.pt
oreilly.com
prnewsonline.com
readwrite.com
rossdawsonblog.com
socialbakers.com
socialbusinessnews.com
socialbusinessnews.com
socialenterprise.it
socialmediaexaminer.com
socialmediaexplorer.com
socialmediatoday.com
socialtimes.com
thebrandbuilder.blogspot.com
theguardian.com/technology
time.com/tech
wearesocial.net
webanalysis.blogspot.pt
webtrends.about.com
wikipedia.org
zdnet.com

Glossário disponível e actualizado em: *www.d-motions.com*.